Matthew Battles
Die Welt der Bücher

Matthew Battles

Die Welt der Bücher

Eine Geschichte der Bibliothek

Aus dem Amerikanischen von Sophia Simon

Artemis & Winkler

Titel der amerikanischen Originalausgabe:
Library. An Unquiet History.
New York, London: W.W. Norton & Company, Inc. 2003
© 2003 by Matthew Battles

Bibliografische Information Der Deutschen Bibliothek
Die Deutsche Bibliothek verzeichnet diese Publikation
in der Deutschen Nationalbibliografie;
detaillierte bibliografische Angaben sind im Internet
unter http://dnb.ddb.de abrufbar.

© 2003 Patmos Verlag GmbH & Co. KG, Düsseldorf
Alle Rechte vorbehalten
Satz: KompetenzCenter, Mönchengladbach
Druck und Bindung: Clausen & Bosse, Leck
ISBN 3-538-07165-9
www.patmos.de

Für meine Familie
und für John Carpenter,
Hüter der Bücher

Inhalt

Bibliotheken lesen

Diese ruchlose Behauptung, dass in der Bibliothek die Sinnlosigkeit
normal ist und dass das Vernünftige (ja selbst das schlecht und recht
Zusammenhängende) die beinahe wundersame Ausnahme bildet ...
JORGE LUIS BORGES, Die Bibliothek von Babel

Als ich zum ersten Mal in die Widener Library in Harvard kam, um dort meiner Arbeit nachzugehen, beging ich sogleich meinen ersten Fehler: Ich versuchte, die Bücher zu lesen. Schnell lernte ich das unvermeidliche Schwindelgefühl kennen, das Eugene Gant in Thomas Wolfes Roman *Von Zeit und Strom* verspürte, als er an den Widener-Regalen entlangstrich:

> Nun wurde es ihm zur Gewohnheit, abends in der Bibliothek zu stöbern und wie ein Besessener zu lesen. Schon die Vorstellung der unzähligen Bücher genügte, ihn in Wut zu versetzen – je mehr Bücher er las, desto weniger Bücher schien er zu kennen, denn mit der Zahl der gelesenen schien ihm die Zahl derer, die er zu lesen außerstande wäre, ins Unermessliche zu steigen ...
> Er las wie ein Besessener Hunderte und Tausende von Büchern ... der Gedanke, dass andere, ungelesene Bücher auf ihn warteten, trieb ihm den Stachel ins Herz. Wie einer dem toten Geflügel das Geweide herausreißt, so sah er sich selbst lesen.

Gants überspanntes Verhalten ist eine Reaktion auf den Konflikt, den jeder in Bibliotheken erlebt. Wenn sich der Leser zwischen den Regalen entlangtastet, Bücher in die Hand nimmt und ihr Gewicht prüft, den Fluss der Buchstaben auf der Titelseite würdigt und die Bemerkungen, die andere Leser hinterlassen haben, unter die Lupe nimmt, wird das Wissen selbst immer unfassbarer. All das, was unbekannt bleiben wird, scheint uns von den Bucheinbänden und zwischen den Zeilen zuzuwinken. In Bibliotheken wird dem Leser schnell die Illusion genommen, dass er mit einem bestimmten Buch ganz und gar vertraut sein könne; allein durch die Anzahl der Bände, aber auch durch das Geräusch beim Umblättern der Seiten, das Streichen über Buchdeckel und durch den starken Geruch von in großen Mengen zusammengepferchten Büchern wird er unsanft mit der Erkenntnis von der Materialität des Wortes konfrontiert. Natürlich ist das Erleben der Körperlichkeit des Buches in großen Bibliotheken besonders stark, wo das geballte Gewicht geschriebener Worte eine ganz eigene Anziehungskraft auszuüben scheint. Und nur wenige Bibliotheken sind umfassender als Widener, was nicht nur Thomas Wolfe, sondern auch mich selbst und zahllose andere verführt hat.

Die Widener Bibliothek wurde von der trauernden Mutter des Harry Elkins Widener gestiftet, einem Harvard-Absolventen und Bibliophilen, der beim Untergang der Titanic ums Leben kam. Heute ist sie selbst die Titanin unter den Bibliotheken, die wohl nie untergehen wird. Auf ihren zehn Ebenen sind 57 000 Bücherregale untergebracht – genug, um ungefähr 4,6 Millionen Bände aufzunehmen. Die Regale bestehen aus großen schmiedeeisernen Gerüsten, die das Gewicht das Gebäudes tragen: Die Bibliothek wird also buchstäblich von ihren Büchern gestützt. Sie wird nicht nur von Bibliothekaren, Dauergästen und Professoren bevölkert, sondern auch von Zimmerleuten, Kurieren, Köchen, Buchhaltern, studentischen und Teilzeit-Mitarbeitern, Webmastern, Netzwerk-Spezialisten und Personalberatern. So ist sie eine Art Stadtstaat im Zentrum von Harvards über 90 Schul- und Abteilungssammlungen, die insgesamt ungefähr 14 Millionen Bücher umfassen. Alle zusammengenommen bilden sie die größte akademische Bibliothek aller Zeiten.

Zwischen den staubigen Regalen von Widener verlaufen verschiedene Gänge, von denen einer zum Staatsarchiv führt. Dort konnte ich zum Beispiel Unterlagen von indischen Volkszählungen studieren, die die Anzahl von aus Schlamm und Gras gebauten Häusern festhalten oder aufzeichnen, wie viele Korbflechter und Gerber pro Ortschaft in Uttar Pradesch oder Kaschmir ansässig sind. Ein anderer Gang führt zu den Regalen, wo sich die Theatersammlung und der so genannte »X-Cage« befinden – Letzterer ist ein abgeschlossener Raum, der Titel in den kuriosesten Größen und Formaten enthält; zum Teil wurde ihr Papier als zu empfindlich für die offenen Regale erachtet, oder man erachtete ihren delikaten Inhalt als nicht geeignet für die Augen der Studenten. Da gibt es stapelweise schmale Kästchen mit philologischen Anmerkungen in einer fließenden, aus dem 19. Jahrhundert stammenden Handschrift; andere Ordner sind prall gefüllt mit Schreibmaschinen-Manuskripten in georgischer Sprache und Fotokopien von Handschriften des Averroes. Dann wieder findet man bereits zerfallende Bücher mit Anti-Immigranten-Traktaten oder amerikanische Pro-Nazi-Zeitschriften, die nicht auf Grund ihres Gedankenguts sichergestellt wurden, sondern weil das säurehaltige Papier, das aus der Depressions-Zeit stammt, dafür sorgt, dass sich die Seiten langsam von selbst zersetzen.

In diesem abgeschiedenen, selten besuchten Teil der Bibliothek stoße ich auf den Titel *Military German – A »Lingo« Language Game*. Er besteht aus einer Schachtel in der Größe einer Packung filterloser Zigaretten, die Karten und eine Spielanleitung enthält. »Kriegsgefangene an der europäischen Front über den Krieg auszufragen, erfordert ein bestimmtes Vokabular«, heißt es da. »Sie können es lernen, indem Sie Karten spielen und auch noch Spaß dabei haben.« Die Karten enthalten solch nützliche Sätze wie etwa »Das ist keine Zeit zum Streiten! Raus!« oder »Obwohl Sie lügen, beabsichtige ich, Ihnen noch eine Chance zu geben«. Ein Leitfaden zum Thema Japaner erklärt: »Die meisten Wörterbücher sind für Touristen gemacht. Nicht so dieses: Es ist für amerikanische Soldaten und Matrosen, deren Aufgabe es ist, den Japsen die Hölle heiß zu machen.«

Aber eine Bibliothek – besonders eine so umfassende – ist mehr als ein reines Kuriositätenkabinett; sie ist eine Welt für sich, vollständig, aber nie vollendet und immer voller Geheimnisse. Wie eine Welt unterliegt sie dem Wandel der Zeiten, der die Beständigkeit, die die Reihen wohl geordneter Bücher vortäuschen, ins Wanken bringt. Gesteuert vom Willen des Lesers fließen die Bücher aus der Bibliothek heraus und wieder in sie hinein wie Ebbe und Flut. Die Mitarbeiter, die in der Widener Library die Bücher ordnen, sagen von der Bibliothek, sie würde atmen: Zu Beginn des Semesters atmen die Regale Bücher in großen, wirbelnden Wolken aus – dann, am Semesterende, holt die Bibliothek wieder Luft, und die Bücher fliegen zurück. Und die Bibliothek hat auch sonst etwas von einem Körper, denn die Seiten der Bücher sind zusammengepresst wie Organe im Dunkeln.

Inmitten der Widener-Regale kann ich mir – besser als an irgendeinem anderen Ort – einreden, dass das Universum aus unendlich vielen Varianten eines einzelnen Elementes – des Buches – zusammengesetzt ist und dass auch ich selbst aus Büchern bestehe, ganz so wie der Mann auf dem Gemälde »Der Bibliothekar« von Giuseppe Arcimboldo. Am Prager Hof von Arcimboldos Dienstherren Rudolf II. mischte man großzügig Rationales mit Irrationalem und Mythologisches mit Empirischem. So machten denn Tycho Brahe und Johannes Kepler gemeinsame Sache mit Alchemisten und Astrologen. Arcimboldo weidete sich an den Widersprüchen, die ihn umgaben.

Dieses Ergötzen – und gewissermaßen auch »Entgötzen« – verkörpert sein aus Büchern bestehender »Bibliothekar«: Er ist nicht nur ein einzelnes Buch, sondern gleich eine ganze Bibliothek. Seine Wangen und Lippen bestehen aus jenen Miniaturbüchern, die zu Arcimboldos Zeiten wohl Gebete und religiöse Sprüche enthalten haben. Seinen rechten Arm dagegen bildet ein gewichtiger

Giuseppe Arcimboldo (1527–1593), *Der Bibliothekar*, um 1566.
Öl auf Leinwand, 97 × 71 cm.
Skoklosters Slott, Schweden.
Foto: Erich Lessing.

Folioband, und aus seinem Kopf quellen handgeschriebene Seiten, die nur von oben betrachtet lesbar sind.

Beim Anblick der Regale in einer x-beliebigen Bibliothek habe ich oft das Gefühl, dass die Millionen Bände tatsächlich das gesamte menschliche Wissen enthalten könnten und dass sie nicht ein Modell *für* das Universum, sondern *vom* Universum darstellen. Wenn ich die ausgetretenen Marmortreppen, die in die Eingeweide des Gebäudes führen, hinunterschwebe und den stechenden Geruch der Regale voller Bücher hinter mir lasse, dann kommt mir oft der Gedanke, dass all das, was draußen geschieht, sein gedrucktes Pendant irgendwo hier in den Regalen haben muss. Da verfällt man leicht in kabbalistische Träumereien, stellt sich eine Umschrift der Bücher vor, die die Geheimnisse des Universums offen legt, einen heiligen Logos, der dem heimlichen Namen Gottes gleichkommt.

Unter den 43 im Jahr 1983 in Bhutan oder den 31 602 in demselben Jahre in China erschienenen Büchern, den 30 000 Tafeln in Assurbanipals längst verschwundener Bibliothek in Ninive oder den 300 000 Schriftrollen, die verbrannten, als Cäsar seine Schiffe im Hafen von Alexandria in Brand steckte – wo hätten wir da die Formel für den Stein der Weisen suchen sollen? Auf welche der acht Tageszeitungen von Westsamoa sollten wir schauen? Wurde der Name Gottes vielleicht in Gestalt eines zerfetzten Manuskripts, das während der bewegten Herrschaft von Heinrich VIII. aus der Kathedrale von Salisbury gestohlen wurde, zu den Buchbindern gekarrt? Oder findet er sich verschlüsselt in einem der 2 635 Kinderbücher, die allein im Jahr 1996 im Iran erschienen sind? So zu denken, bringt die Gefahr einer gewissen Verniedlichung mit sich; denn wenn die ganze Welt in eine Bibliothek gepresst werden kann, warum dann nicht in ein einziges Buch, in ein einziges Wort?

Von ungefähr 1870 bis 1990 sind die Sammlungen von Forschungsbibliotheken in Harvard und anderswo um das Hundertfache, zum Teil auch Tausendfache gewachsen. Dieser riesige Schwall von Büchern erzeugt bei vielen Erschrecken und Beklemmung: Diese Massen von Büchern – wer soll die Zeit haben, sie je zu lesen? Der apokryphe *Old Librarian's Almanack* (eigentlich ein literarischer Scherz, den sich ein Bostoner Bibliothekar zu Beginn des 20. Jahrhunderts ausgedacht hat) preist die Heldenhaftigkeit eines Bibliothekars, der sich unbeirrbar seinen Weg durch die Bücher seines Bereiches bahnt und sich die Zeit nimmt, jedes einzelne Buch zu lesen, und als er beim letzten Buch angelangt ist, beginnt er wieder von vorn. Heutzutage könnte der Bibliothekar einer wissenschaftlichen Forschungsbibliothek ein solches Unterfangen niemals innerhalb eines Menschenlebens zu Ende führen – auch nicht in dreihundert! Und solche Sammlungen sind natürlich auch keine starren Gebilde: Diese Bibliothek – so wie alle Forschungsbibliotheken jeder Größe – erwirbt pro Jahr mehr neue Bücher, als ein Normalsterblicher in seinem Leben jemals lesen könnte. Die Library of Congress, die umfangreichste Universalbibliothek der Welt, erweitert ihren Bestand von ohnehin schon mehr als 100 Millionen Bänden, verteilt auf 850 Regal-Kilometer, täglich um etwa 7000 Bücher. Denken wir dann noch an die zahllosen kurzlebigen Dokumente, die wir jeden Tag mit unseren Computern, Faxgeräten und Fotokopierern erzeugen, und außerdem an die mehr als 800 Millionen Webseiten im Internet, so wird uns schnell klar: Wir werden komplett überschwemmt!

Diese Informationsflut nötigt uns dazu, die Frage aufzuwerfen: Wie können wir noch die Spreu vom Weizen trennen? Bis vor gar nicht langer Zeit, also in den letzten paar hundert Jahren – was ein kurzer Zeitraum für Bibliotheken ist –, hätten sich die Bibliothekare zu den stoischen Anhängern Senecas zählen können, der in seinen *Epistulae morales* schreibt, dass es nicht darauf ankommt, wie viele Bücher man besitzt, sondern wie gut sie sind. Senecas Bibliothek ist ein Ort des Kanons.

Ich bezeichne solche Bibliotheken gerne als »parnassisch«, denn wie der Tempel von Delphi werden sie an den Hängen des Parnassus, des heiligen Gebirgszugs des Apollo und der Musen, errichtet. Die Werke, die man in solchen Bibliotheken findet, sind wie Destillate – eine Essenz alles dessen, was gut und schön im klassischen Sinne ist oder heilig im Verständnis des Mittelalters. Die entsprechende Bibliothek ist als Modell für das Universum gedacht, eine streng orchestrierte Zusammenstellung von Idealen.

In der Universalbibliothek dagegen werden Bücher nicht wie wertvolle, geronnene Essenzen behandelt, jedenfalls nicht in letzter Instanz. Sie sind vielmehr Texte, Gewebe, die immer wieder zerpflückt und in neuen Kombinationen und Mustern miteinander verknüpft werden. So wie die Sterne am Himmel oder die Pflanzen bei Carl von Linné werden sie nicht wegen ihrer besonderen Wirkungen oder Eigenschaften gepriesen; sie müssen erst gezählt und klassifiziert werden, bevor man überhaupt nach ihnen trachten kann.

Das Motto, unter das der verdrießliche Seneca seine selektive parnassische Bibliothek gestellt hatte, würde sich gut als Inschrift über ihren Eingängen ausnehmen – vorzugsweise natürlich in einer mageren Schrifttype. Thomas Jefferson, dessen eigene Bücher den Grundstock der Sammlungen der University of Virginia und der Library of Congress bildeten, setzt der unablässig akkumulierenden Universalbibliothek ein ganz anderes Credo entgegen: »Ein Bibliotheksbuch … ist denn auch kein reiner Gebrauchsgegenstand, sondern genau genommen ein Kapital.« Jede Art von Bibliothek macht gleichermaßen eine Aussage über das Wesen des Buches und kristallisiert dessen soziale, kulturelle und mystische Funktion heraus. Und welche Bedeutung das Wort auch für eine Gesellschaft haben mag – mal ist es der Atem Gottes oder der Musen, mal die Heimstatt des Guten und Wundervollen, ein anderes Mal wieder der heulende Wind des Kommerzes, oder aber irgendein unklares Gemisch von all dem –, es ist genau all das, was die Bibliothek in ihrem Inneren hütet. Schließlich kann es aber auch sein, dass ein gemeinsamer Leitgedanke existiert, unter dem sich die parnassischen und die Universalbibliotheken – jede mit der ihr eigenen Auffassung vom Buch und der Welt – vereinen lassen. Wenn dem so ist, dann könnte es vielleicht jener Gedanke sein, den Stéphane Mallarmé formuliert hat. Er fasst meine persönliche Erfahrung mit Bibliotheken am treffendsten in

Worte, wenn er schreibt, »dass alles auf der Welt existiert, um in ein Buch zu münden.«

In seiner *Grammatologie* legt Jacques Derrida ausführlich dar, warum Schreiben mehr als nur ein nachrangiges Symbolsystem für das gesprochene Wort ist, lediglich die »Spur einer Spur«; vielmehr ist es ein fester Bestandteil des Phänomens Sprache, kurz, Schreiben ist eine Sache für sich. Zu seiner Bestätigung bräuchte er sich bloß in der Universalbibliothek umzuschauen. Denn hier führt das Wort ein eigenständiges Leben im Wirrwarr der »Incipits«, »Explicits« und Kolophone, von Recto und Verso, von Handschriften in Unzialen sowie in Monte-Cassino- und merowingischer Schrift; in Palimpsesten und Lacunae; in Druckbögen und Formatbezeichnungen von Folio über Oktav bis zu Sexagesimoquart; in echten, halbechten und künstlichen Wasserzeichen; in Inkunabeln und CD-Roms; im *Pandectarum* und im *Index Librorum Prohibitorum*; in Thema, Autor und Titelseiten; und in Teilfeldern und Schreibfehlern der Datensatzformate maschinenlesbarer Kataloge.

Wie auch andere Naturphilosophen des lateinischen Mittelalters ging Roger Bacon davon aus, dass es drei Klassen von Substanzen gibt, denen magische Kräfte innewohnen: die pflanzliche, die mineralische und die verbale. Und Bücher mit ihren Seiten aus Fasern, ihrer Tinte aus Eisenvitriol und Ruß und ihren Wörtern sind eine Mischung aus allen drei Gruppen. Die Vorstellung, dass Wörter – genau wie Pflanzen und Steine – unabhängig davon existieren, ob wir sie aussprechen oder nicht, dass sie eigene Kräfte besitzen und Dinge in der Welt bewegen, ist ein Gemeinplatz in vielen Überlieferungen. Bibliotheksbücher werden in großen Mengen zusammengetragen, angehäuft und zurechtgestutzt, gelesen und vergessen. So haben sie denn ein ganz eigenes Leben und eine eigene Geschichte, und zwar nicht als Texte, sondern als physikalische Gegenstände dieser Welt.

Ich möchte Ihnen ein Beispiel aus der Bibliothek, in der ich arbeite, geben. Im Jahr 1503 stellte Francesco de Silva in der italienischen Stadt Savona die erste Auflage eines gedruckten Buches her: Domenico Nani Mirabellis *Polyanthea opus suavissimus floribus exornatum*, ein populäres Kompendium und Wörterbuch klassischer Autoren. Wie alle Bücher in jener Zeit wurde die *Polyanthea* ungebunden in Form loser Druckbögen verkauft; die jeweiligen Käufer brachten die frisch gedruckten Seiten zu einem Buchbinder. Der Einband war so einfach oder wurde in dem Maße verziert, wie es der Geschmack und der Geldbeutel des Kunden erlaubte. Studenten mögen die Blätter wohl, um Kosten zu sparen, ungebunden belassen und die Seiten des jeweiligen Buches mit Studienkollegen geteilt haben. Ein wohlhabender Sammler dagegen hätte vielleicht dasselbe Buch in reich vergoldetes Leder kleiden lassen und die Lederfarbe so gewählt, dass der Einband zu seiner ohnehin schon beträchtlichen Bibliothek passte.

Das Exemplar in der Houghton Library jedenfalls ist irgendwann in den letzten fünfhundert Jahren neu eingebunden worden. Das Material für den Einband wurde zur Gänze aus einem anderen Werk gewonnen: einem handgeschriebenen Antiphon von unsicherer vorgutenbergscher Provenienz. Es war auf Pergament geschrieben mit einem dreizeiligen Notensystem, das genau mit den Kanten des Buches abschließt, wodurch Handschrift und Druck, zum Himmel strebende Musik und erdnah marschierender Text in unbehagliche Nähe zueinander gezwungen werden.

Diese Vorgehensweise war bei den frühen Druckern und Buchbindern üblich. Als König Heinrich VIII. mit der Kirche brach, schafften die neuen, weltlichen Besitzer schnellstens die Bücher aus den Abteien und verkauften sie als Rohstoff für die Herstellung von Papier und Einbänden für neue Bücher. Ein paar helle Köpfe der Tudor-Dynastie erkannten das Ausmaß der Zerstörung, die hier angerichtet wurde: Richard Cotton, einer der Minister des Königs, rettete heimlich viele Werke vor der Buchbinderwerkstatt, so auch das früheste, noch immer erhaltene Exemplar des *Beowulf*. Vergleichbares spielte sich in den frühen Jahrzehnten des Buchdruck-Zeitalters in ganz Europa ab. Das einzige noch vorhandene schriftliche Zeugnis des altsächsischen Dialekts etwa wurde gefunden, als man den Einband eines Buches aus der Vatikanischen Bibliothek restaurierte.

Ausrangierte und ephemere Texte, die ja den Lebenssaft der Universalbibliothek bilden, wurden noch über Jahrhunderte hinweg auf diese Weise wieder dienstbar gemacht. Wenn Sie genau hinschauen, werden Sie bei fast allen bis zur letzten Jahrhundertwende erschienenen französischen Büchern hinter dem brüchigen, abgegriffenen Leder auf den Buchrücken fett gedruckte Großbuchstaben entdecken. Sie stammen von Anzeigenseiten, die in Streifen gerissen und auf diese Weise wiederverwendet wurden.

Sogar vor der Einführung der beweglichen Drucklettern, als die Herstellung von Büchern ein kostspieliges, spezielles Verfahren erforderte, wurden Handschriften recycelt. Pergament konnte abgeschabt werden, um jegliche Beschriftung, die es getragen hatte, zu entfernen. Das konnte etwa eine Liste der Leibeigenen irgendeines obskuren schottischen Gutsherren sein oder vielleicht auch die früheste Überlieferung von Ciceros Anklage des Catilina vor dem Senat. Auf diese Weise erhielt man wieder eine leere Seite, die neu beschrieben werden konnte. Solche wiederverwendeten Manuskripte werden Palimpseste genannt. Die alte Handschrift bleibt geisterhaft erhalten; manchmal ist sie nur mit Hilfe der Fluoreszenzfotografie unter dem neuen Text erkennbar.

In den materiellen Bestandteilen von Büchern gibt es viele Anzeichen, die auf das Vergehen der Zeit hinweisen. Oft findet man auch Angaben über den Erwerb des Buches, die auf die Rückseite der Titelei gestempelt oder geschrieben wurden, und die Leihzettel geben Auskunft darüber, ob, wann und wie oft Bücher ausgeliehen worden sind.

Beim Zustand der Bindungen und des Papiers verliert die Zeit ihre Linearität und offenbart ein Fluidum, das eng mit unseren persönlichen Erfahrungen verbunden ist. Viele neu erschienene Bücher sehen bald heruntergekommen aus und zerfallen schnell: Die Buchdeckel sind lädiert, die Buchrücken lösen sich ab, die Seiten reißen ein oder werden vollgekritzelt. In einige ältere Bücher hingegen hat oft nicht einmal der gründlichste Stammkunde der Bibliothek einen Blick geworfen: Da bleiben die Seiten unaufgeschnitten und sauber. Wenn sie dann schließlich doch einmal von den Regalen gepflückt werden, krachen beim Öffnen die Bindungen, die noch genauso straff sind wie zu dem Zeitpunkt, als sie die Buchbinderei verlassen haben. Die Leihzettel sind vergilbt und zerkrümelt, ohne dass sie jemals einen einzigen Stempel getragen hätten.

Einst ließen Zettelkataloge genaue Spuren des Gebrauchs über die Zeit hinweg erkennen: Die viel benutzen Zettel bekamen Eselsohren und wurden schmutzig vom vielen Herumblättern und Festhalten, während die unbenutzten Zettel schön weiß und frisch blieben und von ihren Nachbarn beschützt wurden. Zettelkataloge sind natürlich längst überholt; heute registrieren Online-Kataloge ihre Benutzer auf die geheimnisvolle Art und Weise der großen digitalen Netzwerke. Diese Systeme speichern nicht nur die Ausleihe der Bücher – der Computer verfolgt auch, wie oft jeder Eintrag betrachtet wurde und erstellt dabei eine Verlaufschronik aller Suchvorgänge, die an den Workstations im gesamten Netzwerk durchgeführt wurden.

Einige haben die Ungeheuerlichkeit der Online-Kataloge betont, denn diese grotesken, tentakelartigen Datenbanken schaffen es, sogar den überlegensten Gelehrten oder Stammleser wieder als unwissenden Grünschnabel dastehen zu lassen. Sie trauern den verlorenen Vorzügen des Zettelkataloges nach, der eleganten Arbeit von Generationen von Bibliothekaren. Wenn wir allerdings den Warnungen von Bibliothekaren aus den Zeiten, als die Zettelkataloge überhaupt erst eingeführt wurden, Gehör schenkten, würden wir wohl unsere Meinung noch einmal überdenken. Edmund Lester Pearson bemerkte dazu im Jahr 1909:

> In dem gleichen Maße, wie diese Schubladenkabinette der Menge nach zunehmen, werden auch die mentale Anstrengung und die körperliche Erschöpfung für diejenigen, die sich anschicken, eines davon zu konsultieren, so gewaltig, dass man sie nicht mehr einfach abtun kann.

Nahezu täglich kann man die fürchterlichen Auswirkungen davon in fast jeder größeren Bibliothek beobachten. Da sieht man Dutzende von gepeinigten Individuen, wie sie zu ergründen versuchen, wo wohl der Name Thomas De Quincey zu finden sein mag: in der mit De gekennzeichneten Schublade oder in der mit Qu beschrifteten. Irgendwann treffen sie ihre Wahl – die grundsätzlich falsch ist –, und dann muss man mit ansehen, wie sie mit schmerzlich verzogenen Mienen eiligst zu der anderen Schublade hinüberwechseln. Allerdings sind die Benutzer der Kataloge längst nicht die einzigen Personen, deren Verstand in Gefahr ist: Die Bibliothekare selbst, eben jene, die den ganzen Tag damit zubringen, sich diese verklausulierten Gedankenblitze zurechtzulegen, sind genauso gefährdet.

Vor gar nicht langer Zeit hatte einer von ihnen sie alle um sich geschart und sie mit dem schrecklichen Eid belegt, dass sie nicht eher auseinander gehen dürften, bis dass ein für alle Mal die Frage geklärt sei, ob es besser ist zu schreiben »Abteilung für Landwirtschaft« oder »Landwirtschaft, Abteilung für«.

Sie wussten sehr wohl, dass viele kluge Köpfe an genau dieser Klippe gescheitert waren, doch sie kannten keine Furcht und stürzten sich wild entschlossen in den Kampf. Der wurde ausgefochten bis in die frühen Morgenstunden, und als endlich das kalte, graue Licht der Dämmerung durch die Fensterläden lugte, da war, wo es auch hinfiel, noch immer keine Lösung des Problems in Sicht, und die mentale Verfassung der streitbaren Herren war seitdem von jener Art, die es nicht ratsam erscheinen lässt, ausführlicher darauf einzugehen.

Und hier handelt es sich um die Universalbibliotheken aus der Zeit um 1900, deren Sammlungen hundertmal kleiner waren als die der Forschungsbibliotheken von heute! Die Ängste von Pearsons Bibliotheksbesuchern hatten vermutlich weniger mit der Größe der Bibliotheken oder der Beschaffenheit ihrer Kataloge zu tun als mit den metaphysischen Verwicklungen, die die Vorstellung einer Universalbibliothek nach sich zieht.

Systematische Kataloge spiegeln den Sachverhalt auf einem anderen, weniger detailreichen Niveau. Standard ist heute eine Signatur, die aus einer undurchschaubaren Kabbala aus Zahlen und Buchstaben besteht. Sie fordert unsere Intuition und Fantasie heraus und wird durch die formale Strenge von »wissenschaftlichen« Bibliographien ergänzt. Einst hatten fast alle Bibliotheken ihr eigenes Signaturensystem. Das alte System der Widener Library besteht bis in die heutige Zeit noch fort und bewahrt dabei Spuren der vorletzten Jahrhundertwende. »Aus« enthält Bücher über die Geschichte der K.-u.-k.-Monarchie, »Ott« erfüllt den gleichen Zweck für das Osmanische Reich. Dante, Molière und Montaigne haben jeder eine eigene Signatur bekommen.

In der Universalbibliothek werden Esoterika und Exoterika munter vermischt, ohne die Muster und Vorlieben der jeweiligen Zeit zu berücksichtigen. So findet man Seite an Seite zahlreiche Variorum-Ausgaben von Shakespeare, und dazwischen auch solche obskuren Werke wie *Shakespeare in Limericks* von Brainerd McKee. Dabei handelt es sich um eine Bearbeitung der gesammelten Werke des Barden von Avon aus dem Jahr 1910 in Knittelversen. Nehmen wir zum Beispiel McKees Kurzfassung vom *Sturm* mit diesem besessenen Büchernarr Prospero, der nirgends zu finden ist.

> Es war einst das Mädchen Miranda
> tat schäkern mit dem Ferdinand, da
> der Schiffbruch erlitt,
> ans Ufer dann glitt,
> Spielt' Schach mit ihr auf der Veranda.

Vielleicht hatte Henry David Thoreau irgendwann in den dämmrigen Alkoven in Harvards Gore Hall solche Knittelverse gelesen, denn er schrieb: »In der Bibliothek findet sich das gesamte aufgezeichnete Wissen der Welt, doch diese Aufzeichnungen sind eher ein Sammelsurium als ein bewusst gesammelter Schatz; … Shakespeare und Milton konnten nicht ahnen, in welcher Gesellschaft sie einst landen würden.« Gerade für Thoreau, der die Natur abgraste, als wäre sie die umfangreichste Bibliothek überhaupt, der Genie und Größe glänzend und umfassend im kleinsten, unbedeutendsten Detail ausgedrückt fand, waren schlechte Bücher in einer Bibliothek wie Hagelkörner, die auf den ewigen Frühlingsmorgen der Literatur prasseln.

Muss man sich denn nun tatsächlich entscheiden zwischen der Sammlung numerologischer Abhandlungen, die beweisen, dass es Francis Bacon war, der die Stücke Shakespeares geschrieben hat, oder den unweit davon stehenden chronologischen Studien, die die Autorschaft des Edward Earl of Oxford verfechten, oder der biographischen Literatur, die aus viel weniger Bänden besteht und so lassen die den Stratforder Meister höchstpersönlich haftbar macht? Nein – alle diese Bücher müssen in den Regalen einer wahren Universalbibliothek nebeneinander stehen. Zusammen erzählen sie uns die Geschichten, die eines allein nicht erzählen könnte.

Wenn wir eine Bibliothek richtig lesen, gelangen wir schnell zu einer offensichtlichen Schlussfolgerung: Die meisten Bücher sind schlecht, genau genommen sehr schlecht. Im schlimmsten Fall sind sie einfach nur normal: Sie schaffen es nicht, sich über die Widersprüche und die Wirren ihrer Zeit zu erheben. (Ich bin sicher, dass mein Buch in dieser Hinsicht keine Ausnahme sein wird.) So ist es denn auch mehr als verständlich, dass wir so viel Zeit darauf verwenden müssen, die außergewöhnlichen Bücher aufzustöbern – diejenigen, die vorgefertigte Denkmuster sprengen. Doch wir sollten nicht vergessen, dass auch die unscheinbaren Bücher uns viel über Kulturgeschichte lehren können – in letzter Zeit vielleicht mehr als unsere hochheiligen Klassiker. In seinem *Atlas des europäischen Romans* behauptet Franco Moretti, dass die »Serie« – der chronologische Kontext, dem die außergewöhnlichen Werke immer entspringen – »der eigentliche Protagonist des kulturellen Lebens« sei. Moretti räumt ein, dass »Literaturgeschichte als Normengeschichte« wie »ein vergleichsweise ›plattes‹ Szenario, voller Wiederholungen, schwerfällig – und langweilig« wirken mag. »Aber so ist das Leben (auch das literarische), und anstatt alles daranzusetzen, die Literatur von ihrer prosaischen Realität zu ›erlösen‹, sollten wir endlich lernen, sie als das zu betrachten, was sie ist.«

Wenn die ganze Fülle einer Kultur sich in ihrer Literatur – als Ganzes gesehen – ausdrückt, dann haben die Verfasser von Büchern die Bedeutsamkeit der Bibliotheken intuitiv begriffen. Bibliotheken kommen im Werk vieler Schriftsteller von Shakespeare über Jonathan Swift bis zu Umberto Eco vor. Und die Bibliothek ist ja in der Tat ein so beeindruckender, phantasieanregender Schauplatz, dass daraus ein Klischee geworden ist: Was wäre eine schaurige Geschichte ohne eine düstere Bibliothek? (Achten Sie einmal auf die unglaubliche Kraft, die Bücher haben! Sie brauchen nur mit dem Rücken eines auch noch so schmalen Taschenbuches auf ihre Handfläche zu schlagen, und Sie werden verstehen, was ich meine – schon lange möchte ich eine Kriminalgeschichte schreiben, in der die Tatwaffe ein Buch ist.)

Bibliotheken sind so verlockend für Schriftsteller, dass sie nicht anders können, als für sich selbst eine eigene zu ersinnen. Das wahrscheinlich erste Beispiel für dieses Genre findet man im zweiten Buch von Rabelais' *Gargantua und Pantagruel*, wo Pantagruel die Bibliothek von Saint Victor in Paris besichtigt und sie nach Titeln wie *Der Hosenbeutel des Gesetzes* und *De modo cacendi* (»Von den Arten des Scheißens«) absucht. Trotz seiner überbordenden Phantasie erschöpft Rabelais die Form aber nicht ganz, denn auch John Donne beschreibt im Jahr 1610 eine fiktive Bibliothek; Edgar Allan Poe würzt seine Geschichten mit Zitaten aus einer Bibliothek, die nur in seinem Kopf existiert, und Charles Dickens hatte die Türen seines Studios in seinem Haus in Gad's Hill mit falschen Bücherregalen verkleidet, die Titel wie *Hansards Leitfaden für erholsamen Schlaf* in neunzehn Bänden enthielten.

Die vielleicht berühmteste literarische Bibliothek wurde von einem Autor erfunden, der selbst Bibliothekar war. In seiner Kurzgeschichte »Die Bibliothek von Babel« stellt Jorge Luis Borges sich das Universum als Bibliothek vor. (Vielleicht ist es aber auch die Bibliothek, die er sich als Universum vorstellt.) Dies ist jedenfalls eine merkwürdig homogene Bibliothek nach einem platonischen Ideal, die nach den Worten des Autors »aus einer unbegrenzten und vielleicht unendlichen Zahl sechseckiger Galerien« zusammengesetzt ist. Diese haben vier Wände mit jeweils fünf Bücherregalen; die anderen zwei Wände öffnen sich zu angrenzenden, identischen Räumen. »Auch hier durch«, erklärt der Erzähler, »verläuft eine Wendeltreppe, die tief in den Abgrund führt und sich emporschwingt in höchste Höhen.«

In der Halle befinden sich Spiegel, von denen der Erzähler meint, dass sie »die unendliche Ausdehnung der Bibliothek darstellen und verheißen«. Die Erfahrung der wandernden Bibliothekare von Babel bestätigt, dass dieses Muster sich unendlich oft in allen Richtungen wiederholt. Die Bücher, die diese Bibliothek füllen, müssen in ihrem Umfang begrenzt sein – jedes hat 410 Seiten, und ihre Variationsbreite ist durch die unveränderliche Zahl der Buchstaben im Alphabet beschränkt. Doch die Bibliothekare, die dieses Universum bevölkern, können sich nicht vorstellen, dass es ein Ende oder eine Grenze gibt; das Universum, so denken sie, muss irgendwie unendlich sein.

Man darf sich nicht auf jede Frage, die die Bibliothek stellt, eine definitive Antwort erhoffen: Obwohl sie notwendigerweise nicht nur Prophezeiungen über das Leben eines jeden, der gelebt hat oder leben wird, umfasst, sondern auch Theorien, die den Ursprung und die Funktionsweise des Universums erklären, muss sie zwangsläufig auch unglaublich viele Pseudo-Berichte enthalten, die es nicht ernsthaft darauf anlegen, das Wahre und Immanente vom Trügerischen und Irreführenden zu trennen.

Die Bibliothekare wandern in Gruppen oder als einsame Bettler; manche suchen das eine Buch, das alle anderen enthält; andere sind auf der Suche nach »Aufschluss über die grundlegenden Geheimnisse der Menschheit«; wieder andere meinen, »dass Bücher im Grunde bedeutungslos sind« – das vergebliche Werk von eitlen, unterentwickelten Wesen, die die perfekte Architektur Gottes nachahmen wollen. Doch Borges' Erzähler glaubt, dass er den kosmischen Schlüssel zur Bibliothek entdeckt hat, die endgültige Theorie über alles und jedes: »Die Bibliothek«, so schreibt er, »ist unbegrenzt und zyklisch. Wenn ein ewiger Wanderer sie in einer beliebigen Richtung durchqueren würde, würde er nach Jahrhunderten feststellen, dass die gleichen Bände in der gleichen Unordnung wiederkehren (was dann, durch diese Wiederholung, auch wieder eine Ordnung wäre: die Ordnung).«

Der Bibliothekar Borges hatte ein angeborenes Augenleiden, und der Nebelschleier vor seinen Augen beraubte ihn letztendlich des visuellen Vergnügens an der Dinglichkeit des Buches. Ungefähr um die Zeit, als er nach dem Zusammenbruch des Peron-Regimes zum Direktor von Argentiniens Nationalbibliothek befördert wurde, erblindete er völlig.

> Niemand schmähe durch Träne oder Hader
> Diese Offenbarung der Meisterschaft
> Gottes, der mit großartiger Ironie
> mir gleichzeitig die Bücher und die Nacht gab.

Borges' Verlust des Sehvermögens lässt mich an Lavinia in Shakespeares *Titus Andronicus* denken, die auf Grund ihrer Verletzungen ebenfalls nicht lesen kann. Die Söhne des Tamora haben sie vergewaltigt, ihr die Hände abgehackt, die Zunge herausgeschnitten und sie damit des Tast- und Geschmackssinns beraubt. Lavinias Pein ist bewegend, obwohl Shakespeare auf eine Grausamkeit setzt, die erschreckend ist in ihrer Irrealität (und die im weiteren Verlauf das Stück noch schwächer werden lässt, das ohnehin schon derartig wacklig auf den Beinen ist, dass Shakespeare-Apologeten lange, aber erfolglos, versucht haben, es einem anderen Autor zuzuschreiben).

Lavinia verliert den Geschmack der Wörter; sie kann die Geschichte, die Rache über ihre Peiniger bringen würde, nicht erzählen, und das wahre Ausmaß ihrer Qual offenbart sich in ihrem Schweigen. Als sie Titus' Bibliothek betritt, sieht der den Schmerz in ihren Augen und gebietet einem Diener, er möge für sie die Seiten aller Bücher, die sie wünscht, umblättern. »Komm, wähl in meinem ganzen Büchersaal. / Und so vergiss dein Leid«, spricht er zu ihr. Die Zuschauer sollen sich hier vollständig mit Lavinias Entfremdung von den einst so vertrauten Büchern identifizieren können, und diese Empathie soll ihr Mitleid erwecken. Aber Lavinia fleht um Bücher nicht wegen des betäubenden Trosts, den sie spenden, sondern wegen ihrer Fähigkeit, Geschichten zu erzählen. So wählt sie Ovids *Metamorphosen* aus und reißt mit den Stümpfen ihrer Arme die Seiten herum bis zur Geschichte der Philomele. Als sich Titus an Philomeles Vergewaltigung durch Tereus erinnert, begreift er, was geschehen ist, und die Mühlen der Justiz beginnen zu mahlen.

So wie Lavinia war auch Borges das sinnliche Erleben von Büchern verwehrt. Und doch waren die Bücher immer in ihm; er war – genau wie der zusammengesetzte Bibliothekar im Gemälde des Arcimboldo – eine lebende Bibliothek. Im »Gedicht von den Gaben« sagt Borges später, dass die Bücher der Bibliothek für seine erblindeten Augen nun so weit weg sind wie die unzugänglichen Bände, die einst in Alexandria vernichtet wurden.

Auch ich selbst erforsche, ganz wie einer von Borges' verlorenen Bibliothekaren, die verschlungenen Beziehungen zwischen Phantasie und Authentizität, Torheit und Epiphanie, zwischen dem Parnassischen und der Universalität der Bibliotheken. Die Methode, die ich auf den folgenden Seiten anwende, lässt wieder an Eugene Gant denken: Ich nehme ein Buch heraus – vielleicht ist es Gibbons *Verfall und Untergang des römischen Imperiums* – und irgendetwas, was ich dort lese, führt mich zu den Gedichten des Kallimachos oder den Briefen des Seneca. Ich lege einen Finger zwischen diese Seiten und verfolge eine Spur, die von Cassiodorus zu Francis Bacon führt, vom Kalifen Omar zu Jonathan Swift und John Stuart Mill. Ich gerate von einer Passage zur nächsten, schlängele mich zwischen den Gebieten hindurch, bin verloren inmitten all der Regale. Oft sind die Bände mit dicken Staubschichten bedeckt und durchlöchert von Insekten, die genauso gierig nach Büchern sind wie ich. Obwohl ich mich einfach treiben lasse, gehe ich doch nach einem bestimmten Plan vor: Ich suche nach der Bibliothek dort, wo sie lebt.

Natürlich würde eine vollständige Geschichte der Bibliothek – eine Dokumentation aller jemals existiert habenden Bibliotheken, ihrer Orte und Formen – viele, viele Bände umfassen. Das, was ich suche, sind Gesichtspunkte für Veränderungen, Umwälzungen, jene Momente, in denen Leser, Autoren und Bibliothekare nach der eigentlichen Bedeutung der Bibliothek fragen. Wenn ich Borges, dem blinden Bibliothekar, aus den Regalschluchten hinaus und hinein in den wirbelnden Datenstrom des Internets folge, dann schockiert mich das viel weniger, als ich erwartet hätte: Da draußen ist das Suchen genauso zufällig, assoziativ und vom Glück abhängig, wie es immer war.

Alexandria brennt

Johannes, dem Grammatiker, einem koptischen Priester, der zur Zeit der arabischen Eroberung im Jahr 641 n.Chr. in Alexandria lebte, muss der muslimische Eroberer Amr wie ein Novum vorgekommen sein. Als Johannes zum Ratgeber des Generals ernannt wurde, entdeckte er voller Freude, dass der neue Gouverneur der Stadt, was Musik, Poesie und Gelehrsamkeit betraf, kein solcher Banause war, wie man es von den Barbaren gemeinhin annahm. Schon bald war Johannes kühn (und hoffnungsvoll) genug, um Amr zu fragen, was denn mit den »Büchern der Weisheit« geschehen solle. Diese lagerten in den »königlichen Schatzkammern«, der berühmten Bibliothek im Palast der Ptolemäer. Zweifelsohne hatte er gehofft, dass der General ihm die Bibliothek anvertrauen würde. Der General aber antwortete, er könne über das Schicksal der Bücher nicht entscheiden, ohne zuvor den Kalifen Omar zu befragen. Des Kalifen Antwort, hier zitiert aus Alfred Butlers Buch *Die Eroberung Ägyptens durch Arabien*, ist berüchtigt: »Was das Schicksal der Bücher betrifft, die du erwähnst, nun: Wenn das, was darin steht, mit dem Buche Gottes übereinstimmt, dann sind sie nicht vonnöten; wenn es aber nicht damit übereinstimmt, dann sind sie nicht erwünscht. Deshalb zerstöre sie!« Entsprechend der Tradition wurden die Schriftrollen gebündelt und den städtischen Bädern als Brennstoff übergeben. Es wird berichtet, dass man die Öfen dort sechs Monate lang damit beheizte.

Es ist zu schade, dass solch eine farbige Erzählung, die in den *Märchen aus 1001 Nacht* stehen könnte, lediglich Rudimente der Wahrheit enthält. Tatsächlich könnte die Geschichte, so wie wir sie kennen, von einem gewissen Ibn al-Qifti erdacht worden sein, einem sunnitischen Chronisten aus dem 12. Jahrhundert. Nach Auffassung des ägyptischen Altphilologen Mostafa el-Abbadi hat al-Qifti die Geschichte vermutlich erfunden, um das Vorgehen des sunnitischen Herrschers Saladin zu rechtfertigen. Der verkaufte nämlich ganze Bibliotheken, um seinen Kampf gegen die Kreuzritter zu finanzieren. Obwohl sie möglicherweise islamischer Herkunft ist, wurde die Geschichte in den Westen als orientalisches Lamento über das Schicksal der griechischen Gelehrsamkeit im heidnischen Osten überliefert.

In der Tat, als die Armee des Kalifen im 7. Jahrhundert in Alexandria eintraf, hatte die sagenumwobene Bibliothek der Stadt schon mindestens eine Feuersbrunst erlitten, vielleicht aber auch mehrere. Es hatte nicht nur eine Bibliothek gegeben, sondern zwei: eine große Bibliothek im Museion – dem Tempel der Musen – aus dem dritten Jahrhundert v. Chr. und eine kleinere »Tochterbibliothek«. Diese war im folgenden Jahrhundert gegründet und im Tempel des Serapis untergebracht worden. Serapis war eine hellenisierte ägyptische Gottheit und der Schutzpatron des synkretistischen Alexandria, den der theologisch bewanderte Ptolemaios für die griechische Stadt reklamiert hatte. Beide Sammlungen waren im königlichen Viertel, dem Brucheion, untergebracht und wurden oft in einem Atemzug genannt. Aber auch außerhalb der Mauern der Bibliothek hätte man in der ganzen Stadt auf große Mengen von Büchern stoßen können, denn Alexandria war die Heimat der Papyrus-Herstellung und beinahe schon seit seiner Gründung im dritten Jahrhundert v. Chr. das Zentrum des Buchhandels im gesamten Mittelmeerraum.

Als Julius Cäsar im Jahr 48 v. Chr. Kleopatra in ihrem Krieg gegen den jungen Ptolemaios XIII. zu Hilfe kam (damals waren die Bibliotheken bereits fast 300 Jahre alt), brannte er die Schiffe im Hafen von Alexandria nieder, um seinen Feind daran zu hindern, die Stadt vom Meer aus einzunehmen. Laut Seneca wurden in der Feuersbrunst ungefähr 40 000 Bücher vernichtet – andere autorisierte Quellen jedoch berichten, dass nur einige wenige Bücher verbrannten, die in den Speicherhäusern des Hafens zwischengelagert waren, um später in die Bibliotheksregale eingeordnet zu werden. Selbst wenn Senecas Schätzung korrekt ist, ist die Zahl immer noch verschwindend gering angesichts der 700 000 Schriftrollen, die sich vermutlich allein in der Hauptbibliothek des Museions befanden. Es gibt auch Gerüchte über spätere Brände; doch Besucher, die sich in der Zeit nach Cäsars Tod in Alexandria aufhielten, hinterließen Zeugnisse dafür, dass es auch dann noch große Bibliotheken gab.

So scheint auch Strabo, der zur Zeit der Herrschaft von Kaiser Augustus und der Geburt Jesu Christi schrieb, eine funktionierende Bibliothek in Alexandria gekannt zu haben. Der Legende nach soll Marcus Antonius Kleopatra die Bücher Pergamons – der großen Rivalin Alexandrias in der heutigen Provinz Izmir – als Wiedergutmachung für den Verlust ihrer Bibliothek geschenkt haben, doch Plutarch bestreitet den Wahrheitsgehalt dieser Geschichte. Sueton schreibt, dass Domitian, der im zweiten Jahrhundert römischer Kaiser war, Gelehrte aus Alexandria beauftragte, die Texte aus der palatinischen Bibliothek des Augustus zu ersetzen, nachdem diese bei einem Brand zerstört worden war; das scheint auf das Fortbestehen eines intellektuellen Zirkels in Alexandria hinzuweisen, der im Besitz wertvoller Texte war, von denen Abschriften erstellt werden konnten. Aller Wahrscheinlichkeit nach wurde das, was von den Bibliotheken übrig geblieben war, vollständig zerstört, als Kaiser Aurelian im dritten Jahrhundert – bei seinem Krieg gegen Zenobia, die berüchtigte Königin von Palmyra – das Brucheion dem Erdboden gleichmachte.

Um diese Zeit jedenfalls waren die Bibliotheken unter den Christen sicherlich im Niedergang begriffen. Den Christen war der Reichtum der hellenistischen Bibliotheken nach ihrem kulturellen Triumph über Heiden, Juden und Neuplatoniker ein Dorn im Auge. Im vierten Jahrhundert steigerte sich ihr Zorn ins Unermessliche: Theophilus, Patriarch von Alexandria, verlangte, dass an der Stelle, wo der Serapis-Tempel stand, eine Kirche errichtet werden solle; er schickte einen Mob Christen los, der den heidnischen Tempel und vielleicht auch die Bücher aus dessen Bibliothek zerstörte.

Wie es auch immer um den Wahrheitsgehalt der Erzählung vom Dekret des Kalifen dreihundert Jahre später bestellt sein mag – eins scheint sicher zu sein: Das zarte Papyrus von Alexandria hat mehr als nur einmal gebrannt.

Die frühesten Bibliotheken konnten, anders als die Papyrusrollen-Sammlung aus Alexandria, ganz und gar nicht brennen, denn sie enthielten Bücher, die auf Ton geschrieben waren. Die Literatur Mesopotamiens geht auf das dritte Jahrtausend v.Chr. zurück und reicht von Dichtung bis zum Gebet, von Episteln bis zu Rechnungsbüchern. Die Schrift, in der sie niedergelegt ist, wird wegen ihrer charakteristischen Keile (lat. cunei) Keilschrift genannt. Sie besteht aus Clustern von kleinen, keilförmigen Zeichen, die mit Hilfe eines Schilfrohrs oder hölzernen Stichels in eine Tontafel geritzt werden. Man lässt den Ton trocknen oder brennt ihn in einem Ofen. Die dabei entstehenden »Bücher« sind äußerst haltbar, besonders in dem trockenen Klima des fruchtbaren Halbmondes. Diese beständigen Bücher aus Ton gaben den Anstoß zur Errichtung von Bibliotheken. Bereits im dritten Jahrtausend v.Chr. enthielt ein Tempel in der Stadt Nippur, im heutigen südöstlichen Teil des Irak, Archivräume voller Tafeln.

Die mesopotamischen Bibliotheken erreichten ihren Zenith ungefähr zweitausend Jahre später unter Assurbanipal II., der im siebten Jahrhundert v.Chr. über das assyrische Reich herrschte. Er errichtete in seiner Hauptstadt, der antiken Stadt Ninive, eine Bibliothek, die sich derartig vergrößerte, dass sie sage und schreibe 25 000 Tafeln umfasste. Zwar diente seine Bibliothek als Archiv, doch Assurbanipal hatte universale Ambitionen, und so ordnete er an, nicht nur die Omen, Zaubersprüche und Hymnen, sondern antike Schriften in den verschiedenen mesopotamischen Sprachen zu sammeln – unter anderem in Assyrisch, Sumerisch, Akkadisch, Ugaritisch und Aramäisch. Die Bibliothek scheint hervorragend organisiert gewesen zu sein. Die verschiedenen Tafeln, aus denen sich die einzelnen Werke zusammensetzten, wurden zusammengebunden und mit Etiketten versehen, die ihren Inhalt erkennen ließen. Es existierte auch ein Katalog, der die Titel der Werke und die Anzahl der Tafeln, aus denen sie bestanden, aufführte. Auch andere Archive und Bibliotheken in ganz Mesopotamien weisen ein ähnlich hohes Niveau der Organisation auf. In einigen Repositorien bewahrte man die Tafeln in etikettierten Körben auf, und zur schnelleren Erkennbarkeit wurden die Titel auf den Kanten der Tontafeln festgehalten. Wenn man das hohe Alter dieser Schriften bedenkt, dann ist es erstaunlich, wie viele davon erhalten geblieben sind: Allein von Assurbanipals Bibliothek existieren noch um die 20 000 Fragmente, die heute im Britischen Museum untergebracht sind.

Assurbanipals Nachfolger waren nicht in der Lage, die weit verstreuten Länder, die er erobert hatte, zu verwalten. Die Macht seines Reiches schwand nach seinem Tod schnell dahin, und Ninive wurde nach und nach verlassen und vergessen. Unter den großen Erdhügeln zerfallener Städte, die das Landschaftsbild Assyriens, des heutigen Irak, prägen, müssen sich noch mehr mesopotamische Bibliotheken verbergen. Präzisionsbomben können heute Bibliotheken zerstören, von deren Existenz wir nicht einmal wissen!

Vierhundert Jahre, nachdem die Bibliothek von Ninive zerfallen war, zerstörte Alexander der Große den Nahen Osten. Im Jahr 331 v.Chr. beschloss er, seine Eroberungen zu feiern, indem er eine große Stadt an Ägyptens Mittelmeerküste errichtete. Man erzählt sich, er habe mit einer Linie aus Mehl die Umrisse des zukünftigen Alexandria markiert. Einer Legende zufolge soll dann ein großer Vogelschwarm von den Ufern des nahen Mareotis-Sees aufgestiegen sein, um ihm auf seinem Rundweg zu folgen und das Mehl zu vertilgen, nachdem er gegangen war. Dies nahm der Eroberer zunächst als böses Omen, bis ein Berater ihm die wahre Bedeutung erklärte: dass nämlich Alexandria blühen und seinen Bewohnern unerschöpflichen Reichtum und Wohlstand bescheren werde.

Wie auch immer Alexander die Lage seiner Stadt gewählt und geplant haben mag – sie war außerordentlich vielversprechend. Sie bot den besten Hafen im ägyptischen Mittelmeer und den einzigen Zugang zu dem fruchtbaren Land am Nildelta und am Flusslauf im Landesinneren. Alexander starb, bevor er seine Wunschvorstellung von der Stadt verwirklicht sehen konnte. Sein ehemaliger General Soter machte die Stadt nach dem Tod des jungen Eroberers zur Hauptstadt der ptolemäischen Dynastie. Soter war auch derjenige, dem eine Bibliothek vorschwebte, die die gesamte Gelehrsamkeit der hellenistischen Welt an einem Ort konzentrieren und die Herrschaft darüber an seine Erben weitergeben würde.

Wie alle griechischen Lyzeen zu dieser Zeit orientierte sich die Bibliothek am Vorbild der peripatetischen Schule des Aristoteles. Aristoteles war der Hauslehrer Alexanders gewesen. Der Name seiner Schule wurde auf die Anhänger seiner rationalistischen Philosophie übertragen. Ursprünglich bezog sich jedoch der Begriff *peripatos*, der wortwörtlich übersetzt so viel wie »umherlaufen« bedeutet, auf die Art und Weise, wie er unterrichtete. Diese Lehrmethode hatte er von Platon übernommen. Auch dessen Lehrer, Sokrates, pflegte beim Unterrichten auf- und abzugehen, wo immer er sich befand – auf den Straßen, zu Hause bei seinen reichen jungen Anhängern oder auf der »agora«, dem Marktplatz von Athen. Sogar in der vollkommen alphabetisierten griechischen Welt war ihre rein mündliche Methode die Regel.

Einige antike Quellen behaupten, dass Aristoteles' eigene Bibliothek nach Alexandria gebracht wurde, wo sie den Kern der Sammlung gebildet haben soll, aus dem die große Bibliothek entstand. Doch der große griechische Geograph Strabo, der die Bibliothek von Aristoteles gut gekannt haben muss, berichtet, dass dessen Bücher in einer Höhle bei Athen vergraben wurden. So sollte verhindert werden, dass die Attaliden, die Athen beherrschten, sie für ihre Bibliothek in Pergamon einforderten. Später wurden die vom Wasser beschädigten und von Würmern zerfressenen Bücher ausgegraben und an den Büchersammler Apellikon verkauft, der bei dem Versuch, die beschädigten Schriftrollen zu ergänzen und zu reparieren, viele Ungenauigkeiten hineinbrachte. Als der römische General Sulla im Jahr 88 König Mithridates VI. die Herrschaft über Athen entriss, erhob er Anspruch auf diese Bibliothek. Er packte sie zusammen und schickte sie zurück nach Rom, wo die Buchrollen auseinander gerissen, zum Teil falsch abgeschrieben wurden und beinahe verloren gingen.

Trotz ihrer aristotelischen Inspiration wich die alexandrinische Bibliothek vom peripatetischen Modell in bemerkenswerter Art und Weise ab. Obwohl man darauf aus war, Gelehrte und Denker anzuziehen, machte man sich kein formales Lehrprogramm zu eigen. Das war einer ihrer größten Vorzüge; denn bislang hatten Intellektuelle das Unterrichten mehr als Bürde denn als Berufung empfunden. Eine königliche Rente befreite die Gelehrten von der Notwendigkeit, Schüler anwerben zu müssen, mit denen sie dann umherwandeln mussten, wohingegen die Mengen von Schriftrollen ihnen unerschöpfliche Möglichkeiten für ihre Arbeit boten.

Strabo beschreibt dieses Szenario, indem er die Bedingungen in Alexandria, wo die Bücherregale von offenen, luftigen Säulenreihen oder überdachten Wandelgängen umgeben waren, mit geschützten Schattenplätzen vergleicht, an die sich die Gelehrten zum Studieren und Diskutieren zurückziehen konnten. Solche Säulengänge, die an Platons schattigen Hain denken lassen, wurden zu einem Standardelement in den antiken Bibliotheken, und sogar römische Bibliotheken, die moderne Lesesäle mit Tischen und Stühlen hatten, übernahmen diese Gepflogenheit.

Natürlich lasen die Gelehrten keine Bücher, wie wir sie kennen – der Kodex bzw. das gebundene Buch war bis zur christlichen Ära in Rom nicht gebräuchlich. Die Bibliotheken Alexandrias wurden stattdessen, wie alle antiken Repositorien, mit Schriftrollen aus Papyrus, einem Wasserschilf, das an den Ufern des Nils wuchs, gefüllt. Im Vergleich zum Ton ist Papyrus sehr empfindlich und schwierig aufzubewahren. Es war jedoch reichlich vorhanden und konnte zu einem Material verarbeitet werden, auf dem es sich schnell und bequem schreiben ließ.

Klopft man die Pflanzen flach, wirken ihre Säfte wie eine Art Zement, der die Fasern bindet und fixiert: Die ersten Papiermacher lernten, die einzelnen Pflanzenstängel in Streifen zu spalten, sie überlappend aneinander zu legen und zu Bögen jeder gewünschten Länge zu pressen. Wenn die Papyrusblätter getrocknet waren, wurden sie um einen Pflock, den man *umbilicus*, also »Bauchnabel« nannte, gewickelt. Von den Bibliotheken Alexandrias sind keine materiellen Zeugnisse übrig geblieben, und auch archäologische Funde aus anderen, späteren Bibliotheken geben kaum Aufschluss darüber, wie die Schriftrollen in den Regalen geordnet und zugänglich gemacht wurden. Doch zeitgenössische Beschreibungen erlauben zumindest folgende Schlussfolgerung: Die Schriftrollen in den Bibliotheken trugen Schilder, die mit dem Autorennamen sowie dem Titel des Werkes beschriftet waren und die an den besagten *umbilici* hingen. Das wird wohl nötig gewesen sein, da Schriftrollen nicht so wie Kodizes in Regalen geordnet standen, sondern in wackligen Stapeln übereinander getürmt wurden. Um eine davon zu entnehmen, musste der Benutzer oder ein Bibliothekshelfer alle anderen im gleichen Fach liegenden hochheben; demzufolge konnte wohl nur eine ungefähre Ordnung gewahrt werden.

Die Gelehrten des Museions nahmen ihre Mahlzeiten miteinander in einer Speisehalle ein und verwalteten auch ihr Eigentum gemeinschaftlich, so wie es in den frühen mittelalterlichen Universitäten Europas üblich werden sollte. Nach allem, was man liest, müssen die Gelehrten ein außerordentliches Maß an Freiheit genossen haben; die Ptolemäer scheinen gemerkt zu haben, dass sie die brauchbarsten Werke dann hervorbringen konnten, wenn man ihnen freie Hand ließ. Dieses Privileg erstreckte sich offensichtlich auch auf den Umgang mit dem Königshaus; als Ptolemaios I. Soter, den wegen seiner eigenen langsamen Fortschritte in der Mathematik die Ungeduld überkam, Euklid um einen Kurs im Schnellverfahren bat, besaß der Geometer die Kühnheit zu entgegnen: »Es gibt keinen Königsweg zur Geometrie.«

Die Vergünstigungen bei einer Anstellung in Alexandria beschworen aber auch den Zorn der ausgeschlossenen Gelehrten herauf. Ein gewisser Timon von Phleius äußerte sich spöttisch über »die weltfremden Bücherwürmer«, die in Alexandrias »Musenkäfig« verwöhnt und gepäppelt wurden. (Ich nehme an, es wird an Timons Metaphernvermengungen gelegen haben, dass er bei dem Wettlauf um eine Stellung in Alexandria aus dem Rennen geworfen wurde.)

Indem die Ptolemäer Gelehrte nach Alexandria brachten und sie einluden, dort auf Kosten des Königs zwischen den enormen Bücherregalen zu leben und zu arbeiten, siedelten sie in der Bibliothek einen regelrechten Gelehrtenpool, einen Thinktank unter der Kontrolle des Königshauses an.

Was die strategischen Implikationen eines derartigen Wissensmonopols – vor allem in den Bereichen Medizin, Technik und Theologie, den Stärken Alexandrias – betrifft, waren die Ptolemäer nicht zimperlich. So befahlen sie beispielsweise die Konfiszierung von Schriftrollen, die Besucher der Stadt mit sich führten; man kopierte sie für die Bibliotheken (oder behielt zum Teil auch die Originale ein) und versah sie mit der Aufschrift »von den Schiffen«. Als Maßnahme, um das Anwachsen der Bibliotheken in Rhodos und Pergamon einzudämmen, die beide Alexandrias Vormachtstellung bedrohten, ordneten die Herrscher der Stadt einen Exportstopp für Papyrus an. Dieser Schritt stellte sich allerdings als Eigentor heraus, denn er brachte die Bewohner Pergamons dazu, als Alternative das Pergamentpapier zu entwickeln, das wegen seiner Stärke und Wiederverwendbarkeit für mehr als tausend Jahre der bevorzugte Schriftträger in Europa werden sollte.

Trotz der Konkurrenz aus Rhodos, Athen, Pergamon und anderen Zentren der hellenischen Kultur blühten Alexandrias Bibliotheken unter den Ptolemäern auf. Unter den Gelehrten, die dem Ruf der 700 000 Schriftrollen nach Alexandria folgten, sind noch heute klangvolle Namen. Euklid, der wahrscheinlich in dem staubigen Dorf geboren wurde, das sich an der Stelle befand, wo Alexander seine Stadt gründete, schrieb hier seine *Elemente*, und Archimedes hielt sich hier als Student auf, bevor er sich in seinem geliebten Syrakus niederließ. Eratosthenes, Strabo und Galenus –

sie alle waren angewiesen auf die Reichtümer Alexandrias. Die Legende erzählt, dass auf Drängen von Ptolemaios II. siebzig jüdische Gelehrte in der Bibliothek zusammenkamen, um die Thora ins Griechische zu übersetzen – das wunderbare Ergebnis davon war die Septuaginta.

Alexandria war auch die Heimat der kosmopolitischsten und eklektizistischsten Schule der griechischen lyrischen Poesie, deren berühmtester Vertreter Kallimachos als Bibliothekar im Museion diente. In seinem 120-bändigen kritischen Katalog, den *Pinakes* oder »Tafeln«, verzeichnete er die umfassende Sammlung griechischen Schrifttums, die in der Bibliothek aufbewahrt wurde. Der Katalog teilte das Schicksal seiner Bibliothek: Keines von beiden hat überlebt.

In den ersten Jahrhunderten nach Christi Geburt wurde die Stadt zum Schauplatz großer kultureller Auseinandersetzungen zwischen Heiden, Juden, Christen und Neuplatonikern. Was wir heute als jüdisch-christliche Tradition kennen, hat seine Wurzeln im Eklektizismus Alexandrias. Doch die Bibliotheken hatten seit jeher eine viel größere Mission als diese zu erfüllen: Man strebte danach, das gesamte Korpus griechischen Schrifttums und die bedeutendsten fremdsprachigen Werke zusammenzutragen und aufzubewahren. So gesehen war Alexandria die erste Bibliothek mit universalen Ambitionen; mit ihrer großen Gemeinschaft von Gelehrten wurde sie zu einer Art Prototyp der modernen Universität.

Die riesige Menge an Büchern in Alexandria stand für eine neue, begierige Art der Annäherung an den Wert des Wissens. Das erklärte Ziel war es, alles zu besitzen: von autorisierten Handschriften der *Ilias* und der *Werke und Tage* Hesiods bis hin zu den obskursten Verzeichnissen zweitrangiger und irriger Homer-Kommentare und weiter zu Werken, die Homer fälschlicherweise zugeschrieben wurden, sodann zu solchen, die diese falsche Zuschreibung behandelten, und wieder anderen Werken, die diese Werke widerlegten.

Indem sie ihr Ziel immer höher steckten, handelten die Ptolemäer im Sinne der grundsätzlichen Überzeugung Alexandrias: Wissen ist eine Ressource, eine Handelsware, eine Form von Kapital, das es je nach Belieben der Regierung zu erwerben und zu vermehren gilt.

Die Zentralisierung und Konsolidierung von Bibliotheken kam den Gelehrten und Fürsten gleichermaßen zugute. Doch in Zeiten des Krieges, der Katastrophe oder des Niedergangs bringen große Bibliotheken immer Probleme mit sich; denn ihr Schicksal ist immer auch das Schicksal der Schriften, die sie verwahren. Vieles von dem, was uns aus der Antike überliefert worden ist, hat nur überlebt, weil es in kleinen Privatbibliotheken weitab vom Weltgeschehen versteckt lag. Dort war die Wahrscheinlichkeit größer, der Aufmerksamkeit sowohl von Fanatikern als auch von Fürsten zu entgehen. Letztendlich ist es genau dieser Gesichtspunkt, nämlich der Bedarf und der Geschmack von privaten Lesern und Sammlern, der bestimmt, was überlebt und was nicht. Mehr noch als von Feuer, Diebstahl oder Zensur wird das Schicksal von Büchern durch das ständige Neumischen der Karten im Weltgeschehen bestimmt.

Obwohl Alexandrias Bibliotheken universell sein sollten, legten die Bibliothekare strenge Auswahlkriterien an. Die Herstellung der Schriftrollen war teuer und nahm viel Zeit in Anspruch, und die kostbare Arbeitskraft der Schreiber durfte nicht allzu oft für weniger belangvolle Texte vergeudet werden. Die eigentliche Aufgabe einer antiken Bibliothek war es, den Benutzern Bücher zur Verfügung zu stellen, von denen sie Abschriften für ihren eigenen Gebrauch anfertigen konnten. Natürlich wurden nur die wichtigsten Werke in nennenswerter Menge kopiert. Alle anderen – die zweitrangigen, nicht zum Kanon gehörenden und die apokryphen Texte – fanden kaum Berücksichtigung.

Die Ptolemäer verfolgten in Alexandria eine aggressive Erwerbspolitik. Sie beschlagnahmten zum Beispiel Bücher aus Privatbesitz und gaben Schriftrollen, die sie aus anderen Repositorien zum Kopieren entliehen hatten, nicht zurück. Wären sie nicht so verfahren, hätten möglicherweise viele der verlorenen Werke überleben können. Doch die Ptolemäer betrachteten ihre Bibliothek nicht als universelle Fundgrube im Dienste der Bewahrung der freien Künste, obwohl viele lang gehegte Mythen über unsere Herkunft uns das glauben machen wollen. Ebenso sehr wie von der Entdeckung der Wahrheit handelt die Geschichte der Bibliothek von ihrem Verlust – zur Zufriedenheit der »inneren« Barbaren, der Prinzen, Präsidenten und Prätendenten. Der Verlust von Bibliotheken ist oft genug das Ergebnis von Angst, Ignoranz und Habgier ihrer angeblichen Gönner und Beschützer. Auch die vorsätzliche Unfähigkeit der Bürokratien im Laufe der gesamten Geschichte spielt dabei eine Rolle. Bedrohliche Bilder von einfallenden Barbarenhorden mögen in solchen Fällen ein probates Trostpflaster sein; denn nur eine Katastrophe kann die Dramatik liefern, die wie eine Medizin gegen den existenziellen Schrecken von Dekadenz und Verfall wirkt.

Den Bibliotheken von Alexandria widerfuhr offensichtlich ein relativ harmloses Schicksal: Sie moderten über die Jahrhunderte vor sich hin, während die Menschen ihnen mit der Zeit immer gleichgültiger oder sogar feindselig gegenüberstanden. Das antike Griechisch, ohnehin nicht gerade ein sprachlicher Monolith, wurde unverständlich für die Bewohner Alexandriens der christlichen Ära, die in einer Mischung aus Koptisch, Aramäisch, Hebräisch, Lateinisch und Koine bzw. demotischem Griechisch kommunizierten. Die Schriftrollen wurden von den Generationen, die sie nicht entziffern konnten, ignoriert. Der ewige Wechsel von Feuchtigkeit und Trockenheit setzte ihnen zu. Die lästige Fauna und Flora, die sich speziell den Lebensbedingungen in Bibliotheken angepasst hatte, fraß sie auf. Sie gingen verloren, wurden gestohlen und sogar – auch das – verbrannt. Man ersetzte sie durch Schriften von Kirchenvätern und durch die »dünne« Literatur der vom Untergang gezeichneten römischen Welt.

Der Blick zurück komprimiert die Jahrtausende, setzt Theodosius (6. Jahrhundert. n. Chr.) auf denselben Platz, den auch Kleopatra und Archimedes (erstes bzw. zweites Jahrhundert v. Chr.) eingenommen hatten. Was ist aus den Büchern von Alexandria geworden?

Die Bibliothekare wissen um ihr wahres Schicksal: Viele, viele Jahrhunderte haben die Bücher mitgemacht – zu viele, als dass man ihren Zerfall und ihr Verschwinden hätte aufhalten können, gleichgültig, wer das Monopol auf Papyrus innehatte, ganz gleich, welcher Pöbel auf den Straßen randalierte und welcher Herrscher Feuer legte.

Ein Jahrhundert, nachdem Alexander seine Stadt mit einer Mauer aus Mehl umrissen hatte, begann der Qin-Kaiser Shi Huang Di seine weit verstreuten Festungswerke mit jener steinernen Befestigung zu verbinden, die einst die Chinesische Mauer werden sollte. Den Chroniken zufolge setzte Shi Huang Di sodann die vielleicht größte Bücherverbrennung in Gang, die die Welt je erlebt hat. Sein Ziel, so berichten dieselben Chroniken, war es, die gesamte chinesische Literatur, Geschichtsschreibung und Philosophie zu zerstören, die vor der Gründung seiner Dynastie entstanden war. Als er starb, wurde er von sechstausend Terrakotta-Kriegern begleitet, die zusammen mit ihm in einem breit angelegten Gräberkomplex in der Nähe der heutigen Stadt Xian in Zentral-China beerdigt wurden. Doch wird auch berichtet, dass längst nicht jeder so nachsichtig behandelt wurde: Bei den traditionellen konfuzianischen Gelehrten begnügte man sich nicht mit tönernen Ebenbildern – sie mussten selbst mit in den Tod, wenn ihre Bücher verbrannt wurden.

Shi Huang Di, der »Erste Erhabene Göttliche«, wie er sich selbst nannte, kam im dritten Jahrhundert v. Chr. an die Macht. Das war am Ende der Zeit, die man heute »Periode der Streitenden Reiche« nennt, bevor ein vereintes China existierte. Sein Vater war König von Qin, eines Bergstaates im Nordwesten Chinas. Dieses Grenzgebiet unterschied sich landschaftlich und kulturell kaum von den Ländern der »Barbaren«, von denen sich Shi Huang Di eines Tages durch den Bau der Mauer abgrenzen sollte. Chao Zheng, so sein ursprünglicher Name, wurde geboren, während sein Vater als Geisel im Staat Chou festgehalten wurde. Vielleicht erklärt diese Tatsache die Zielstrebigkeit, mit der der

Sohn nicht nur Chou, sondern auch die fünf anderen unabhängigen Reiche Chinas auslöschte. Die Elite dieser Reiche bildeten konfuzianische Traditionalisten, die die Tugendhaftigkeit jedes Einzelnen und das Festhalten an Überlieferungen als Grundlagen einer zivilen Gesellschaft und der kaiserlichen Autorität ansahen. Die Führer und Gelehrten von Qin dagegen betrachteten den Menschen als selbstsüchtig und von Natur aus in Opposition gegen die Macht der Herrscher, der sie dementsprechend auch mit den härtesten und dogmatischsten Methoden Geltung verschafften.

Chao Zheng nahm den Thron seines Vaters im Alter von dreizehn Jahren ein; er hielt die »schwarzhaarigen Menschen«, wie er Chinas Bevölkerung nannte, in den folgenden sechsundzwanzig Jahren in einem ständigen Kriegszustand, bis schließlich die sechs Könige fielen und ihre Staaten unter sein eigenes hartes Regime kamen. So sehr die Chroniken die Heldentaten von Shi Huang Di auch mythologisiert haben mögen – es besteht kein Zweifel daran, dass er trotz seines Größenwahns eine schillernde Persönlichkeit war. Er war fest davon überzeugt, dass seine Macht sich auf alles erstreckte – auf die gesamte Natur und selbst auf den Himmel.

Als er mit seinem Gefolge den Berg Tai hinabstieg, kam ein Sturm auf. Die kaiserliche Gesellschaft fand Schutz unter einem Baum; aus Dankbarkeit belohnte der Kaiser den Baum, indem er ihn zum »Edelmann fünften Ranges« ernannte. Ein anderes Mal war er flussabwärts unterwegs, als ein Windstoß das kaiserliche Boot beinahe zum Kentern brachte. Als er erfuhr, dass er soeben an einer heiligen Gedenkstätte für eine Prinzessin entlanggefahren war, gab er deren Geist die Schuld an der Unbill der Natur. Als Vergeltung befahl er, den Berg, auf dem der Tempel stand, kahl zu schlagen und ihn rot anzustreichen.

Von dieser exzentrischen neuen Macht angezogen, strömten traditionelle Gelehrte in Scharen zum kaiserlichen Hof und warnten den Herrscher vor den Risiken, die er einging, wenn er nicht dem Beispiel der alten Herrscher folgen würde. Doch sie hatten sich gründlich verrechnet; denn indem sie dies taten, beleidigten sie ihn, der als Herrscher einer mächtigen Dynastie, wie es sie niemals zuvor gegeben hatte, eine neue Epoche einleitete.

Sein Kanzler Li Si, dessen juristische Ausbildung von den konfuzianischen Gelehrten gering geschätzt wurde, nutzte die Gelegenheit, um gegen seine Rivalen vorzugehen. »Nun hat Seine Majestät Ihr großes Unternehmen begonnen und Verdienste begründet, die zehntausend Generationen überdauern werden. Das ist nicht die Art von Dingen, die ein dummer Anhänger der konfuzianischen Lehre verstehen kann.«

Der Kaiser lieh dem Kanzler sein Ohr. Li Si ergriff diese Gelegenheit, um seine Interessen durchzusetzen, wie der Chronist Sima Qian aus dem ersten Jahrhundert v. Chr. berichtet:

> In der Vergangenheit war das Kaiserreich zersplittert und in Unordnung, und niemand war in der Lage, es zu einen. Deshalb erhoben sich die feudalen Herrscher Seite an Seite, und alle beschworen die alten Zeiten herauf, um die Gegenwart verächtlich zu machen, gingen hausieren mit leeren Worten, um die Tatsachen zu verdrehen. Man pries die eigenen, hausgemachten Theorien und kritisierte die Maßnahmen, die von den Herrschern ergriffen wurden …
>
> Daher verlange ich, dass alle Aufzeichnungen der Historiker außer denen über das Reich Qin verbrannt werden.

Sima Qian versichert seinen Lesern, dass der Kaiser uneingeschränkt zustimmte. »Mit einem kaiserlichen Dekret«, berichtet er lakonisch, »gab er der Durchführung des Vorhabens statt.«

Die Bücher hätten sicherlich gut gebrannt. Papier wurde in China nicht vor dem zweiten Jahrhundert n. Chr. erfunden. Während als Schriftträger oft Seide verwendet wurde, wurden Bücher im alten China üblicherweise auf Holz- oder Bambusstreifen zusammengetragen und wie Jalousien mit Seidenfäden vernäht. Jeder Streifen enthielt nur eine Reihe Buchstaben, die von oben nach unten gelesen wurden. Die dünne, vertikale Form dieser frühen Bücher ermöglichte Jahrhunderte später, den Fluss der chinesischen Schrift auf dem Papier zu bestimmen (obwohl die Chinesen im Laufe der Geschichte viele unterschiedliche Schreibmuster verwendeten). Die Bücher selbst wurden zur Lagerung fest zusammengerollt. In einem kaiserlichen Bericht aus dem ersten Jahrhundert v. Chr., also fast zweihundert Jahre nach der Verbrennung der Bücher, erwähnte man besonders den reichlichen Platz, der den Büchern auf dem Gelände des Palastes eingeräumt wurde. Dort fanden sich 484 Rollen allein mit Abschriften der Werke von Kuan Tzu.

Nicht lange nach der angeblichen Verbrennung der Bücher zeigten sich einige weise Männer unzufrieden mit den kaiserlichen Verfügungen gegenüber Magiern und Gelehrten, die außerhalb des Hofes tätig waren. Sie flohen und machten sich selbst auf die Suche nach den Kräutern der Unsterblichkeit. Der Kaiser gab aufgebracht den Befehl, man solle die abtrünnigen »Meister« einfangen – eine Bezeichnung, die sowohl den klassischen Gelehrten als auch den Physikern, Weissagern und Traumdeutern galt, wie der Sinologe Martin Kern erklärt. Laut Sima Qian wurden mehr als 460 von ihnen exekutiert. Das Wort *keng*, das sie dafür verwendeten, wird meist mit »exekutiert« übersetzt, obwohl es wortwörtlich »lebendig verbrannt« bedeutet. Sima Qians kurzer, prägnanter Ausdruck für diese Tatsache sollte noch von Generationen von Konfuzius-Schülern in der Form *fengshu kengru* für das Verbrennen von Büchern und das Begräbnis von Gelehrten verwendet werden.

Das ist die Geschichte, die die Aufmerksamkeit von Jorge Luis Borges erregte. Borges war fasziniert von der seltsamen Art und Weise, das Verbrennen von Büchern und das Errichten von Mauern nebeneinanderzustellen.

In seinem Essay »Die Mauer und die Bücher« erörtert er, wie die Tatsache,

> dass diese beiden weitreichenden Operationen – die zweieinhalb- bis dreitausend Kilometer aus Stein zur Abwehr der Barbaren und die rücksichtslose Beseitigung der Geschichte, also der Vergangenheit – das Werk ein und derselben Person waren

und in gewissem Sinne auch deren Markenzeichen, mich auf unerklärliche Weise befriedigt und zugleich beunruhigt hat … Vielleicht war die Mauer eine Metapher, vielleicht verurteilte Shi Huang Di die Verehrer der Vergangenheit zu einem Werk, das ebenso groß, so schwerfällig und so nutzlos war wie die Vergangenheit.

Die Geschichte der Bücherverbrennung ist oft auch als eine Art Allegorie für die Kulturrevolution verwendet worden. Gelehrte, die die Regierung der Volksrepublik China unterstützten, haben sie als lehrreiches Beispiel dafür »gepriesen«, wie eine Regierung mit einer reaktionären Elite fertig wird.

Da die Geschichte der brennenden Bücher sich als so nützlich erwiesen hat, ist es kein Wunder, dass man sie, wie auch die der Bibliothek von Alexandria, über Gebühr mythologisiert hat. Zwar wurden tatsächlich Bücher zerstört und Gelehrte verfolgt, doch ist es mehr als wahrscheinlich, dass Sima Qian hinsichtlich des Ausmaßes übertrieben hat. Auf jeden Fall aber war die Haltung der Qin zu Büchern sehr viel komplexer, als die Berichte der Chronisten nahe legen.

So wurde beispielsweise bei der Ausgrabung einer Qin-Grabstätte im Jahr 1975 ein Sarg geborgen, in dem man unter den Knochen ungefähr 1100 beschriebene Bambusstreifen fand. Es handelte sich um juristische Texte – der Verstorbene war also wahrscheinlich ein Rechtsgelehrter. Einen anderen Gelehrten hatte man zur letzten Ruhe mit dem Kopf auf sein zusammengerolltes Tagebuch gebettet. Bücher waren wichtig für die Qin-Elite, und sie lasen und schrieben sie auch noch während der gesamten Regierungszeit des ersten Kaisers. Wäre das nicht der Fall gewesen, hätte man die Beziehung zu Büchern in den Gelehrtengräbern wahrscheinlich nicht derart zelebriert.

Die Gelehrten blieben unter der Regentschaft von Shi Huang Di nicht nur aktiv – er hatte auch keine Skrupel, ihre Gelehrsamkeit zur Verherrlichung seiner Macht auszunutzen. Zwischen 219 und 210 v. Chr. bereiste der neue Kaiser die gerade eroberten östlichen

Staaten. Auf diesen Touren pilgerte er mit seinen engsten Beratern zu den Bergspitzen, wo sie Stelen oder Steinsäulen mit Inschriften zum Lob seiner Macht aufstellten. Die sieben noch erhaltenen Texte sind in sehr förmlichem Ton abgefasst und spielen deutlich auf die Tradition der konfuzianischen Lehre an. Es sind Denkmäler eines Personenkultes, der eines Mao Tse-tung würdig gewesen wäre: »In seinem 26. Lebensjahr / Vereinte er alle unter dem Himmel / Und da war niemand ohne Achtung und Demut.«

Kern, der die Inschriften so authentisch wie elegant übersetzt hat, kann nahezu jede dieser knappen, viersilbigen Verszeilen auf die traditionellen Quellen zurückführen, selbst die Inschrift auf dem Berg Lang-yeh, welche besagt: »Fleißig arbeitet er an den wichtigsten Aufgaben. / Er erhebt die Landwirtschaft und erniedrigt das Nebensächliche«, was sich vielleicht auf Shi Huang Dis Unterdrückung der Gelehrten bezieht.

Schließlich unternahm Shi Huang Di in den Inschriften ganz und gar nicht den Versuch, die Autorität der Geschichte und der von ihr überlieferten Texte vergessen zu machen – ganz im Gegenteil gründet er die Geschichte seiner Herrschaft gerade auf die Literatur, die er verbrannt haben soll. Laut Kern weisen konfuzianische Anspielungen sowohl in den Stein-Inschriften wie auch in der Poesie und den Hymnen des Qin-Hofes, die man auf Glocken, Krügen und anderen bronzenen Gefäßen gefunden hat, auf das Fortbestehen der alten Gelehrsamkeit unter der Regentschaft von Shi Huang Di hin. Die verbrannten Bücher waren wahrscheinlich jene, die private Gelehrte aufbewahrt hatten, welche nicht willens waren, sich in intellektuellen Angelegenheiten der Qin-Autorität zu fügen. Dies waren dann auch die Gelehrten, Wahrsager und anderen unabhängigen Intellektuellen, die wie die Terrakotta-Soldaten verbrannt wurden. Der Kaiser schien nicht nur die klassische Gelehrsamkeit kontrollieren zu wollen, sondern sämtliche intellektuelle Aktivitäten. Die Tätigkeit von Doktoren und Wahrsagern, die außerhalb der kaiserlichen Bestimmungen arbeiteten, stellte eine offensichtliche Bedrohung für die neue weltliche Macht des Kaisers dar. Shi Huang Di hat allem Anschein nach das beherzigt, was die Ptolemäer in Ägypten herausgefunden hatten: dass das Monopol auf intellektuelle Ressourcen ebenso wichtig für die Erhaltung der Macht war wie die kaiserliche Kontrolle über die Produktion von Reis und Seide. Der konfuzianische Kanon ging aus der Qin-Dynastie gefestigter und kohärenter hervor, als er es zu deren Beginn gewesen war – auch wenn wir die redaktionellen Methoden des Kaisers verständlicherweise verwerfen.

Das Schicksal der Qin-Dynastie war nicht besonders ruhmreich. Shi Huang Di starb auf der Rückreise von einem Feldzug gegen die Bauernaufstände. Nur drei Jahre später wurde sein Sohn und Erbe ermordet. Das Kaiserreich war eine Zeit lang in Kämpfe zwischen Bauernführern und Feudalherzögen verwickelt.

Die Führer der Bauern, die schließlich die nächste Dynastie, die der Han, begründen sollten, standen den Qin in ihrer Grausamkeit in nichts nach. Als der Vater des zukünftigen Kaisers Liu Ji von einem Rivalen gekidnappt wurde, der drohte, ihn bei lebendigem Leibe zu kochen, zeigte sich der Führer alles andere als beeindruckt: Er bat um eine Schüssel Suppe aus der so entstehenden Brühe.

Wie dem auch sei – als die Han-Dynastie erst einmal begründet und ihre Feinde ausgemerzt waren, suchten die Führer und Minister Rechtfertigung in Gelehrsamkeit und Kontemplation. Und die konfuzianischen Gelehrten sorgten einmal mehr dafür: Sie legten dar, dass die Han-Führung weiterhin auf die klassische Bildung vertrauen müsse, die von Shi und seinem Kanzler Li Si gleichzeitig unterdrückt und ausgebeutet worden war. Diese Gelehrten lieferten aber mehr als nur rituelle Zauberformeln und Expertisen in Weltklugheit: Sie versorgten die Usurpatoren vor allem mit der dringend benötigten Legitimation.

Die vielen Errungenschaften des ersten Qin-Kaisers – die Festigung seiner Macht, die Tatsache, dass er den Krieg führenden Staaten Frieden brachte, seine viel gelobte Vereinheitlichung der Maße, Gewichte, Münzen und sogar der Achsengrößen – wurden unter den Tisch gekehrt, während seine Grausamkeit – in der er sich kaum von anderen Königen unterschied – so umgedeutet wurde, als sei sie einzigartig unter der Sonne gewesen.

Lu Jia, der erste Minister des neuen Kaisers, behauptete in einem Bericht an diesen, dass die Qin ihr Reich auf Grund ihrer außerordentlichen Brutalität verloren hätten und dass die Han nur durch die Übernahme der Regeln der konfuzianischen Weisen – zu denen vermutlich nicht der gelegentliche Verzehr von väterlichem Eintopf zählte – die Chance hätten, eine unbegrenzte Herrschaft zu begründen. Doch Lu Jia erwähnte mit keinem Wort die Geschichte, die später als kennzeichnend für die Herrschaft des ersten Qin-Kaisers gelten sollte – das *fengshu kengru*, sprich die Verbrennung von Büchern und das Begraben von Gelehrten.

Später versuchten konfuzianische Gelehrte, die nach Ansehen in den Diensten des Kaisers strebten, eine Texttradition zu etablieren, die noch hinter die Umwälzungen der Periode der streitenden Reiche und des Aufstiegs der Qin zur Macht bis zu Konfuzius selbst zurückreichte. Die endgültige Fassung der Geschichtsschreibung überließ man einem gewissen Sima Qian, einem konfuzianischen Gelehrten der Han-Dynastie mit ausgeprägtem Interesse daran, alles, was Shi Huang Di getan hatte, in Misskredit zu bringen.

Der chinesische Herodot Sima Qian schrieb das große *Shiji*, eine ausführliche, allumfassende Geschichte des kaiserlichen China. Obwohl es nicht das umfangreichste Buch Chinas werden sollte – die Enzyklopädie *Yung Lo Ta Tien* aus dem 15. Jahrhundert besteht aus mehr als elftausend Bänden –, kam es doch von seinem Umfang her einem Universalwerk gleich. Es war in seiner ganzen enormen Größe auf schmale Bambusstreifen gebracht; wie der Sinologe Grant Hardy schreibt, »wäre es unmöglich gewesen, das Original-Shiji in den Händen zu halten; man hätte wohl einen Karren gebraucht, um es transportieren zu können.«

Darin berichtet Sima Qian von dem Erlass des Kanzlers. Er erzählt die Geschichte von den 460 Gelehrten, die bei lebendigem Leibe verbrannt wurden. So war die prächtige Legende geboren, eine Mischung aus neu zusammengestellten Fakten und sachdienlicher Fantasie. Durch seine Erzählung vom *fengshu kengru*, dem Biblioklasmus der Qin, verhalf Sima Qian der Gelehrtenschaft zu kaiserlicher Anerkennung und ermöglichte ihr, ein Ansehen und eine Freiheit zu genießen, die sonst nicht denkbar gewesen wären. Ohne die Geschichte von den verbrannten Büchern wären viele andere Bücher wohl nie geschrieben worden.

Sima Qians fadenscheiniger Bambus und seine Tinte erreichten das, was Shi Huang Dis steinerne Stelen und bronzene Glocken nicht vermocht hatten: Sie erzählten die Geschichte von der Morgendämmerung eines Imperiums so, dass sie in den Köpfen der Menschen haften blieb. In gewissem Sinne ist die Geistesgeschichte des mittelalterlichen China die Geschichte vom Kampf zwischen dem Vergänglichen und dem Beständigen – zwischen den Stein- und Bronze-Inschriften des Staates und den Handschriften der Gelehrten und Priester auf Seide und Bambus. Die Letzteren waren so überzeugend, weil die Schriftsteller immer weiter schrieben, weil sie eifrig die Archive nutzten, weil sie die Geschichten am besten kannten und nicht aufhörten, sie zu erzählen.

Sima Qian verunglimpfte den »Ersten Erhabenen Göttlichen« auf die subtilste Weise, indem er ihn lobte. Denn wenn er das tat, so geschah es in Form von Vergleichen mit früheren Qin-Herrschern und den Kaisern der Vorzeit. Natürlich folgten solche Lobeshymnen der konservativen Form klassischer Gelehrsamkeit, doch angesichts der ambivalenten Beziehung von Shi Huang Di zu den Klassikern enthielten diese traditionellen Lobeshymnen stets einen ironischen Unterton. Letzten Endes konnte aber keine ideologische Untermauerung der himmlischen Autorität der Han ihrem Urheber helfen. Da es ihm nicht gelungen war, einen geschmähten Minister erfolgreich gegen diffamierende Beschuldigungen zu verteidigen, wurde er vor die Wahl gestellt: Er konnte sich entscheiden zwischen Kastration und Exekution. So wurde Sima Qian zum Eunuchen und musste sein eigenes Buch (das eine ganze Bibliothek für sich war) im Erdboden vergraben, um es vor den kaiserlichen Behörden zu schützen.

Selbst in der Han-Dynastie, die der klassischen Bildung einen solchen Stellenwert einräumte, waren Bücher und Gelehrte noch immer gefährdet. Als Reaktion auf solche Bedrohungen suchten die

Gelehrten einen Träger, der haltbarer war als die Bambusstreifen und Seidenblätter, auf denen die Schriften meist festgehalten wurden. In den Jahrhunderten zwischen dem Aufstieg der Qin und der Erfindung des Papiers gründeten Gelehrte neue Arten von Bibliotheken in ganz China – Bibliotheken, denen Feuer und Begräbnis nichts anhaben konnten. Die Fang-Shan-Sammlung buddhistischer Sutras etwa, die im Jahr 550 unserer Zeit im chinesischen Hunan begründet wurde, ist eine enorme Bibliothek. Mit ihren 4 200 000 Wörtern bildet sie eine der vollständigsten und authentischsten Sammlungen buddhistischer Schriften auf Chinesisch. Doch es gibt kein einziges Buch in der Fang-Shan-Bibliothek, keine einzige seidene Schriftrolle und nicht einen Schnitzel Papier. Vielmehr sind die Wörter der Sutras in der feinsten Schreibschrift aus einen Zoll hohen Buchstaben in steinerne Stelen und die Wände von Höhlen geritzt. Natürlich war das Einritzen von Schrift in Stein nichts Neues, wie Shi Huang Dis Stele auf dem Berggipfel beweist. Doch die systematische Sammlung und Erhaltung von klassischen Texten auf Stein war eine einzigartige Entwicklung. Die Buddhisten, deren Lehre im ersten Jahrhundert, in der späten Han-Dynastie, entstand, entdeckten, dass gemeißelte Texte das Anfertigen von Reiberdrucken zuließen und man somit schnell Kopien für die Gläubigen erstellen konnte. Ihre steinernen Bibliotheken und »Stelen-Wälder« findet man heute in ganz China. Ganz schwarz von der Tinte der Reiberdrucke, die über die Jahrhunderte hinweg abgenommen wurden, legen die Steine Zeugnis ab von den Millionen oder sogar Milliarden billig hergestellter Buchkopien. Obwohl die Anhänger sowohl des Taoismus als auch des Konfuzianismus diese Technik ebenfalls beherrschten, war das Einmeißeln in Stelen doch besonders bei den Buddhisten verbreitet.

Deren Bekehrung sollte später die Erfindung des Buchdrucks anregen. Für die entsprechende Technik war in China bereits vor dem elften Jahrhundert der Weg gebahnt worden – ein Umstand, der vorausgreift auf die Wiederentdeckung des Buchdrucks im Deutschland des 15. Jahrhunderts und seine Bedeutung für den Fortschritt der Reformation und der europäischen Kultur.

Ob er nun erfunden ist oder wirklich stattgefunden hat – Biblioklasmus, die Zerstörung von Büchern und Bibliotheken, hat seine Gründe. Oft kommt es versehentlich dazu, wie zum Beispiel, als Caesar seine Schiffe im Hafen von Alexandria in Brand steckte.

Bei vorsätzlichen Bücherverbrennungen gibt es zwei Arten: Sie können Versuche der Revision sein, so wie es bei Shi Huang Di der Fall war; ein anderes Beispiel dafür stammt aus der Zeit, als sich der Islam herausbildete. Damals verbrannten die Anhänger des Korans religiöse Texte, die als ketzerisch erachtet wurden. In diesem Fall war das Verbrennen eine heilige Handlung: Gläubige übergaben die Bücher fast ehrfurchtsvoll den Flammen, aus Angst, dass zwischen den Seiten des Irrtums Worte der Wahrheit verborgen sein könnten.

Bücher können aber auch verbrannt werden, um ihre Autoren und Leser aus dem Gedächtnis der Geschichte zu tilgen, wie die Eroberung Mexikos zeigt. Nachdem Tenochtitlán an Hernán Cortéz gefallen war, trug man dort regelrecht eine Schlacht der Bücher aus. Genauer gesagt war es eine Schlacht der schriftlich niedergelegten Geschichten der Mexika gegen die christliche Bibel. Die Herstellung von Büchern war in Mittelamerika mindestens tausend Jahre vor dem Eintreffen von Kolumbus aufgekommen und hatte in dieser Zeit außerordentliche Raffinesse und Perfektion erreicht. In der Maya-Schrift – wahrscheinlich das komplexeste aller mittelamerikanischen Systeme – konnte eine Glyphe einen Kalender-Eintrag, einen Namen oder sogar ein phonetisches Symbol für eine Silbe bezeichnen.

Die Materialien waren sehr unterschiedlich und reichten von Stein bis zu Leder und anderen Stoffen. Die Azteken stellten ihre Bücher aus speziell präparierter Haut von Rotwild oder unbehandeltem Papier aus den Fasern der Agave her; die Schrift wurde in schillernden Farben mit Hilfe feiner Pinsel gemalt, und die Einbände bestanden oft aus Jaguar-Haut.

In den Jahrhunderten seit der Eroberung haben Gelehrte oft die Hieroglyphenschrift Mittelamerikas verächtlich gemacht und sie im Vergleich zu den altägyptischen Hieroglyphen als »weniger entwickelt« bezeichnet. Doch je mehr Kodizes und Inschriften entziffert werden, desto deutlicher wird, dass frühere europäische Kritiker einer Fehleinschätzung aufgesessen waren. Über die ikonische Schrift, die in der Nahuatl-Sprache Tlacuilolli genannt wird, sagt beispielsweise Gordon Brotherston, dass sie »all das zu einer einzigen visuellen Darstellung verschmilzt, was für uns die getrennten Bereiche Literatur, Kunst und Mathematik sind.«

Auch begrifflich verbirgt sich in den mittelamerikanischen Schriften hinter äußerlicher Einfachheit eine geheime, tiefere Dimension. Die meisten Azteken-Geschichten etwa wurden ausgehend vom grundlegendsten mittelamerikanischen Ordnungssystem geschrieben – dem Kalender. Diese Kalender-Annalen beinhalteten geschichtliche und biographische Literatur, Weissagungen oder Mythen und spiegelten die Welt der mittelamerikanischen Religion sowie die kleinsten Einzelheiten ihrer Geschichte wider. Doch es existierten auch andere Gattungen. Unter den wenigen erhaltenen Werken aus der Zeit vor der Eroberung finden sich etwa eine bemerkenswerte Kräuterfibel (ein Buch, das Nutzpflanzen mit Namen und Beschreibungen aufführt) und die aztekischen Steuergesetze. In der Hauptsache jedoch bestanden die aztekischen Bibliotheken aus den Kalender-Annalen, die wegen ihres religiösen Inhalts und der seherischen Kraft, die sie verliehen, verehrt wurden.

Die Eroberer erkannten die Bedeutsamkeit dieser Bücher für die mexikanischen Priester und Adligen, spürten die gemalten Bücher der Azteken auf, wo es nur ging, und verbrannten sie. Die mexikanischen Schreiber waren sich bewusst, dass ihr Erbe in Gefahr war. Deshalb produzierten sie weiter heimlich Handschriften, und den Spaniern sollte es für ein weiteres Jahrhundert nicht gelingen, die letzten Skriptorien im gebirgigen Oaxaca auszurotten. Doch die spanischen Patres, deren Aufgabe es war, die Einwohner Mittelamerikas zu bekehren, gaben nicht nach. Da sie unfähig waren, den historischen Wert der aztekischen Bücher von der religiösen Bedrohung, die von ihnen ausging, zu trennen, verbrannten sie alle auffindbaren Bücher.

Es bedurfte nur weniger Jahre, bis sie ihre Torheit erkannten. Die verlorenen Bücher enthielten Informationen zu Geschichte, Ethnografie und den Sprachen Mittelamerikas, die von entscheidender Bedeutung für die Christianisierung der Kulturen Mexikos hätten sein können. Den bahnbrechenden Erkenntnissen des mexikanischen Historikers Miguel León-Portilla zufolge begannen Missionare schon wenige Jahre nach der Eroberung, den aztekischen Adligen die Verwendung des römischen Alphabets zum Niederschreiben der Nahuatl-Sprache beizubringen. Einige der von ihnen unterrichteten Schreiber arbeiteten dann gemeinsam mit Europäern an Büchern, in denen man die Hieroglyphen der Zeit vor Kolumbus mit der europäischen phonetischen Schrift verband. Das größte dieser Werke wurde von dem Franziskaner Bernardino de Sahagún geschrieben: Seine *Historia general de las cosas de Nueva España* ist eine umfangreiche Enzyklopädie der mittelamerikanischen Kultur, die die Geschichte der Azteken, ihre Religion, Medizin und Ethnobotanik abhandelt. Sie bildet eine einzigartige Synthese der mittelamerikanischen und der europäischen Tradition des handgeschriebenen Buches. Ihre beste Kopie ist unter dem Namen »Florentiner Kodex« bekannt, denn sie wird in Florenz in der von Cosimo de Medici gegründeten und von Michelangelo entworfenen Biblioteca Laurenziana aufbewahrt.

Doch die Spanier waren nicht die Ersten, die im mexikanischen Hochtal Bücher verbrannten; die Azteken hatten selbst entdeckt, wie man Bücher bindet und auch zerstört. Die Vorfahren der aztekischen Herrscher von Tenochtitlán waren die so genannten »Mexika«, Nomaden-Stämme, die knapp hundert Jahre vor der spanischen Eroberung vom Norden her ausgeschwärmt waren. Als die Mexika ihre Macht gefestigt hatten und begannen, ihren Einfluss über das Gebiet auszuweiten, befanden die Priester, dass die alten nomadischen und barbarischen Überlieferungen ihrer Sache nicht mehr ausreichend dienten. So machten sich die Mexika schnell selbst zu Azteken und führten eine neue Adelsordnung, neue Steuern und ein neues theokratisches System für das mexikanische Hochtal ein. Solche grundlegenden Veränderungen brauchten auch Unterstützung in Gestalt einer neuen Geschichtsschreibung. Und so wurden die alten Bücher eingesammelt und verbrannt. Diese Entscheidung hatte Itzcóatl, der erste Azteken-Kaiser, höchstpersönlich getroffen. Bei der Schaffung der neuen Geschichtsschreibung legte er sogar selbst Hand an, indem er Hymnen auf die neu formulierte aztekische Vergangenheit schrieb. Diese Bücher ließen keinen Zweifel daran, dass der Herrschaftsanspruch der Azteken auf altehrwürdige Ursprünge zurückging.

Dies war aber nicht die letzte Gelegenheit für die aztekischen Schreiber, ihre Geschichte zu überarbeiten. Als sie begannen, mit Priestern wie Pater Bernardino zu kooperieren, um die Chronik des untergegangenen Reiches neu zu erschaffen, ergänzten sie ihre Geschichten im Nachhinein um einige Omen und Orakel, die in mythologisierter Sprache das Eintreffen von Eroberern »vorhersagten«. So schmeichelten sie selbst dann der Eitelkeit ihrer neuen Herrscher, wenn sie die Kraft der komplexen, brutalen Religion, die sie gezwungen waren aufzugeben, in höchsten Tönen lobten.

Biblioklasmus aus Versehen, im Dienste der Revision oder der Erweiterung der Herrschaft – Rom kannte ihn in jeder Form. Roms Mythologie erlaubt uns sogar, von einer Kultur auszugehen, die ihren Ursprung in der Verbrennung von Büchern hatte.

Unter den Erzählungen von den Ursprüngen Roms findet sich jene von der Sibylle von Cumae. Die Prophetin schrieb Orakelbücher, die den Ruhm Roms voraussagten – nur, um sie dann von eigener Hand zu verbrennen. Als junges Mädchen hatte sie den in Liebe zu ihr entbrannten Gott Apollon verschmäht. Der rächte sich, indem er ihr die von ihr ersehnte Unsterblichkeit verlieh – jedoch ohne ewige Jugend. So alterte sie über die Jahre hinweg und wurde wegen ihrer vielen Warzen und ihres krummen Rückens geächtet. Apollon hatte jedoch offensichtlich Mitleid mit ihr und verlieh ihr die Gabe der Vorsehung. Sie hielt sich in einer Höhle in den Bergen von Cumae auf und verbrachte ihre Zeit damit,

Michelangelo Buonarotti (1475–1564),
Cumaeische Sibylle.
Deckenfresko der Sixtinischen Kapelle.
Musei Vaticani, Vatikanstadt.

ihre Orakel-Visionen auf Palmblättern niederzuschreiben. In Vergils Erzählung legt Aeneas am Ufer von Cumae an, wo er die Sibylle aufsucht. Sie macht ihm eine schreckliche, Furcht einflößende Prophezeiung über das zukünftige Rom.

Michelangelo reiht die Darstellung der cumaeischen Sibylle in die Porträts der Sibyllen und Propheten in der Sixtinischen Kapelle ein. Er stellt sie mit einem um ihren Kopf gebundenen Tuch dar, ihr Gesicht ist tief zerfurcht, doch sie hält ihr prophetisches Buch mit beiden Armen, welche so kräftig und gelenkig wie die eines Steinmetzen sind.

Mein liebstes Bildnis der Sibylle von Cumae befindet sich unter der Halle mit Michelangelos Meisterwerk, im Salone Sistino des Vatikans. Dieser glänzende Raum war einst das Herz der vatikanischen Bibliothek – und tatsächlich, die Räume, durch die die Besucher jetzt die Sixtinische Kapelle verlassen, waren einmal die Bibliothek. Die bemalten Holzschränke an den Wänden bargen einst die Bücher. (»Meinst du, dass da die Priester-Gewänder drin sind?«, hörte ich einmal einen Touristen aus meiner Gruppe seine Frau fragen.) Das Fresko im Salone Sistino gehört zu einer Reihe von Fresken, die große Bibliotheken und Bücherverbrennungen der Antike darstellen. Es zeigt Sibylle, wie sie dem frühen römischen König Lucius Tarquinius Superbus neun prophetische Bücher zum Verkauf anbietet – ihre gesammelten, auf Palmblätter geschriebenen Visionen. Da Tarquinius nicht auf ihre Bedingungen eingeht, wirft sie die ersten drei Bücher ins Feuer und bietet die anderen sechs zum ursprünglichen Preis an. Der König lehnt erneut ab. Als die cumaeische Sibylle weitere drei Bände in die Flammen wirft, lässt sich der begriffsstutzige Tarquinius endlich beeindrucken und zahlt den von ihr verlangten Preis für die drei verbliebenen Bücher. Diese Szene wird auf dem vatikanischen Fresko dargestellt: Man sieht Tarquinius, der große Ängste um die Bücher aussteht, die sich in dem Kohlenbecken stapeln, während eine merkwürdig jugendliche Sibylle unbekümmert vor ihm steht. Der Mythos endet damit, dass die geretteten Bücher im Forum untergebracht werden, wo sie bis ins vierte Jahrhundert n. Chr.

von den römischen Kaisern in Notzeiten konsultiert wurden. Irgendwann waren sie dann jedoch verschwunden. Möglicherweise gingen sie einfach verloren, aber vielleicht machte sich auch irgendein barbarischer oder römischer General hohnlachend den Spaß, die letzten drei Bände dem gleichen Schicksal zu übergeben, das bereits ihre Geschwister ereilt hatte.

Heute ist der genaue Inhalt der sibyllinischen Bücher noch immer ein Rätsel. Nach ein paar bruchstückhaften Ausschnitten zu urteilen, die in anderen Quellen zitiert werden, müssen sie aus vagen, in Griechisch aufgezeichneten Aphorismen bestanden haben – ein schwacher Trost für einen Kaiser, der sich mit Pest, Morden oder Barbaren-Invasionen herumschlagen musste.

Obwohl die Geschichte der Sibylle ein Mythos ist, waren ihre Bücher nur allzu wirklich. Nachdem sie zunächst im Forum untergebracht worden waren, lagerten sie später in einem Hohlraum unter der Statue des Apollon in der großen Palatinischen Bibliothek des Augustus. Genau genommen waren sie der Grundstein für die Bibliotheken Roms. Aber bis zu den Zeiten von Julius Cäsar befanden sich Bücher in Rom meistens in privater Hand, und die Besitzer großer Bibliotheken, etwa Cicero, teilten diese nur mit Freunden und anderen Angehörigen der Oberschicht. Die Idee der öffentlichen Bibliothek in unserem heutigen Sinne ist eine Erfindung Cäsars. Kurz bevor er ermordet wurde, hatte er eine solche für die Stadt geplant. Nach Cäsars Tod führten einer seiner Anhänger und der Schriftsteller Varro (dessen Abhandlung über Bibliotheksführung, *De bibliothecis*, verschollen ist) das Projekt weiter und errichteten um 39 v. Chr. direkt neben dem Forum Roms erste öffentliche Bibliothek.

Ganz nach Cäsars Wunsch bauten sie eine Bibliothek mit zwei Lesesälen – einen für die lateinischen Bücher, den anderen für die griechischen. Sie wurden jeweils mit Statuen der entsprechenden Dichter und Redner geschmückt. Das ist das Grundmuster, das alle späteren römischen Bibliotheken übernehmen sollten, angefangen von den großen kaiserlichen Repositorien des Augustus und des Trajan über die bescheideneren öffentlichen Bibliotheken bis hin zu den kleinen Sammlungen der Provinzstädte. Hier ist eine deutliche Abkehr vom griechischen Modell mit seinem Prototyp in Alexandria zu erkennen, das keine derartigen Lesesäle kannte. Die zweisprachige Natur der römischen Bibliothek drückte das mediterrane Erbe aus, das Rom für sich beanspruchte, während die Betonung der Rolle des Lesers die republikanischen Wurzeln erkennen lässt.

So wie in allen anderen Angelegenheiten folgte Augustus, der erste wahre römische Kaiser, auch hinsichtlich der Bibliotheken dem Beispiel Cäsars und strebte stets danach, ihn zu übertreffen. Als seine Rivalen erst einmal aus dem Weg geräumt waren, begann Augustus Rom in eine Kaiserstadt zu verwandeln. Später sollte er sich damit brüsten, dass er ein Rom aus Backsteinen vorgefunden und ein Rom aus Marmor hinterlassen habe. Zu den unter seiner Herrschaft errichteten marmornen Gebäuden zählt die große Palatinische Bibliothek, die an den Apollon-Tempel unweit seines eigenen Hauses grenzt, und auch eine zweite, später erbaute Bibliothek im Hof einer nahe gelegenen Kolonnade, die er zu Ehren seiner Schwester Octavia errichten ließ. Von dieser zweiten ist nichts erhalten geblieben. Doch die Überreste der Palatinischen Bibliothek geben uns ein genaues Bild von den kaiserlichen Bibliotheken mit ihren zwei nebeneinander liegenden Lesesälen und ihren in die Mauern eingelassenen Nischen für die *armaria*, die hölzernen, mit Türen versehenen Schränke, in denen die Schriftrollen aufbewahrt wurden. Tiefere Alkoven boten Platz für Statuen. Der römische Kaiser-Biograph Sueton stimmt mit Vergil darin überein, dass die sibyllinischen Bücher in diesen Tempel gebracht wurden, wo man sie unter der Statue ihres launenhaften Herrn Apollon aufbewahrte.

Gleich Augustus schlossen auch die ihm nachfolgenden Kaiser jeweils eine Bibliothek oder zwei in ihre Bautätigkeit ein. Das größte Projekt dieser Art war vielleicht das von Trajan, dessen Bibliothek vom üblichen Grundmuster mit den Seite an Seite liegenden Sälen abwich. Ihre beiden Lesesäle lagen einander gegenüber und waren durch einen Portikus miteinander verbunden, in dessen

Mitte auch die Trajanssäule stand, das Bauwerk, für das der Kaiser am bekanntesten ist. Aus heutiger Sicht wirkt es fast unglaublich, dass dieser Mann des Krieges und der Intrigen das überragende Denkmal, das an sein Leben voller Tatendrang erinnert, gerade inmitten einer Bibliothek platziert hat.

Bibliotheken wurden von den Kaisern nicht nur in ihren privaten Tempeln und Palästen errichtet, sondern waren auch für die Bevölkerung Roms bestimmt. Zu den Annehmlichkeiten, die die öffentlichen Thermen boten, zählten auch Bibliotheken – Bestandteil der Großzügigkeit im Rahmen der »Brot und Spiele«-Politik, mit der die Kaiserstadt die Massen günstig stimmte. Obwohl diese Bibliotheken der traditionellen Aufteilung mit einander gegenüberliegenden Lesesälen für die beiden Sprachen folgten, ist es wahrscheinlich, dass sie eher die populären und klassischen Werke der Literatur umfassten, die juristischen, wissenschaftlichen und medizinischen Arkana hingegen nicht in dem Maße wie die kaiserlichen Sammlungen. Während es von den Büchern Alexandrias heißt, dass sie ihr Ende in den Öfen der öffentlichen Bäder gefunden haben, scheint die öffentliche Bibliothek selbst geradezu in den Badeanstalten entstanden zu sein.

Angesichts der Tatsache, dass sich das intellektuelle Leben in Rom weitgehend dezentralisiert und auf privater Ebene abspielte, war die Entwicklung und Verbreitung von Bibliotheken in der römischen Welt besonders bemerkenswert. Im öffentlichen Leben war die Pflege der Wissenschaften ebenso wie das Streben nach Reichtum und Macht die Angelegenheit privater Vereinigungen und zufälliger Beziehungen zwischen den Menschen. Anders als die Ptolemäer, die Herrscher der Qin-Dynastie oder der aztekische Adel versuchten die römischen Kaiser nur selten, direkte Kontrolle über das geistige Leben zu erlangen. Wie die Altphilologin Elizabeth Rawson herausstellt, fehlten in Rom Schulen und Universitäten (viele Angehörige der römischen Oberschicht besuchten Schulen in Griechenland); es gab keine offiziellen Wettbewerbe für Schriftsteller und Künstler, wie es in Griechenland üblich war. Und der Staat zahlte auch nicht die Löhne der Ingenieure, Physiker, Lehrer und anderer Berufstätiger, die abhängig waren von der Protektion einzelner Senatoren oder des kaiserlichen Hauses. Unter diesen Umständen ist das Florieren der Bibliotheken Roms erstaunlich: Von den römischen Institutionen sind sie diejenigen, die unseren heutigen öffentlichen Kultureinrichtungen am nächsten kommen. Für Einzelpersonen konnte die Literatur wohl nie eine Berufung, sondern immer nur ein Hobby sein, und das Verfassen von Geschichten, Dramen oder Gedichten schickte sich für einen Mann des öffentlichen Lebens lediglich in der Freizeit, als *otium* (Muße). Doch wie der Werdegang von Marcus Tullius Cicero zeigt, schmälerte das nicht die Bedeutsamkeit von Literatur und Bibliotheken im öffentlichen Leben Roms.

Cicero war das herausragende Beispiel für einen römischen Homme de lettres. Er durchlief seine Laufbahn als Senator, Jurist und Beamter der Republik in Roms turbulentester Zeit, in der die Bürgerkriege die Republik zerstörten und letztendlich zum Kaiserreich führten, und seine Schriften sind als Zeugnisse der Umwälzungen in Rom so wichtig wie die jedes Historikers. Aber es war seine rhetorische Begabung, die ihm den Aufstieg in den Senatorenstand einbrachte. Für Cicero waren öffentliches Leben und Geisteswissenschaften eins. Die Geschichte der römischen Republik und ihrer Gründer lieferte ihm nicht nur das Material für die Schriften, die er in seinen Mußestunden verfasste, sondern auch kritischen politischen Zündstoff. Als Sohn eines wohlhabenden Städters aus einfachen Verhältnissen war er oft schockiert von der vorsätzlichen Gleichgültigkeit, die die Sprösslinge der großen römischen Familien der eigenen Geschichte gegenüber an den Tag legten. Seine Briefe an Freunde und Kunden hingegen enthalten oft gründlich überlegte Bitten um Informationen aus den Archiven der Senatoren.

Wie alle römischen Schreiber investierte Cicero viel Energie in den Kauf und das Abschreiben von Büchern und den Aufbau seiner Bibliothek. Dabei wurde ihm von vielen Seiten Unterstützung zuteil: von Tyrannion, dem größten Lehrer und Gelehrten Roms, dessen Bibliothek ungefähr 30 000 Schriftrollen umfasst haben soll, von seinen Freunden, vor allem Titus Pomponius Atticus (Ciceros 416 an ihn gerichteten Briefe liegen in modernen Ausgaben vor), und in besonderem Maße von seinen vielen gebildeten griechischen Sklaven. In Rom wurden viele Bildungsaufgaben, vom Unterrichten über das Kopieren und Herausgeben bis hin zur Tätigkeit des Bibliothekars, von gebildeten Sklaven ausgeführt. Fast alle waren sie Griechen, die zu den am meisten geschätzten Mitgliedern jedes Haushaltes der Oberschicht zählten.

In dieser Manuskript-Kultur war ein Homme de lettres, der über Sklaven verfügte, nicht nur Schriftsteller, Kritiker und Leser – er wurde unweigerlich auch Herausgeber und Verleger seiner eigenen Werke und der anderer. Obwohl Rom einen blühenden Buchhandel unterhielt, wussten aufmerksame Leser, dass die Texte, die an den Bücherständen angeboten wurden, oft hoffnungslos korrumpiert waren. Deshalb versorgten sich Cicero und seine Freunde gegenseitig mit sorgfältigen Abschriften ihrer eigenen Werke und denen aus ihren Sammlungen. So hielt es Cicero zum Beispiel, als er die *Academica*, seine umfassende Anthologie der akademischen Philosophie, in Auszügen für den Schriftsteller Varro zusammenstellte. Seinem Freund Atticus erzählt er in einem Brief vom 24. Juni 45 v. Chr. von seiner Produktion:

> Ich habe die ganze Academica von den hochadligen Herren auf unsern Freund übertragen, außerdem den Stoff von zwei Büchern auf vier verteilt. Sie sind im Ganzen großartiger als die erste Fassung, und doch habe ich manches weggelassen … Wenn mich nicht die übliche Eigenliebe täuscht, ist die Schrift so ausgefallen, dass auch die Griechen nichts Ähnliches in der Art aufzuweisen haben. Den Nachteil, dass der Teil der Academica, den du bereits in Händen hast, nun vergeblich abgeschrieben worden ist, wirst du mit Gleichmut tragen; die neue Fassung wird doch bei weitem großartiger, straffer, besser.

Seine Reden vor dem Senat sind, ebenso wie seine Bücher, »bei weitem großartiger, straffer, besser« als die seiner Kollegen. Sie sind in einem komplexen und eklektischen rhetorischen Stil geschrieben, wie ihn nur Cicero beherrschte. Er nutzte sein unübertroffenes rhetorisches Talent, um in flammenden Reden immer wieder die Republik gegen den an die Macht drängenden Julius Cäsar und seine Rivalen zu verteidigen. Zwar war er an der Ermordung Cäsars nicht beteiligt, doch seine Sympathie für die Republik war allseits bekannt. Als er mit Cäsars Nachfolger Oktavian – der später den Namen Augustus trug – in Konflikt geriet, wurde er verfolgt und ermordet. Man hackte ihm Kopf und Hände ab und stellte sie am Ort seiner größten Triumphe zur Schau: auf dem Rednerpult in der Halle des Senats.

Und obschon aus der Republik ein Kaiserreich wurde, blühten Ciceros geliebte Bibliotheken. Trotz zahlreicher Feuersbrünste, denen Rom immer wieder ausgesetzt war, konnten sie bis ins vierte Jahrhundert hinein erhalten werden. Der große Stadtbrand im Jahr 64 (angeblich soll Nero inmitten der Flammen gefiedelt haben) griff auch auf die große Palatinische Bibliothek über. Domitian stellte sie wieder her. Das Gleiche tat er mit der Oktavianischen Bibliothek im *Porticus Octaviae*, als auch sie Opfer der Flammen wurde. Das ist bemerkenswert, bedenkt man Domitians mangelndes Interesse für die Wissenschaften. Über Domitian schrieb Sueton, dass er »zu Beginn seiner Regierung sich wenig um die freien Künste kümmerte; doch die durch einen Brand zerstörten Bibliotheken ließ er mit sehr großem Aufwand wieder herrichten; er holte von überall her Exemplare zusammen und schickte Leute selbst bis nach Alexandria, die Texte abschreiben und ausbessern sollten.«

Der Glanz des Kaiserreichs reichte bis in die Zeit seines Niedergangs, und sogar noch im fünften Jahrhundert sollten sich christliche Römer gegenseitig in ihren Villen besuchen, um den Glanz vergangener Tage wieder aufleben zu lassen. Der äußerst produktive Briefschreiber Sidonius Apollinarius beschreibt in einem ungefähr aus dem Jahr 430 stammenden Brief an seinen Freund Donidus unter anderem eine Szene wie folgt: das Geschrei der jungen Menschen, die auf den Feldern Sport treiben, das Klappern von Würfeln und das Lachen, das aus abgelegenen Räumen tönt. Den größten Reiz stellt für ihn aber die Bibliothek der Villa dar; denn dort hat er

> Bücher in unendlicher Zahl zur Hand; man hätte sich genauso gut vorstellen können, die brusthohen Bücherborde der Grammatiker, die keilförmigen Kästen des Athenäums oder die wohlgefüllten Schränke der Buchhändler vor sich zu haben. Die Bücher waren so arrangiert, dass bei den Sitzen der Damen die Gebetbücher standen, während bei den Bänken der Herren jene Werke zu finden waren, die sich durch die Großartigkeit ihrer lateinischen Beredsamkeit auszeichneten. Unter Letzteren waren gewisse Schriften bestimmter Autoren, die einen einheitlichen Stil pflegten, obschon sie unterschiedliche Lehrmeinungen vertraten; denn es war eine verbreitete Praxis, Schriftsteller zu lesen, die in künstlerischer Hinsicht Ähnlichkeiten aufwiesen – auf der einen Seite Augustinus, auf der anderen Varro, hier Horaz und da Prudentius.

Die Beschreibung von Sidonius sagt viel über den Wandel bei der Nutzung von Büchern aus, trotz aller anhaltenden Wertschätzung für die »Großartigkeit der lateinischen Beredsamkeit«. Vor allem ist kein Platz für die einst als dissident geltenden Werke derjenigen, die Gibbon die »Galiläer« prüfen nennt. Sidonius selbst war, wie fast alle Angehörigen der Oberschicht seiner Zeit, strenggläubiger Christ. Doch das hinderte ihn nicht daran, den rhetorischen Scharfsinn von heidnischen Autoren wie Varro und Horaz zu schätzen. Im vierten Jahrhundert hätte Hieronymus noch damit rechnen müssen, auf Grund seiner Verehrung der heidnischen Klassiker wegen Götzenanbetung verurteilt zu werden, doch schon wenige Jahrzehnte später wurden die Heiden nicht mehr in dem Maße verfolgt, so dass Sidonius und seine Freunde vorübergehend keiner Gefahr ausgesetzt waren.

Die Tatsache, dass die frommen Bücher in der Nähe der Damenplätze standen, gibt uns auch einen Einblick in soziologische Aspekte des Lesens im späten Kaiserreich. In heidnischen Zeiten wurde den Frauen auf dem Gebiet der Bildung grundsätzlich nicht viel geboten. Ciceros Tochter Tullia bildete da eine seltene Ausnahme; sie erhielt Privatunterricht, und in seinem bewegenden Essay über ihren Tod, *Consolatione*, bezeichnete ihr Vater sie als *doctissima*, »hochgelehrt«. Wenn Frauen Bildung zuteil wurde – entweder durch eigenen Fleiß oder durch das unorthodoxe Vorgehen ihrer Eltern –, dann wandten sie sich meist mehr der Philosophie oder der Mathematik als der Literatur zu; denn Letztere war ein männliches, praxisbezogenes Fach, das auf die Erfordernisse des öffentlichen Diskurses im Senat abgestimmt war. Die metaphysische, mystische Lektüre machte die Frauen vielleicht empfänglicher für das christliche Denken und ließ sie stärker die meditativen Werke als die blumige Rhetorik der Dichter und Historiker schätzen.

Es ist auch durchaus vorstellbar, dass es in der Bibliothek, die Sidonius besuchte, eine beträchtliche Anzahl Bücher in der Form gab, wie wir sie heute kennen. Die Christen brachten den Kodex – das gebundene Buch – von den Niederlassungen der frühen Kirche in Palästina, Ägypten und Griechenland nach Rom. Nach dem Vorbild von Portfolios aus mit Wachs bedecktem Elfenbein oder Holz, die gebildete Römer lange Zeit als eine Art Notizbuch mitgeführt hatten, wurden in der christlichen Ära Seiten aus Papyrus oder Pergament gebunden. Ein Mosaik in Ravenna, das aus der Zeit des Sidonius stammt, zeigt einen traditionellen römischen *armarium*, den Bücherschrank. Er ist mit Kodizes gefüllt, die mit den Buchdeckeln nach oben liegen und den Titel deutlich erkennen lassen. Es handelt sich um die Evangelien: Der Kodex war also noch immer ein eindeutig erkennbar christliches Medium.

Kodizes sind nicht nur viel einfacher zu lesen, sondern auch problemloser aufzubewahren. Obwohl ihr Material genauso dem Zerfall ausgesetzt ist wie das Papyrus, das für die Schriftrollen verwendet wurde, trug ihre stabile Lage in den Bücherregalen dazu bei, dass sie länger erhalten blieben und weniger Reparaturen erforderlich waren. Zudem waren sie einfacher zu ordnen als Schriftrollen, was es eines Tages den Bibliotheken erlauben sollte, eine wesentlich größere Komplexität zu erlangen als in der Antike. Doch auch der Kodex konnte die privaten Bibliotheken wie die von Sidonius beschriebene nicht vor ihrem endgültigen Verschwinden bewahren. In den chaotischen Jahrhunderten voller einschneidender Verluste, die den Untergang Roms begleiteten, litten die Bücher ebenso wie alles andere.

Zu den Verwüstungen, die Kaiser, Barbaren und der wütende Mob anrichteten, kamen Naturkatastrophen hinzu. Die Stadt Herculaneum wurde unter den Lavaströmen des Vesuv begraben, als der Vulkan im Jahr 79 ausbrach (derselbe Ausbruch hat auch Pompeji zerstört – und erhalten!). Ausgrabungen im 18. Jahrhundert legten einen Raum in der berühmten Villa der Papyri frei, der verstreute Fragmente von Schriftrollen enthielt, die sich durch das Feuer des Ausbruchs schwarz verfärbt hatten. Zwar waren viele davon derartig verbrannt, dass man sie nicht mehr lesen konnte, doch der Raum an sich war ein klassisches Beispiel für eine römische Bibliothek mit Nischen in den Wänden, in die die *armaria* fein säuberlich eingebaut waren.

Der Umfang der Bibliothek ist unglaublich: Sie enthielt ungefähr zweitausend Schriftrollen. Herculaneum war ein Vorort von Neapel, das von einer frühen griechischen Kolonie zu einer zutiefst hellenisierten, kosmopolitischen Stadt herangewachsen war. Die Bücher aus der Villa der Papyri spiegeln diese eklektische, gelehrte Atmosphäre wider – die Mehrzahl davon waren griechische Werke, unter denen Abhandlungen über die epikureische Philosophie vorherrschten. Nur wenig ist von diesen Büchern übrig geblieben – lediglich einige verkohlte Stücke, die kaum als Schriftrollen erkennbar sind. Vor mehr als zweihundert Jahren sortierten Ausgräber viele Fragmente aus, da man sie irrtümlicherweise für Holzkohlestückchen hielt.

Ein italienischer Priester aus dem 18. Jahrhundert, Antonio Piaggio, erfand eine außergewöhnliche Vorrichtung zum Öffnen der verbrannten Schriftrollen: An der führenden Kante der Papyrus-Rolle befestigte man Seidenfäden, die dann um eine Reihe von Schrauben gewickelt wurden. Wenn diese nach und nach angezogen wurden, schälten die Fäden die verbrannten Schichten ab. Die brüchigen Manuskriptteile wurden weggeschnitten und an Klebestreifen geheftet, um sie zu verstärken und zu konservieren. Mit Hilfe dieser Methode konnten zahlreiche Schriftrollen vorsichtig entrollt, gelesen und publiziert werden. Der größte Teil von ihnen aber wurde bis vor kurzem für unlesbar gehalten.

Heute verwendet ein Team der Brigham Young University und der italienischen Nationalbibliothek in Neapel digitale Bildtechniken, um die verbliebenen Fragmente zu entziffern. Die Tinte reflektiert Licht anders als der verkohlte Papyrus, auf dem sie sich befindet. Spektralfotografie kann Unterschiede zwischen den beiden sichtbar machen und ein klares Bild der Schrift wiedergeben. Es sind wohl noch zehntausend Fragmente übrig, doch das Team ist überzeugt davon, früher oder später alle entziffern zu können.

Lange vor dem Fall Roms kamen Platon und Aristoteles zu der Schlussfolgerung, dass es kein politisches System gibt, welches vom Niedergang ausgenommen ist. Diese Regel könnte man um eine nicht ganz unwichtige Feststellung ergänzen: Es gibt nämlich auch keine Bibliothek, die nicht letztendlich untergeht und damit den nachfolgenden Generationen eine Lücke im Wissen hinterlässt, die es zu schließen gilt.

Die Tragödie der Villa der Papyri ist die Tragödie der Bibliotheken durch die gesamte Geschichte hindurch: Indem die Kulturen und Herrscher Bücher an einem Platz versammeln, lassen sie sie unweigerlich zum Opfer der Zeitläufte werden. So geschah es mit der großen Mehrheit der Bibliotheken der Antike, von Kleinasien bis nach Spanien, von Alexandria bis nach Pergamon. Die Arbeit der Forscher an den Fragmenten in Herculaneum eröffnet die verheißungsvolle Aussicht, dass man unter den Fragmenten vielleicht ein paar der vielen verlorenen Werke der Antike finden könnte. Doch selbst wenn die letzten paar verkohlten Buchstaben nichts Neues offenbaren sollten, ist eines unabweisbar: Die umfassendste antike Bibliothek, die uns heute zugänglich ist, überlebte, weil sie in Flammen aufging.

Das Haus der Weisheit

In dem Maße, wie das Licht Roms allmählich von den laut Gibbon »schönsten und reichsten Himmelsstrichen der Erde« zurückwich, wurden auch die römischen Bibliotheken in Dunkelheit getaucht und gingen langsam zugrunde. Es war eine finstere Zeit für die Gelehrsamkeit, für Bücher und für Bibliotheken angebrochen. Kulturell gesehen bildeten die römischen Christen eine Gruppe für sich, die im Widerspruch zur Literatur und Kunst der heidnischen Antike stand. Von dem allmählichen wirtschaftlichen und sozialen Verfall des Römischen Reichs wurde auch die Bildung in Mitleidenschaft gezogen; die finanziellen Quellen, um Pergament und Papyrus zu kaufen und verarbeiten zu lassen und um Heerscharen von Kopisten auszuhalten, versiegten nach und nach. Die Straßen, die einst Roms hervorragend funktionierende Post – die lebenswichtig für die *res publica litterarum* war – gedient hatten, wurden baufällig. Spätere Zeugnisse belegen, dass die römischen Adligen sich selbst daran gemacht hatten, ihre Werke abzuschreiben – ein sicheres Zeichen dafür, dass die bis dahin so stete und sichere Versorgung mit gebildeten Sklaven nun ausblieb.

Eine schwache, unstete Flamme flackerte noch bei den frühen christlichen Klostergemeinschaften. Bei den Mönchen hatte die literarische Kultur der Antike noch immer Bestand, trotz ihrer materiellen Armut und ihres religiösen Auftrags. In einer ägyptischen Einsiedler-Gemeinschaft ritzten die Klosterbrüder um das Jahr 600 nicht nur biblische Passagen, sondern auch Verse der *Ilias* und der *Sentenzen* von Menander in *ostraca*, in Tonscherben. Die Tatsache, dass in einem Kloster im Herkunftsland des Papyrus kein verwendbares Schreibmaterial gefunden wurde, könnte auf die Armut der Gemeinschaft hinweisen, die aber die Mönche nicht davon abhielt, weiter zu lesen und zu studieren. Vielleicht aber handelt es sich hier auch eher um ein Indiz für die sich ändernden Schreib- und Lesegewohnheiten.

Nach dem Zusammenbruch des Römischen Reiches wurde das Schreiben zu einem kurzlebigen Medium; es wurde nur von Zeit zu Zeit und lediglich für genau bestimmte Zwecke verwendet. Ohne den unbändigen Appetit des Reiches auf Stein-Inschriften, ohne offizielle Dekrete und Reden, die auf Pergament oder Papyrus schriftlich festzuhalten waren, gab es nicht mehr viel, was zur bleibenden Erinnerung hätte aufgeschrieben werden müssen. Die Mönche schrieben, um das Lesen und Kopieren der Schrift zu erlernen und sich in spirituell sinnvoller Tätigkeit zu üben. Abgesehen von den erwähnten Tonscherben schrieb man in dieser Zeit vor allem auf Wachstafeln, die schon auf Grund ihrer Beschaffenheit nicht sehr haltbar waren.

Vermutlich sind koptische Mönche in Ägypten zuerst von solchen Wachstafeln dazu inspiriert worden, den Kodex, also das Buch in seiner uns heute bekannten Form, zu erfinden oder zumindest zu perfektionieren. Wachstafeln waren von der mesopotamischen Periode an bis hinein ins Mittelalter ein wichtiger Schriftträger. Man vermutet, dass das englische »book« auf das angelsächsische Wort für Buche, nämlich »boc« zurückzuführen ist; und Buchenholz war das Material, aus dem die Platten für die Tafeln vorzugsweise hergestellt wurden. In die Platten wurde dann meistens eine flache Vertiefung geschnitten, wohinein Bienenwachs gegossen werden konnte. Einmal erkaltet, bildete das Wachs eine weiche Schicht, in die man mit einem spitzen Stift die Buchstaben einritzte. Durch kräftiges Reiben ließ sich die Platte schnell wieder säubern, was für den Schreiber sehr bequem war, nicht aber für den Historiker: Kein einziges Exemplar dieser Wachstafeln hat überlebt. Oft wurden auch zwei Platten mit Schnüren zusammengebunden, denn manche Schreiber bevorzugten Tafeln, die aus mehreren Platten bestanden. Vermutlich passten Schreiber in Ägypten die Papyrusblätter dem Format der aus mehreren Platten bestehenden Wachstafeln an und ersetzten so die Schriftrollen, die die Haupthandelsware der Antike waren.

In der Nähe der ägyptischen Stadt Nag Hammadi befand sich im vierten Jahrhundert das Kloster von Chenoboskion. Im Jahr 1945 wurden dort dreizehn einfache Kodizes aus der zweiten Hälfte des vierten Jahrhunderts gefunden, die sich in einem versiegelten Tongefäß befanden. Die Texte, die diese Bücher enthalten, haben den Forschern ein umfassendes Bild von der intellektuellen und spirituellen Welt der frühen Christen und der gnostischen Sekten geliefert, mit denen sie in konfliktreicher Beziehung standen. Auch die Einbände hatten überlebt und stellen heute den besten Beweis für die koptischen Ursprünge des Kodex dar. Die Bücher bestanden aus einfach gefalteten Papyrusblättern, die lose in einen Ledereinband geheftet waren. Mit ihren gebundenen Einbänden sahen die Nag-Hammadi-Kodizes sogar nach heutigen Maßstäben stilvoll aus. Modische Tagebücher, die genauso wie die aus der Nag-Hammadi-Bibliothek gefertigt sind, findet man heutzutage in jeder besseren Schreibwarenhandlung.

Doch es haben nicht nur einzelne Bücher überlebt. In mindestens einem Fall bargen die kleinen Klosterbibliotheken eine ganze Literatur: Ein syrisches Kloster aus dem zehnten Jahrhundert, das unter der Führung von Moses von Nisibis stand, beherbergte ungefähr 250 Handschriften. Viele davon waren in Syrisch verfasst, einer dem Aramäischen ähnelnden semitischen Sprache, die von der Glaubensgemeinschaft der Nestorianer gesprochen wurde. Im Mittelalter war die syrische Sprache weit verbreitet und von großer Bedeutung für die frühen Christen. (Jesus allerdings hatte Aramäisch gesprochen.) Die Bedeutung des Syrischen beschränkte sich aber nicht nur auf die christliche Theologie. Im heutigen Xian in China wurden zweisprachige Stein-Inschriften in Chinesisch und Syrisch aus dem achten Jahrhundert gefunden. Auch das Syrische hatte große Dichter hervorgebracht, etwa Ephraim den Syrer aus Nisibis. Er schrieb in einer Art und Weise, die auf die keilförmigen Schriften Mesopotamiens zurückgeht. Moses von Nisibis hatte im zehnten Jahrhundert die Bücher dieser und anderer Autoren gerade noch rechtzeitig gesammelt, bevor die einfallenden Türken die syrische Sprache mitsamt ihren Sprechern fast vollständig auslöschten. Heute wird die Sprache noch von den Nachfahren derjenigen, die die Invasion der Türken überstanden haben, gesprochen. Sie leben zum größten Teil in Syrien, dem Irak, Iran und in der Diaspora von der Türkei bis nach Westeuropa. Ein Großteil dessen, was von der syrischen Literatur überliefert wurde, ist dank der Sammlung des Moses erhalten geblieben.

Die Entwicklung, die nicht nur das Bibliothekswesen, sondern die gesamte klösterliche Lebensweise im Mittelalter nahm, geht auf Cassiodorus zurück, einen römischen Adligen und Christen, der im sechsten Jahrhundert wirkte. Cassiodorus hatte dem ostgotischen König Theoderich solange gedient, bis Justinian Rom belagerte und Italien unter die Herrschaft Konstantinopels brachte. Cassiodorus wurde Zeuge der Zerstörung der letzten beiden großen Bibliotheken von Rom, der Palatinischen und der Ulpianischen Bibliothek während der Belagerung der Stadt. Nachdem die Hauptstadt gefallen war, gründete der Papst Agapetus eine eigene bedeutende Bibliothek und Akademie. Beunruhigt über die politische Rolle, die die etablierte Kirche zu spielen begann, zog Cassiodorus es allerdings vor, eine *vita contemplativa* jenseits des Machtkampfes zu führen, den die Kirche mit den weltlichen Autoritäten ausfocht. Auf seinem Landsitz in Kalabrien gründete er ein Kloster, das für die mittelalterlichen Orden zum Modell werden sollte. Süditalien war zum größten Teil von den Schrecken des Krieges nicht betroffen, die Rom in diesen Jahren ereilten. Cassiodorus' Zufluchtsort wurde – in Anlehnung an ein Sinnbild des frühen Christentums, den Fisch – nach einem in der Nähe befindlichen Fischteich »Vivarium« genannt. Dort widmete man sich mit außergewöhnlicher Energie der Errichtung einer Bibliothek und der Anfertigung von Handschriften.

Im Vivarium wurden frühe Versionen der Evangelien gesammelt, was sich als entscheidend für die Überlieferung der Heiligen Schrift durch das gesamte Mittelalter erweisen sollte. Geistlichen Schriften gebührte natürlich der Vorrang, doch Cassiodorus war sehr darum bemüht, auch das literarische Erbe Griechenlands und Roms zu erhalten. Während neun der *armaria* in seiner Bibliothek theologischen Schriften vorbehalten waren, enthielt ein anderer Raum Bücher der griechischen Klassiker. Cassiodorus ließ seine Mönche in mühevoller Kleinarbeit diese Werke übersetzen und kopieren.

Sein eigenes großes Werk, die *Institutiones divinarium et saecularium litterarum* legten den Grundstein für die Epistemologie des mittelalterlichen Europa. Es war eine Art Enzyklopädie, die das gesamte geistliche und weltliche Gedankengut im Interesse der Mönche des Vivarium ordnete und erklärte. Aus Cassiodorus' Sicht spiegelte jede Seite der Kultur die andere in einer Reihe von Stufen wider. Diese reichten einerseits von der Bibel über die Schriften der Kirchenväter bis zu später entstandenen Kommentaren, andererseits von den Höhen Homers über Redner und Dramatiker bis zu den Geschichtsschreibern der Antike. Diese Vorstellung von der Literatur als einem Diptychon einander spiegelnder Ordnungen des Göttlichen und des Weltlichen half bei der Organisation der Bibliotheken des Mittelalters bis hin zu den großen Renaissance-Bibliotheken wie zum Beispiel der Biblioteca Vaticana.

Welches Schicksal Cassiodorus' eigener Bibliothek zuteil wurde, ist nicht bekannt. Aber schon im siebten Jahrhundert, als sie ihren größten Umfang erreicht hatte, enthielt sie wahrscheinlich nicht mehr als ein paar hundert Bücher. Das große irische Kloster in Bobbio im Norden Italiens, dessen Bibliothek nach dem Vorbild des Vivarium angelegt worden sein könnte, umfasste im zehnten Jahrhundert 666 Bände. Trotz aller von ihnen ausgehenden ästhetischen Neuerungen, was die Form und die Gestaltung der Bücher angeht, waren die mittelalterlichen Bibliotheken in Europa doch konservative Einrichtungen, deren Interesse sich auf eine Hand voll in Ehren gehaltener Texte konzentrierte.

In dem Maße jedoch, wie im Westen der Geist der Universalbibliothek welkte, blühte er im Osten. Durch das Jahrtausend zwischen dem Tod Alexanders und dem Aufkommen des Islams hindurch und trotz der ständigen Kämpfe zwischen Rom und den persischen Herrschern war Syrien der Ort, wo konstant griechische Gelehrsamkeit betrieben wurde. Als im Jahre 529 der Kaiser Justinian die von Platon gegründete Akademie schloss und die Bildung unter die Aufsicht der Kirche stellte, suchten die aus Athen vertriebenen Lehrer Zuflucht beim Erbfeind der griechischen Kultur schlechthin – in Persien. Doch die Wahl dieses Refugiums war mit Bedacht erfolgt: Wie es bei Konflikten oft der Fall ist, hatte die lange Feindschaft zwischen Persien und Griechenland die beiden Kulturen in engen Kontakt miteinander gebracht. Alexander und seine Nachfolger – nicht nur die ägyptischen Ptolemäer, sondern auch die Dynastie der Seleukiden, die von einem General Alexanders in Syrien begründet worden war – hatten die herrschende Kultur des Nahen Ostens inzwischen mit griechischer Gelehrsamkeit infiltriert. Die christlichen Schreiber der Nestorianer in Syrien bewahrten die Wissenschaft, doch sie verachteten die Literatur Griechenlands. Stattdessen pflegte man die persische poetische Tradition. Und nun machte der Hof des Noshirwan in Persien Platz für die ins Exil gegangenen Lehrer aus Athen.

Die Blütezeit der Bibliotheken begann mit dem Aufstieg des Islam. Mohammed hatte sich – vielleicht mit ironischem Unterton – der eigenen Unbelesenheit als Indiz für die Authentizität seiner Weisheit gerühmt: dass er weder irgendeine andere heilige Schrift gelesen habe noch davon beeinflusst worden sei noch dass er die Worte Allahs mit eigener Hand geschrieben haben könne. Selbst Wundergeschichten wie etwa die Offenbarung der zehn Gebote an Moses auf dem Berg Sinai hätten es nicht geschafft, bei den skeptischen Arabern den Funken des Glaubens überspringen zu lassen. Im Koran, Sure *Al-Anam,* Vers 8 erinnert Allah Mohammed daran: »Wenn wir auch eine Schrift hinabgesandt hätten auf Pergament, welche sie befühlt hätten mit ihren Händen, die Ungläubigen hätten selbst dann gesagt: ›Das ist nichts als offenkundige Zauberei.‹«

Stattdessen wies Allah den Gesandten an, seinen Anhängern zu befehlen, den Koran so ins Reine zu schreiben, dass sie selbst an ihn glauben könnten. Durch den Auftrag, die Worte niederzuschreiben, die der Prophet von Allah empfangen hatte, machten sich seine Anhänger enthusiastisch das Schreiben und Lesen zu eigen. Und tatsächlich, in dem Maße, wie ihr Imperium wuchs, wuchs auch ihr Enthusiasmus und sie brannten darauf, von denen zu lernen, die sie besiegten. Als die islamischen Armeen im siebten Jahrhundert von der arabischen Halbinsel aus nordwärts vordrangen, eroberten sie ein Persien, das den Glanz seiner antiken Kultur bewahrt hatte. Die Schatzkammern der persischen Bibliotheken, die sich im Lauf der vom Konflikt mit Griechenland geprägten Jahrhunderte nicht nur mit persischen Texten, sondern auch mit wissenschaftlichen und philosophischen Schriften aus der hellenistischen Welt gefüllt hatten, wurden nun den Übersetzern zugänglich gemacht. Unter den Händen der Kalligraphen nahm die griechische Wissenschaft den gleichen Weg wie die persische Poesie: den Weg ins Arabische. So begann eine Periode der islamischen Gründung von Bibliotheken, die tausend Jahre währen sollte und schließlich sogar dazu beigetragen hat, dem erwachenden Europa ein gemeinsames griechisches Erbe zu übergeben.

Die islamische Kultur und ihre Bibliotheken entfalteten sich mit erstaunlicher Geschwindigkeit. Gegen Ende des achten Jahrhunderts haben die Abbasiden Bagdad zu einem Weltzentrum der Gelehrsamkeit gemacht. Die Vorgänger der Abbasiden, die umaijadischen Kalifen, hatten der Literatur und der Wissenschaft bereits eine besondere Rolle zugestanden. In ihrer Hauptstadt Damaskus und in der Al-Aksa-Moschee in Jerusalem hatten sie große, heilige Bibliotheken gebaut. Der erste umaijadische Kalif, Mu'awija I., ernannte einen *sahib al-masahif*, einen Kurator für das Buchwesen, der für die königliche Bibliothek zuständig war. Sie enthielt nicht nur heilige Schriften, sondern auch Werke der freien Künste und Wissenschaften und entwickelte sich zu einer florierenden Universalbibliothek nach alexandrinischen Grundsätzen. Doch als die

Abbasiden die Umaijaden im Osten stürzten, ergoss sich der Strom der Bücher nun in Richtung der neuen Hauptstadt Bagdad.

Ein Beispiel für den rasanten Aufstieg der arabischen Kultur ist die Geschichte der Banu Musa, dreier Brüder, die am Hof der Abbasiden als Mathematiker und Astronomen dienten. Über ihr Leben ist nur wenig bekannt. Man weiß lediglich so viel, dass sie gemeinsam das *Kitab marifat masakhat al-ashkal*, das »Buch der Maße planer und sphärischer Figuren« verfassten, einen der bedeutendsten Texte der arabischen Mathematik. Das Wenige, was von ihrer Biographie bekannt ist, gibt jedoch ein eindrucksvolles Bild vom Aufstieg einer Familie. Ihr Vater, Musa ibn Shakir, war noch ein Kind, als der erste Abbasiden-Prinz an die Macht kam (der Name Banu Musa bedeutet einfach »Söhne des Musa«). Als junger Erwachsener fristete er sein Dasein als Straßenräuber, bis die wachsende Macht des neuen Kalifats ihn davon überzeugen konnte, sich einen ungefährlicheren Lebensunterhalt zu suchen. Vielleicht hatte er schon früher auf die Gunst der Sterne vertraut, um sich des Erfolgs seiner Raubzüge zu versichern, jedenfalls wandte er sich nun dem etwas beschaulicheren Studium der Astrologie zu. Durch seinen Erfolg in dieser neuen Laufbahn wurde der Prinz al-Ma'mun auf ihn aufmerksam, der das Kalifat im Jahr 813 seinem Bruder entriss. Als der alte Dieb starb, übernahm der Kalif die Vormundschaft für die drei intellektuell frühreifen Söhne, die er zu Gelehrten im königlichen Haus der Weisheit ernannte. Dieses Haus war Bibliothek, Schule und Forschungszentrum in einem und erfüllte alle Bedürfnisse der hochbegabten jungen Männer. So stieg die Familie des Musa ibn Shakir also innerhalb einer Generation vom Bagatellverbrechertum zu den Höhen akademischer Macht auf.

Das Bagdad der Abbasiden war ein außergewöhnlich günstiger Ort für die Entwicklung junger Männer mit dem Talent der Banu Musa. Das Haus der Weisheit bildete das Zentrum für die Übersetzung, das Sammeln und das Vergleichen des Wissens der Völker, die von Indien bis hin zur iberischen Halbinsel unter muslimischer Herrschaft standen. Der arabische Übersetzer des Euklid, al-Hajjaj, arbeitete dort Seite an Seite mit al-Khwarizmi, dem Erfinder der Algebra, von dessen Namen der Begriff »Algorithmus« abgeleitet wurde. Nachdem er in der Bibliothek des Hauses der Weisheit zusammengetragene indische Abhandlungen über Mathematik gelesen hatte, verwendete er das numerische System der Inder, um seine eigenen Vorstellungen umzusetzen, und schaffte so das arabische Zahlensystem, wie wir es noch heute verwenden.

Die Araber, Nestorianer und Juden, die in Bagdad arbeiteten, ließen den drei jungen Brüdern die beste Erziehung und Bildung, die sie nur haben konnten, zuteil werden, und als sie zu gegebener Zeit Aufnahme im Haus der Weisheit fanden, stellten sie ihren durchdringenden Verstand als Mathematiker und Astronomen in den Dienst von vier aufeinander folgenden Kalifen. Gemeinsam machten sie große Fortschritte, wie man sie nur in einer Universalbibliothek vom Schlage derjenigen im Haus der Weisheit erreichen konnte. Mit ihrer Arbeit erweiterten sie die Methoden des Archimedes und Eudoxus; sie wandten ihren fein ausgeprägten Sinn für Zahlen auf das Studium der griechischen Geometrie an und wurden so die Ersten, die Flächen und Räume in numerischen Begriffen zu beschreiben versuchten. Indem sie Arithmetik und Geometrie miteinander verknüpften, schufen sie die Grundlagen mit, auf denen die westliche Wissenschaft später aufbauen sollte.

Doch die Brüder konnten außer ihren berühmten Abhandlungen weitere Erfolge verzeichnen: Es gelang ihnen, das Sonnenjahr mit nie da gewesener Präzision zu berechnen, sie entwarfen Bewässerungskanäle und machten von dem Observatorium auf dem Dach ihres Hauses aus völlig neue astronomische Beobachtungen. Sie standen an der Spitze der islamischen intellektuellen Welt, einer Halbwelt, die genauso von Streitigkeiten zerfressen war wie die Universitäten von heute.

Der vierte Kalif, dem die Brüder dienten, al-Mutawakkil, war nicht so tolerant gegenüber den Zänkereien der Gelehrten wie seine Vorgänger, und er zog die Brücken bauenden und Kanäle grabenden Banu Musa ihren Gegenspielern vor. Als die Brüder mit dem Philosophen al-Kindi aneinander gerieten, ermächtigte der Kalif seine Günstlinge, den Gelehrten in die Schranken zu weisen und seine Bibliothek zu konfiszieren. Trotz solcher vorurteilsbeladenen Konflikte florierten Bücher, Kunst und Bibliotheken unter den Abbasiden-Kalifen, bis ihr Imperium rund fünfhundert Jahre später in die Hände der einfallenden Mongolen geriet.

Einen großen Teil ihres Erbes hat die westliche Buchkultur dem Islam zu verdanken. Die Eroberer lernten viel von ihren neuen Untertanen, schauten sich die Formen und die Techniken bei der Herstellung des Buches ab und entwickelten sie weiter. Von ihren chinesischen Gefangenen lernten die Muslime bereits im achten Jahrhundert die Kunst der Papierherstellung. Von amharischen Schreibern in Äthiopien übernahmen sie die Form des Kodex und entwickelten das Nähen der Ledereinbände zu einem technisch ausgereiften Handwerk. Für die Griechen und Römer waren Bücher Arbeitsmittel gewesen, brauchbare, praktisch anwendbare Wissensspeicher. Die Schriftrollen, die sie herstellten, waren bescheiden und schlicht, und an Schönheit hatten sie nur die Wörter zu bieten, die darin standen. Die Schriftkundigen und Illustratoren des Islam hingegen machten das Buch an sich zu einem ästhetischen Objekt, und Sammler bewerteten genauso die kostbare Ausstattung und die Haptik der Bücher wie den Inhalt, den sie vermittelten.

Im christlichen Europa des Mittelalters waren Liebhaber illustrierter Bücher ausschließlich in den höchsten Schichten der Gesellschaft anzutreffen: Nur der Adel und die höchsten Kleriker konnten die enormen Kosten für die Herstellung der reich illustrierten Evangelien, Messbücher und Breviere aufbringen. In der merkantiler ausgerichteten islamischen Welt dagegen war guter Geschmack in Sachen Bücher ein Grunderfordernis für den Händler. Ein Gelehrter aus dem zehnten Jahrhundert beklagte sich, dass er auf einer Bücherauktion in Cordoba einen wertvollen Band an einen anderen Bieter verloren habe, der den Preis weit über den tatsächlichen Wert des Buches getrieben hatte. Derjenige, der den Zuschlag erhalten hatte, gab hinterher zu, keine Ahnung davon zu haben, worum es in dem Buch gehe. Er wollte einzig und allein eine große Büchersammlung zusammenbekommen, um seine Geschäftspartner zu beeindrucken, und hatte noch eine Lücke in seinen Regalen, wo das Buch genau hineinpasste. Und abgesehen davon, fügte er hinzu, sei das Buch zu schön, um einfach darauf zu verzichten.

Doch die muslimische Oberschicht wollte nicht nur einzelne Bücher ergattern, sondern sogar ganze Bibliotheken. Im arabischen Spanien kam man bei einer Zählung auf siebzig Bibliotheken; die größte davon war im Jahr 976 vom Kalifen Hakim in Cordoba eingerichtet worden. Cordoba war zu dieser Zeit die zweitgrößte europäische Stadt, übertroffen nur von Konstantinopel. Ein Rohrleitungssystem versorgte 200 000 Haushalte und 900 öffentliche Bäder mit Wasser, und nachts erstrahlte die Stadt im Licht der Straßenlampen. Dem Historiker Ibn al-Abar zufolge umfasste allein der Katalog der Bibliothek des Al-Hakim 44 Bände, und die Zahl der Bücher selbst bewegte sich zwischen 400 000 und 600 000. Das entsprach zwei oder drei Büchern pro Haushalt in Cordoba, und im Vergleich mit den europäischen Bibliotheken der gleichen Zeit, deren größte Sammlungen gerade einmal einige hundert Bände aufweisen konnten, war das eine erstaunliche Leistung. In Cordoba und Toledo, das 1085 von den Christen erobert wurde, übersetzte man das griechisch-persische Erbteil der arabischen Wissenschaften ins Lateinische, die Sprache, in der es die Zerstörung der arabischen Geisteskultur durch die Türken, Mongolen und die Kreuzfahrer überleben sollte.

Überall im Einflussbereich des Islam entstanden große Bibliotheken. Die Bibliothek des persischen Hofes war ein solches Haus der Reichtümer, wie der Philosoph und Physiker Avicenna (980–1037) bezeugt. Genau wie die Banu Musa war Avicenna ein Wunder an Gedächtnis und Gelehrsamkeit; im Alter von zehn Jahren kannte er nicht nur den Koran, sondern auch poetische Werke in großer Zahl auswendig. Mit achtzehn Jahren wurde er als königlicher Physiker an den persischen Samaniden-Hof zitiert, wo ihm die erfolgreiche Behandlung des Prinzen Nuh ibn-Mansur die Gunst des Königs verschaffte. Das Hauptprivileg, das ihm die Förderung bei Hof einbrachte, war der Zugang zu der erstaunlichen Bibliothek des Königshauses.

»Ich fand dort viele Räume voller Bücher«, schreibt er,

> die Reihe für Reihe in Kästen angeordnet waren ... Einer der Räume war den Werken über arabische Philologie und Poesie gewidmet, ein anderer dem Rechtswesen, und so hatten die Bücher jeder einzelnen Wissenschaft einen Raum eigens für sich. Ich betrachtete den Katalog antiker griechischer Autoren und suchte nach den Büchern, die ich benötigte. Ich bekam in dieser Sammlung Bücher zu sehen, deren Namen nur wenige überhaupt gehört haben und die mir bis dahin noch nie, aber auch später nie wieder untergekommen sind.

Avicennas Vernarrtheit in die Bibliotheken muss wohl bekannt gewesen sein; denn als die Bibliothek kurz nach seinem Besuch brannte, wurde der junge Philosoph beschuldigt, Feuer gelegt zu haben, um sich selbst zum »einzigen Speicher des Wissens« zu machen.

Was auch immer für Geschichten über das Schicksal der Bücher in Alexandria unter Omar erzählt wurden – es scheint doch sicher, dass sie seine Regierungszeit überlebt haben. Denn unter seinem Nachfolger, Omar II., wurde ein großer Teil der Bücher nach Antiochia gebracht. Als in Ägypten die Dynastie der Fatimiden die der Omars ablöste, machten sie Kairo zu ihrer Hauptstadt, wo der Kalif al-Aziz als Teil seines eigenen großen »Hauses der Gelehrsamkeit« eine Bibliothek einrichtete. Sie enthielt vermutlich sage und schreibe 600 000 Bände, unter anderem 2 400 illustrierte Koran-Ausgaben. Die restlichen Bücher wurden in großen Schränken oder Vitrinen aufbewahrt; jede davon war mit einem Verzeichnis der Bücher versehen, die sie enthielt, und darüber hinaus mit einer Liste derjenigen Titel, die noch fehlten, um die Sammlung zu vervollständigen. Im Jahr 1004 fasste der Kalif al-Hakim alle Bücher in seinem eigenen »Haus der Weisheit« in einer Bibliothek zusammen, von der es hieß, sie umfasse ungefähr eineinhalb Millionen Bücher. Doch im Jahr 1068, als die Türken nahten, verkaufte der Wesir Abu al-Faraj fünfundzwanzig Kamelladungen Bücher, um seine Armee zu bezahlen, und bekam dafür 100 000 Dinar. Die Türken siegten einige Monate später über ihn und verfügten über den Rest der Sammlung auf ihre Weise, indem sie die feinen Ledereinbände zum Herstellen von Schuhen verwendeten und die ausgerissenen Seiten außerhalb von Kairo an einem Ort vergruben, der noch Generationen danach als »Hügel der Bücher« bekannt war.

Doch diese große Blütezeit von Büchern, Gelehrsamkeit und Bibliotheken fand ein jähes Ende. Der Historiker S. K. Padover bemerkt, dass die Aneignung des arabischen Wissens von Seiten der Europäer um die Mitte des 13. Jahrhunderts »genau in der Zeit erfolgte, als der islamische Osten durch die Invasion der Mongolen beinahe zerstört war«. Der Habsburger Kaiser Karl V. ordnete an, alle Bücher in Arabisch zu verbrennen, als er Tunis im Jahr 1536 einnahm; und nach der Vertreibung der Mauren aus Spanien 1492 war das Land »so leergefegt von arabischen Büchern, dass, als Philip II. den Escorial erbauen ließ, im gesamten Königreich kein einziges arabisches Manuskript mehr aufzufinden war.« Man musste die Bücher, die ein marokkanisches Schiff geladen hatte, beschlagnahmen, um die gewünschten arabischen Werke der königlichen Bibliothek hinzuzufügen – doch im Jahr 1674 zerstörte dann ein Brand im Escorial ungefähr achttausend arabische Bände. Zwischen dem 13. und 15. Jahrhundert verschwanden die außergewöhnlichen Bibliotheken der islamischen Welt. Ihre Eroberer – die Mongolen, Türken und die Kreuzfahrer – teilten nicht die Liebe zur Gelehrsamkeit, die der Islam von seinen griechisch-persischen Vorfahren geerbt hatte.

Durch das gesamte Mittelalter hindurch bestanden Verbindungen zwischen den Buchkulturen des Islams und des christlichen Europa. Europäische Gelehrte besuchten die großen Büchermärkte von Toledo und Cordoba, und während und nach den Kreuzzügen flossen Bücher als Kriegsbeute nach Europa. Süditalien blieb indessen weiter stark vom griechischen Einfluss geprägt. Im ehrwürdigen Kloster von Monte Cassino zum Beispiel wurden noch lange griechisch-arabische medizinische Texte abgeschrieben, aufbewahrt und studiert. Doch von dem weiten, fest gewebten Netzwerk öffentlicher Bibliotheken, das sich über das Römische Reich von Spanien bis nach Griechenland erstreckt hatte, blieb nicht einmal ein kleiner Fetzen übrig.

Wie so viele Elemente der antiken Kultur erlebte die öffentliche Bibliothek ihre Wiedergeburt in Florenz. Den Titel der ersten modernen »öffentlichen« Bibliothek hat wahrscheinlich am häufigsten die Bibliothek von San Marco erhalten, die 1444 von Cosimo de Medici gegründet wurde. Im Verständnis des Florenz des 15. Jahrhunderts bezog sich der Begriff »öffentlich« allerdings nicht auf die Massen, sondern auf die Bühne, auf der die Kirche, der Adel und die einflussreichen Kaufmannsfamilien ihre Rollen spielten und ihre Macht vorführten. Die Bibliothek von San Marco war jedoch »öffentlich« in dem Sinne, dass die Arbeit der Gelehrten, die von ihr Gebrauch machten, der Gesellschaft auf neue, bedeutende Weise Nutzen bringen sollte. Sie war auch insofern öffentlich, als die Medici dort öffentlich ihre vielfältigen Rollen als Kenner, Mäzene, Intellektuelle und Fürsten spielten, indem sie die Bibliothek stifteten und besondere Bücher für sie auswählten. Was Johan Huizinga über den Charakter des Mittelalters aussagt, behält seine Gültigkeit auch in der frühen Renaissance: »Alle Belange des Lebens waren von stolzer oder aber unbarmherziger Öffentlichkeit.« Heutzutage gehören öffentliche Bibliotheken zu den großen Beschützern intellektueller Individualität und der Privatsphäre. Die Bibliothek von San Marco war wirklich »öffentlich« in dem Sinne, dass sie Vehikel für Publizität war. Natürlich wirkt die Gründung von Bibliotheken im Vergleich zu anderen, grausameren PR-Strategien der Medici eher harmlos und auf das allgemeine Wohl gerichtet. Doch diese Wohltätigkeit spielte eine wichtige Rolle für die Ritualisierung der Macht der Medici.

Die Historikerin Lisa Jardine beschreibt die Rolle der Bibliothek beim Aufstieg der Familie der Medici von Händlern zu Landesfürsten mit klaren Worten: »Eine der besonderen Methoden, derer sie sich zum Zweck dieses Übergangs bedienten, bestand darin, ihr privates Interesse am Erwerb von seltenen und liebevoll hergestellten Büchern (antiken und modernen) als Maßnahme zum Wohl aller hinzustellen.« Jardine benennt auch die vier Arten von Büchern, die die Medici erwarben. Jede davon profilierte die öffentliche Rolle der Familie auf spezifische Art und Weise: An erster Stelle stehen »Bücher, die die Reputation der Familie als Bewahrerin der Mysterien der Menschheit förderten«. Dies waren Bücher, die das Renommee der Medici, Gelehrte oder Gebildete zu sein, unterstützten. Zweitens haben wir es mit Büchern zu tun, »die die Aura einer kultivierten Familie mit erlesenen Umgangsformen förderten«, mit anderen Worten: moralische Abhandlungen und Bücher über Sitten und Manieren, die eine Art »vornehme« Bibliographie darstellten, um den Geschmack der Familie herzuzeigen. An dritter Stelle stehen »Bücher der klassischen Antike, die ›wertvoll‹ sind« und die Förderung des aufstrebenden Humanismus seitens der Medici unter Beweis stellen. In die letzte Kategorie schließlich fallen »Bücher mit einer nachvollziehbaren Erwerbsgeschichte«, sprich Bücher mit Autographen und Exlibris früherer Besitzer, die allesamt distinguierte, bedeutende Persönlichkeiten waren, mit deren Namen sich die Medici nur zu gern verbunden sahen.

»Das alles ist eindeutig Teil eines Programms zur Eigenwerbung und zur öffentlichen Feier eines Familiennamens, bei dem Bücher lediglich Werkzeuge zum Zweck der Herstellung von Öffentlichkeit sind.« Mit Hilfe der Bibliothek konnten die Medici ihre intellektuelle Integrität, ihr »kuratorisches Gespür« und ihre Konformität mit den Werten der Renaissance demonstrieren und an die Öffentlichkeit tragen. Der private Erwerb von bedeutenden Büchern seitens einer mächtigen Familie galt als Ausweis ihrer intellektuellen Autorität. Das Einbringen dieser Sammlung in eine Bibliothek lässt ihr Handeln über die mittelalterliche öffentliche Aufführung eines

Tugenddramas hinausgehen und zu einem Versuch werden, Öffentlichkeit im modernen Sinne zu bilden und zu beeinflussen.

Im Mittelalter war der Zugang zu Büchern und sogar zur Schrift lediglich wenigen nach dem strengen Grundsatz der Notwendigkeit vorbehalten. Der Humanismus sorgte für einen Umsturz innerhalb der politischen Ökonomie des Lesens: Man verfügte nun nicht nur über neue Bücher (nämlich die wieder entdeckten alten), sondern entwickelte auch eine neue Art und Weise des Lesens.

Fürsten erhielten ihre Ausbildung nicht mehr vorrangig vom Klerus; die Literatur der Antike enthielt genügend Lektionen für Herrscher und Generäle. In seinen Aufzeichnungen zum Leben des Herrn Federico, Herzog von Urbino, beschreibt der toskanische Buchhändler Vespasiano da Bisticci den idealen Fürsten mit den Begriffen eines militanten Humanismus: »Ist es doch schwierig, selbst für einen einzigartigen Kriegshelden, das Kriegswesen richtig zu handhaben, wenn er in den Wissenschaften nicht über solche Kenntnisse verfügt, wie sie der Herzog von Urbino hatte: Die Dinge der Vergangenheit sind Beispiele für jene der Gegenwart. Ein Heerführer, welcher Latein beherrscht, hat gegenüber einem, der diese Sprache nicht kann, einen sehr großen Vorteil.« In der zweiten Hälfte des 15. Jahrhunderts sollte Federico jedoch nicht mehr der einzige Herrscher sein, der sich daran machte, die Bücher der Antike zu lesen oder Bibliotheken zu errichten, in denen er wohnen und für die er Sorge tragen konnte. Der Humanismus bezog seine frühe Energie und Autorität aus der Eitelkeit der Fürsten.

Vespasiano selbst lieferte das beste Beispiel dafür: Seine Lebensbeschreibungen, die *Vite di uomini illustri de secolo XV*, sind im Grunde eine Reihe von Erzählungen über mächtige Männer und die Bibliotheken, die sie schufen. Natürlich muss an dieser Stelle Vespasianos eigene Berufung ins Feld geführt werden. Er war Buchhändler in Florenz und half dabei, die Sammlungen der Vatikanischen Bibliothek, der Biblioteca Laurenziana und die des Federico, des Fürsten von Urbino, aufzubauen. Er kannte also die berühmten Persönlichkeiten, deren Biographie er lediglich im Licht jener Bücher skizziert, die er für sie erstanden oder abgeschrieben hatte. Doch genau das ist der springende Punkt; denn es bedeutet, dass ein *Buchhändler* ausreichend Zugang zu den meisten prominenten Persönlichkeiten der italienischen Renaissance hatte, um in der Lage zu sein, aussagekräftige persönliche Berichte über sie zu verfassen.

An der Tatsache, dass das Sammeln von seltenen und bedeutenden Büchern und ihr Ordnen in Bibliotheken sich wie ein roter Faden durch das Leben dieser Männer zieht, lässt sich erkennen, dass sich zu dieser Zeit tatsächlich etwas an der Rolle der Bücher und des Lesens grundlegend veränderte – und dieses Etwas findet seinen Niederschlag in der Errichtung von Bibliotheken. Plötzlich war es wichtig geworden, viele Bücher an einem Platz zusammenzutragen und sie zugänglich zu machen – zugänglich nicht nur für Familie, Freunde sowie Künstler und Schriftsteller, die man unterstützte und die Stammgäste in den Privathaushalten waren, sondern für ein öffentliches Publikum. Lesen, das bislang eine Privatangelegenheit gewesen war, wandelte sich zu einer öffentlichen Tätigkeit. Auch als in der Renaissance unter den Gelehrten die intensive private Lektüre wiederentdeckt wurde, nahm sie öffentlichen Zuschnitt an. Es war nicht das Aufkommen gedruckter Bücher einige Jahre später, das die Bibliotheken überquellen ließ; der Appetit auf Bücher in großen Mengen war zu der Zeit, als die Druckerpresse in Erscheinung trat, bereits geweckt worden. Vespasiano fängt diesen entscheidenden Moment in seiner Erinnerung an Federico, den Herzog von Urbino, ein:

(Der Herzog) allein hatte das Herz, auszuführen, was seit tausend Jahren und mehr bis heute keiner zustande gebracht hat, nämlich eine Bibliothek einrichten zu lassen – und zwar die großartigste, die seit jenen Zeiten bis jetzt geschaffen wurde. Er scheute weder Kosten noch Mühe, und wenn er erfuhr, dass irgendwo inner- oder außerhalb Italiens irgendein bedeutendes Buch sei, hat er, ohne auf Geld zu sehen, danach geschickt.

Es ist nun vierzehn oder mehr Jahre her, dass er begonnen hat, diese Bibliothek zusammenzustellen. Ununterbrochen hatte er, sowohl in Urbino als auch in Florenz, dreißig oder vierzig Schreiber in seinen Diensten, die für ihn tätig waren. Er hat jenen Weg eingeschlagen, den nehmen muss, wer eine berühmte und bedeutende Bibliothek wie diese einrichten möchte. Er begann zuerst bei allen Dichtern lateinischer Sprache; gab es irgendeinen wichtigen Kommentar, ließ der Herzog ihn sich abschreiben. Darauf hat er sämtliche Werke aller Redner, das Gesamtwerk Tullios und die Arbeiten aller bedeutenden lateinischen Schriftsteller und Grammatiker kopieren lassen. Da blieb kein einziger Autor dieser Bereiche der lateinischen Literatur, dessen Bücher er für seine Bibliothek nicht begehrt hätte. Was die Geschichtswerke, die sich in Latein finden lassen, betrifft, so wollte er alle – nicht nur solche lateinischer Autoren, sondern auch alle Schriften griechischer Schriftsteller, die es in lateinischer Sprache gibt, rhetorische wie historische: Alles wollte er haben. Ebenso bei der Moral- und Naturphilosophie – es gab kein Buch von Lateinern und von griechischen Autoren, deren Werke in Latein vorlagen, das Seine Herrlichkeit nicht in dieser Bibliothek hätte sehen wollen.

Vespasianos Liste der Bücher aus Federicos Bibliothek erstreckt sich über Seiten: die Kirchenväter, die Doktoren des alten griechischen, ins Lateinische übersetzten Schrifttums, lateinische Doktoren der Philosophie und Theologie, Bücher über Astrologie, Geometrie, Arithmetik, Architektur, Malerei, Bildhauerei, kanonisches Recht, Medizin, darunter Avicenna, Hippokrates, Galenus; Averroes, Boethius, moderne Schriftsteller wie Dante, Petrarca, Boccaccio, vollständige Ausgaben von Aristoteles und Platon (wie die Bibel »auf feinstem Ziegenlederpergament geschrieben«), griechische Poeten, Ptolemaios' *Kosmographie*, Herodot, Thukydides, Demosthenes »und auch alle Bücher in hebräischer Sprache, die zu haben waren«, und so weiter und so fort. »Nachdem nun Seine Herrlichkeit«, schreibt Vespasiano,

Pedro Berreguete (1450–1504),
Federigo da Montefeltro und sein Sohn.
Öl auf Leinwand. Galleria delle Marche, Urbino.
Foto: Erich Lessing.

diese so bedeutende Unternehmung mit Ausgaben von mehr als 30 000 Dukaten durchgeführt hatte, wollte er ... jedem Werk einen Einband geben, der mit Karmesin bespannt und mit Silber beschlagen sein sollte. Er begann mit der Bibel, dem Buch der Bücher, die er in goldgewirktes Brokat gekleidet hatte. Sodann band er in Karmesin und Silber die griechischen und lateinischen Doktoren und Philosophen, die Historien, die Bücher über Medizin und die modernen Doktoren – ein reicher und wundervoller Anblick. In jener Bibliothek sind alle Bücher im höchsten Maße schön, alle mit der Feder geschrieben; und es ist dort kein einziges gedrucktes Werk: Der Herzog hätte sich dessen geschämt.«

Große Bibliotheken entstanden nicht auf Grund der Ökonomie und Effizienz der Druckerpresse, wie andere später befürchteten; sie waren eng mit dem Verlangen von Herzögen, Händlern und Päpsten nach dem neuen Wissen verknüpft, das in der Renaissance entstand. Den Herausforderungen der freien Presse zum Trotz bot die Beherrschung des konzentrierten Wissens eine neue Grundlage für ihre Macht.

Über Cosimo de Medici äußert sich Vespasiano in genau diesem Sinn. Cosimo, so sagt er,

war in der lateinischen Literatur so beschlagen, dass es über das hinausging, was für einen großen Mann mit so umfassenden Verpflichtungen nötig war. Er war ernsthaftem Wesen sehr zugetan, mit würdevollen Männern, denen jede Leichtfertigkeit fremd war, pflegte er Umgang, denn er verabscheute Possenreißer, Komödianten und all jene, die ihre Zeit nutzlos verbrachten. Dagegen liebte er gelehrte Männer und unterredete sich gerne mit ihnen, besonders mit Frate Ambrogio von den Agnoli, mit Messer Leonardo aus Arezzo, Niccolò Niccoli, Messer Carlo aus Arezzo und Messer Poggio.

Als Cosimo Vespasiano beauftragte, die Bibliothek in San Lorenzo auszustatten, nahm dieser »fünfundvierzig Schreiber in Dienst und stellte zweihundert Bände in zweiundzwanzig Monaten fertig«, wobei er die Bibliothek des Papstes Nikolaus zum Vorbild nahm. Hier verleiht Vespasiano der neuen Art von Öffentlichkeit Ausdruck, die Cosimo mit dem Bau seiner Bibliothek verfolgte: Seine Entschlossenheit, große Summen zu investieren, Armeen von Schreibern anzustellen und Texte mit freigebiger Strenge auszuwählen – all das zeigt das neue Engagement in Sachen Gelehrsamkeit, auch wenn es im Grunde die wahre Verbindung offen legt, die die neue Gelehrsamkeit mit der Kultivierung der Macht eingegangen war.

Als er die Bibliothek von San Marco plante, holte Cosimo sich seine Inspiration – von den Büchern ganz zu schweigen – aus verschiedenen Quellen. Sein Vorbild war auch hier wieder ausdrücklich die neue Vatikanische Bibliothek des Papstes Nikolaus V., doch noch wesentlicher waren die Anregungen, die er von einem seiner Gläubiger bekam, dem Humanisten Niccolò Niccoli. Niccoli war nicht nur ein enger Freund von Cosimo de Medici – er stand auch in dessen Schuld. Niccoli hatte festgelegt, dass jede Bibliothek, die auf der Grundlage seiner Sammlung gegründet würde, *omnes cives studiosi* zugänglich gemacht werden sollte. Außerdem sollte sie treuhänderisch von einem Kuratorium geführt werden. Cosimo gehörte zu diesen Treuhändern. Doch Niccoli kam vor seinem Tod im Jahr 1437 in finanzielle Schwierigkeiten und war nicht in der Lage, das Geld aufzubringen, das nötig war, um ein neues Haus für seine Bücher zu schaffen und für deren Verwahrung zu sorgen. Cosimo griff ein. Er bootete die anderen Treuhänder aus und ließ sich eine wirksame Kontrolle über die Bibliothek zusichern als Gegenleistung dafür, dass er das notwendige Kapital zur Verfügung stellte. Dann verpflanzte er die Bibliothek in das Kloster von San Marco, das er zu dieser Zeit gerade bauen ließ. Über dem Eingang der Bibliothek ließ Cosimo eine Marmortafel anbringen, auf der er sich als Retter der Bibliothek von Niccoli preisen ließ und seine eigene Vision von einer öffentlichen Bibliothek verkündete.

Vespasianos Erinnerungen zeigen, wie das Buch und die Bibliotheken verdinglicht wurden – zu Dingen wurden, die man herzustellen befahl. Und für die Gönner, die Päpste und die Fürsten, die ihre Erschaffung bestimmten, war Autorschaft nur eine Art Schreibarbeit. So wie die Klassiker abgeschrieben wurden, produzierte man je nach Verlangen des Herrschers auch neue Werke. Doch in den Wunschträumen des Herrschers ist er es selbst, der das Werk *hervorbringt*; in gewisser Hinsicht existiert es ohnehin schon verborgen in seinem Inneren. Wir müssen uns vorstellen, dass er die Widmung seines Autors als selbstverständlich und in der Natur der Sache liegend betrachtete. Auf diese Weise sind die Renaissance-Bibliotheken entstanden: durch eine Massierung von Begehrlichkeit.

Nicht das Verlangen eines weltlichen Fürsten, sondern das des Stellvertreters Christi auf Erden war es, das den Maßstab für den Bibliotheksbau in der Renaissance setzen sollte. Zwar erlebte Papst Nikolaus V. die Vollendung der Vatikanischen Bibliothek nicht mehr, doch es war seine Idee, dass »wir zum allgemeinen Vorteil der Gelehrten eine Bibliothek aller Bücher sowohl in Latein als auch in Griechisch haben, die der Würde des Papstes und des Heiligen Stuhls entspricht.« Nikolaus' Kombination von allgemeinem Vorteil und besonderer Würde weist auf freundliche Weise darauf hin, welche politischen Triebkräfte hinter dem Humanismus wirkten.

Eine päpstliche Bibliothek war nichts Neues; schon zu Cassiodorus' Zeiten hatte der Papst eine Bibliothek für seinen eigenen Bedarf zusammengestellt. Bis zum Jahr 1295 existierte kein Katalog für die päpstliche Bibliothek, doch wir können davon ausgehen, dass sie in Umfang und Auswahl den mittelalterlichen Klosterbibliotheken entsprach. Aber die Vorstellung von Papst Nikolaus ging darüber hinaus: Er wollte mehr als nur eine große Klosterbibliothek – er wollte eine ganz und gar neue Art von Bibliothek. Durch das gesamte 12. Jahrhundert und bis in die Renaissance hinein blieben die Bibliotheken recht klein. Eine Berechnung des

Bestandes solcher Bibliotheken aus dem 20. Jahrhundert bestätigt dies: Im 9. Jahrhundert umfasste die Bibliothek im Kloster Reichenau 415 Bände; Bobbio in Italien enthielt im 10. Jahrhundert 666. Damit gehörten sie zu den umfangreichsten europäischen Sammlungen ihrer Zeit, und die Größe solcher Bibliotheken änderte sich im Lauf der Jahrhunderte nicht sehr: Im 12. Jahrhundert zählte die Bibliothek in der Durham-Kathedrale 546 Bücher, während das berühmte Kloster in Cluny gerade knapp über 500 kam.

Es ist jedoch schwer zu sagen, wie groß die typische europäische Bibliothek vor der Renaissance war; denn der überlieferte Bestand an Katalogen ist eher dürftig und oft nicht sehr aussagekräftig. Wie der Historiker James Stuart Beddie, der die genannten Zahlen zusammentrug, feststellte, waren mittelalterliche Kataloge meist einfach abgekürzte Inventarlisten; häufig waren sie nicht einmal separat gebunden, sondern nur auf die Innenseite von Bucheinbänden oder die Seitenränder der Bücher in der Sammlung gekritzelt. Schließlich verbrauchte man für die Herstellung von Katalogen wertvolles Material, und in einer Zeit, in der das Beschriften von Oberflächen ein kostspieliges Unterfangen darstellte, das mit großem Arbeitsaufwand verbunden war, wäre es unvernünftig gewesen, seine Energie auf solche Nebensächlichkeiten zu verwenden. Die Kataloge listeten meist nur die gebundenen Bände der Bibliothek auf; jeder davon wird vielleicht zwischen zwei und acht einzelnen Werken enthalten haben. »In den Fällen, wo mehrere Werke in einer Handschrift gefunden wurden«, schreibt Beddie, »blieben diejenigen, die auf das erste folgten, ohne Eintrag. Diese Bände bekamen Kurztitel, die zum Teil ungenau waren, wie *liber Virgilii* oder *diversorum auctorum liber unus*.« Beddie merkt an, dass »man im Falle größerer Sammlungen auch die Anzahl der Titel nach unten korrigieren muss. Denn die Verzeichnisse größerer Bibliotheken weisen eine beträchtliche Zahl von Dubletten auf. Cluny etwa besaß beinahe ein Dutzend Abschriften von Boethius' *De consolatione philosophiae*.« Die Werke von Augustinus machten den Großteil der typischen mittelalterlichen Bibliothek aus – natürlich nach der Bibel. In der Tat, »die Wertschätzung, die Augustinus bei den mittelalterlichen Bibliothekaren genoss, wird daraus deutlich, dass sie ihm in ihren Verzeichnissen generell den ersten Platz nach der Bibel zustanden«.

Das Übergewicht der Bücher des Augustinus in den mittelalterlichen Bibliotheken – *De civitate Dei* war das populärste – wirkt auf den modernen Leser fast absurd: Beddie bemerkt, dass »die Bibliothek von Lorsch im 10. Jahrhundert bei einer Gesamtzahl von 590 Bänden 98 von Augustinus besaß, Bec hatte im 12. Jahrhundert 36 Bände von ihm, und von den insgesamt 184 Bänden, über die das Moritz-Kloster in Naumburg zur selben Zeit verfügte, waren 98 von ihm.« Diese Zahlen lassen darauf schließen, dass große Bibliotheken als Repositorien für Bücher gedient haben müssen, die an kleinere Bibliotheken zum Kopieren entliehen wurden. Vielleicht zeigt das auch, dass der Auftrag an Mönche, Werke abzuschreiben, sowohl ihrer eigenen Unterrichtung als auch der Erweiterung von Büchersammlungen diente. Nach der Bibel waren die Werke von Boethius und Augustinus die Stapelware für mittelalterliche Leser.

Doch auch in diesen Jahrhunderten, die zur Renaissance hinführten, veränderten sich die Bibliotheken. In den Städten Europas waren Universitäten entstanden. Sie orientierten sich am Modell der Häuser der Weisheit, die man in der islamischen Welt vorfand. Diese Universitäten waren es, die die Hauptinspirationsquelle für Papst Nikolaus, aber auch die größte Konkurrenz darstellten. Ihre Bibliotheken wuchsen so schnell wie der Wissensdurst ihrer Fakultäten. Die Bibliothek der Sorbonne in Paris, die sich im 12. Jahrhundert dramatisch vergrößerte, ist ein Paradebeispiel dafür, welche Veränderungen die Universitäten für die Welt der europäischen Bibliotheken mit sich brachten. Ihr Katalog ist von dem Forscher-Ehepaar Richard und Mary Rouse sorgfältig studiert worden. Sie stellen fest, dass die rapide Zunahme der Anzahl der Kodizes sowohl qualitative als auch quantitative Veränderungen in der Natur der Bibliothek bewirkte. So wurden um die

Mitte des 13. Jahrhunderts die Bücher der Universität nicht einmal in Gestalt einer echten Bibliothek geordnet. Vielmehr wurden sie unter den akademischen Lehrherren aufgeteilt, die sie zu eigenen Studienzwecken benutzten. Nur wenn ein Lehrherr auf Reisen ging, wurden die Bücher, die er benutzte, in einfachen Kisten verstaut. Doch im Laufe der letzten Jahrzehnte dieses Jahrhunderts verdoppelten große und kleine Hinterlassenschaften – von vier Büchern bis zu dreihundert – beinahe die Anzahl der Bücher in der Universität. Um 1290 enthielt die Bibliothek 1017 Bücher. Dieses Anwachsen der Bibliothek auf beinahe die zweifache Größe machte eine Ordnung erforderlich; der erste allgemeine Katalog der Sorbonne wird auf das Jahr 1290 datiert.

Um eine Systematik in den Buchbestand zu bringen, machten sich die Bibliothekare ein neues Hilfsmittel zunutze: das Alphabet. Rouse und Rouse schreiben, dass »man sich im Mittelalter kaum an das Alphabet hielt, denn das Interesse richtete sich auf eine Einteilung nach rationalen Kriterien.« Für das mittelalterliche Verständnis war »das Universum ein harmonisches Ganzes, dessen Teile miteinander in Verbindung standen. Es lag in der Verantwortung des Autors oder des Gelehrten, diese rationalen Beziehungen zu erkennen – ob es sich nun um Hierarchie, um Chronologie oder Ähnlichkeiten und Unterschiede handelte – und sie in seinen Schriften zu reflektieren.« Die Entwicklung dieser analytischen Herangehensweise an das geschriebene Wort ging mit dem Auftauchen eines anderen Hilfsmittels in Europa einher: dem System der arabischen Zahlen. Um die Mitte des 13. Jahrhunderts benutzten Gelehrte aus Oxford als Erste diese Zahlen, mit denen sie die Zeilen ihrer Manuskripte nummerierten. Rouse und Rouse schreiben: »Während Wissenschaftshistoriker vielleicht voller Bedauern monieren, dass der Westen nur so zögerlich die ›radikal neue [arabische] Arithmetik‹ mit ihrem revolutionären Konzept der Null akzeptiert hat, können wir im Gegensatz dazu beobachten, dass die Bibliothekare, die keine Ahnung von den Verästelungen der Arithmetik hatten, die neuen Zahlen eifrig anwendeten, und zwar aus dem einfachen Grund, weil sie ihnen ein unübertreffliches Mittel an die Hand gaben, Ordnung zu halten.« So fanden arabische Zahlen, die im 8. Jahrhundert in einer islamischen Bibliothek in Bagdad erfunden und angewendet wurden, ihre erste Heimat in Europa in den Bibliotheken von Universitäten wie Oxford.

Dies waren die Bibliotheken, auf die die frühesten Humanisten wie Valla und Petrarca verächtlich herabsahen. Sie beklagten häufig, dass die eine oder andere seltene Handschrift in einer mittelalterlichen Sammlung ungelesen vor sich hinmodere. Vielleicht kann man sagen, dass in der Renaissance die mittelalterliche Verehrung des Textes in jener Gestalt, wie er dem Leser vorlag, einem humanistischen Skeptizismus Platz gemacht hat, der Neugierde über die Herkunft und das Schicksal des betreffenden Buches. Anthony Grafton weist in seinem Buch *Rome Reborn* darauf hin, dass »die Renaissance-Intellektuellen wussten, dass ein einzelnes Buch – vor allem ein handgeschriebenes – oft ein historisches oder auch literarisches Dokument ist.« Er fährt fort:

> Im späten Mittelalter hatten sich die Gelehrten auf eine begrenzte Auswahl überlieferter Texte konzentriert, darunter vor allem diejenigen, die relevant waren für die Debatten im Lehrplan der Universität … Die Sammler und Gelehrten der Renaissance machten sich daran, den Kanon zu überarbeiten und zu erweitern. Sie plünderten private und Instituts-Bibliotheken in ganz Europa und suchten in Klöstern vor allem nach seltenen Texten, die in der Antike und im frühen Mittelalter kopiert und studiert worden, aber in der Zeit der Scholastik aus der Mode gekommen waren … Der Vatikan wurde zu einem Zentrum dieser neuartigen Gelehrsamkeit. Mehrere Päpste, allen voran Nikolaus V., unterstützten die Raubzüge der Bücherjäger des frühen 15. Jahrhunderts, die alles stahlen, was man nicht *in situ* abschreiben konnte.

Trotz dieser verwegenen Versuche, eine neue Art von Bibliotheken zu schaffen, blieben doch die Universitätsbibliotheken, auf deren

Erweiterung und Systematisierung die Gelehrten im 13. und 14. Jahrhundert hartnäckig aus waren, ein zentrales Modell. Die Einflüsterungen Vespasianos im Ohr, gab Nikolaus seine Zustimmung zum Erwerb einer Sammlung, in der sich eine neue Aufgeschlossenheit für die Welt der Bücher widerspiegelte. Er starb, bevor der von ihm in die Wege geleitete Sammlungsplan in großem Stil umgesetzt werden konnte. Doch sein Nachfolger Sixtus IV. setzte sein Werk fort und ließ ein erstes Bibliotheksgebäude errichten. Darüber hinaus setzte er auch die ersten drei *scriptores* ein. Jeder von ihnen musste ein Spezialist in einer der drei alten Sprachen mit der größten literarischen, historischen und kirchlichen Bedeutung sein, in Griechisch, Latein oder Hebräisch. Das Amt des *scriptor* existiert noch heute: Diejenigen, die es innehaben, sind die für den Katalog zuständigen Bibliothekare der Sammlungen der Vatikanischen Bibliothek und ihre Hauptverwalter.

Die Kataloge, die diese *scriptores* erstellten, wurden zum Schlüsselinstrument der neuen Gelehrsamkeit. Sie fertigten detaillierte Listen der Bestände in der Sprache an, für die sie zuständig waren. Die fertigen Listen wurden koordiniert, um eine vollständige alphabetische Auflistung zu erhalten. Diese Vorgehensweise war äußerst mühselig; Erweiterungen der Sammlungsbestände mussten am Rand oder in einer separaten Liste am Ende eines Abschnittes notiert werden. Doch das Detail erwies sich als entscheidend für die Gelehrten des Humanismus.

Der im Jahr 1475 von den Kustoden Parmenio und Mammacino erstellte Katalog ist für uns heute besonders aufschlussreich, denn er vermittelt nicht nur ein Bild davon, welche Bücher die Bibliothek besaß, sondern auch, nach welchen Kriterien man sie ordnete. Offensichtlich verlief auf jeder Seite des ersten Raumes der Bibliothek jeweils eine Reihe mit Tischen, auf denen Bücher in großer Anzahl nach Themen sortiert ausgelegt waren. Der Katalog folgt dem gleichen System wie die Tische: Der erste Tisch auf der linken Seite enthält Ausgaben der Bibel; der nächste Tisch ist reserviert für Kirchenväter; auf den anschließenden Tischen folgen weitere Kirchenväter, die Schriften der Heiligen, Schriften zum kanonischen Recht und zeitgenössische theologische Werke. Hier gibt es eine bestimmte Hierarchie, die sich im gesamten Raum wiederfindet. Ganz wie im Katalog enthält der Tisch gegenüber den Bibelausgaben philosophische Werke: Aristoteles mit seinen Kommentatoren Averroes und Avicenna, Platon und Hermes Trismegistos; auf dem nächsten Tisch, gegenüber Hieronymus und Augustinus, finden sich Astrologie und Mathematik; die anderen Kirchenväter finden ihr weltliches Pendant in den Dichtern einschließlich Ovid und Vergil; kanonisches Recht hat sein Gegenstück in Rhetorik, und so geht es weiter durch den gesamten ersten Raum der Bibliothek.

Der nächste Raum enthält, wie im Katalog dokumentiert, Tische mit Werken in griechischer Sprache, die in gleicher Weise hierarchisch geordnet sind. Obwohl das Schema in einigen Einzelheiten abweicht, erinnert es doch an die Epistemologie der zwei Welten von Cassiodorus' *Institutiones* mit den Bereichen des Geistlichen und des Weltlichen, die einander spiegeln und ergänzen. Während der Humanismus versuchte, einerseits die Großartigkeit des antiken Lateins wieder spürbar werden zu lassen und andererseits die Authentizität der heiligen Schriften – und der Macht der Kirche – zu belegen, rekapitulierten seine Bibliotheken die Symmetrien der klassischen Antike. Es ist nicht klar, wie die Bücher auf den Tischen aufbewahrt wurden, doch im Katalog sind die Titel innerhalb jedes Themengebietes in alphabetischer Reihenfolge angeordnet. So belegen die Bibliothek und ihr Katalog, dass noch im 15. Jahrhundert die rationale Ordnung des Wissens und die willkürliche Ordnung des Alphabetes in einer Art nervösen Waffenruhe verharrten. Um das 18. Jahrhundert jedoch hatte das ständige Anwachsen der Sammlungen den alten Katalog unbrauchbar gemacht, und der neue brachte den Triumph des Willkürlichen: Dieser Katalog war ganz und gar alphabetisch und verzichtete auf die rationale Fiktion der Einteilung nach Themen.

Die Gelehrsamkeit, die in dieser umfassenden Symmetrie ihren Ermöglichungsgrund fand, war der Kirche nicht immer zuträglich. Lorenzo Valla nutzte die neue, von der Bibliothek begünstigte Art der humanistischen Forschung, um zu zeigen, dass die Schenkungsurkunde des Konstantin – ein Dokument, das angeblich bewies, dass der erste christliche Kaiser Rom der Kirche vermacht hatte – eine Fälschung war. Die Konstantinische Schenkung aber war die Grundlage des päpstlichen Anspruchs auf die Herrschaft über Rom. Im 16. Jahrhundert setzte der Bibliothekar Girolamo Sirleto den Angriff Vallas auf die Schenkungsurkunde des Konstantin auf die Liste verbotener Bücher, die er für den Heiligen Stuhl erstellte. Und solche Werke wie die Geschichten von Zosimus – »jenem Heiden, der so geschmacklos war, den Fall Roms dem Christentum anzulasten«, wie es in der verschmitzten Beschreibung von Anthony Grafton heißt – versteckte er nach den Worten eines enttäuschten französischen Lesers im »tiefsten und dunkelsten Teil der Vatikanischen Bibliothek.« Im Fahrwasser der Gegenreformation entdeckte Sirleto, was Bibliothekare schon längst wussten: dass der beste Platz, um Bücher zu verstecken, oft die Bibliothek ist. Doch Sirleto gab sich nicht damit zufrieden, unerwünschte Bücher einfach nur wegzuschließen; er verbrannte sie sogar, etwa eine Reihe byzantinischer Texte, die die römische Kirche denunzierten.

Michel de Montaigne, der die Bibliothek zu Sirletos Zeiten besuchte, war es gelungen, politische Machenschaften zu umgehen. »Ich konnte die Bibliothek, die fast jeden Vormittag geöffnet ist, ohne irgendwelche Schwierigkeiten besuchen«, schreibt er:

> Jeder andere kann das ebenso – und zudem sich ausleihen, was immer er will. Überdies wurde ich von einem Edelmann durch alle Säle geführt und eigens eingeladen, mich der Bibliothek nach Belieben zu bedienen. Unser Herr Botschafter hingegen verließ zur gleichen Zeit Rom, ohne dass er sie je hätte besuchen können, denn es war von ihm, wie er beklagte, verlangt worden, hierfür dem Kardinal Sirleto den Hof zu machen, der Herr über die Bibliothek war. Daher habe er nie Gelegenheit gehabt, sagte er, den handschriftlichen Seneca in Augenschein zu nehmen, obwohl das sein sehnlichster Wunsch gewesen sei. Mir aber war

ebendies vom Geschick vergönnt worden, nachdem ich die Sache auf den Bericht des Herrn Botschafters hin bereits für aussichtslos gehalten hatte. So ist alles auf bestimmten Wegen leicht zu erreichen, auf anderen aber unerreichbar. Gelegenheit und Gunst der Stunde haben ihre Vorrechte und gewähren dem Volk oft, was sie den Königen verweigern. Die Neugier steht sich zuweilen selbst im Weg – wie auch die Größe, auch die Macht.

Heute ist die Vatikanische Bibliothek eine der herrlichsten wissenschaftlichen Bibliotheken der Welt. Um eingelassen zu werden, müssen die Gelehrten an der vielsprachigen jungen Schweizer Garde mit ihren Kniehosen vorbei durch das Tor schreiten und dann dem langen Weg in die Tiefen der Città Vaticana folgen, auf kopfsteingepflasterten Gassen im Schatten von wuchtigen Mauern und Bögen, während die Kakophonie von Roms allgegenwärtigem Verkehr nach und nach zurückweicht. Geschäftiges Treiben und ein schwirrendes Hin und Her von zufriedenen Gelehrten erfüllt weiträumige, sonnenbeschienene Lesesäle, während die vergnügten Mitarbeiter Fragen beantworten, Anfragen bearbeiten und dabei ihren polyglotten Kunden alle Zeit der Welt lassen, ihre Bedürfnisse in verständliches Italienisch zu bringen. Da und dort sitzen Mönche mit Kutten und Nonnen mit ihren Gewändern, und ihre Gesichter baden im Licht von Laptop-Bildschirmen. Über den Hof draußen erreicht man ein kleines Café, das in die Ruinen eines klotzigen Renaissance-Springbrunnens gebaut wurde. Dort werden die Leser mit gutem Espresso, Gebäck und kostenlosen Panini am Nachmittag versorgt, die sie im Stehen verzehren und dabei fröhlich weiter mit Bibliothekaren und Studenten plaudern. Über der ganzen Bibliothek schweben eine Energie und eine Freude, die in vielen anderen Bibliotheken mit seltenen Büchern und Manuskripten fast immer unterdrückt zu sein scheinen. Doch hier gibt es sie: Sie verstecken sich, so wie es Sirleto mit den Büchern vergeblich versucht hatte – inmitten all der düsteren Regale.

Die Bücherschlacht

Vom 15. bis zum 16. Jahrhundert stieg die Zahl der Bücher dramatisch an. Dies rief eine Mischung aus Enthusiasmus und Besorgnis hervor, die durchaus nicht nur auf den Vatikan beschränkt blieb. Die Begeisterung des Humanismus für die Antike hatte sich von einer subversiven Grille der Akademiker zu einem bedeutenden Instrument der Herrschaft entwickelt. Als die Wissenschaft die Überlegenheit der Theologie zu bedrohen und die Berechtigung ihres Einflusses auf die politische Sphäre zu bestreiten begann, suchten die Herrscher Unterstützung für ihre Macht in klassischen Idealen. In diesem Sinne wurde die Bibliothek mit dem Anwachsen der Buchbestände zum Schauplatz eines schmerzlichen Wandels und zum Schlachtfeld widerstreitender Ideologien. War sie ein Speicher der Weisheit, der zeitlose Ideale zur Erbauung derer aufbewahrte, die die Bürde der Macht trugen? Oder konnte sie nicht auch ein Garten der Bücher werden, in dem das Wissen gedieh und in unbegrenzter Vielfalt an Farben und Formen florierte?

Das Harvard College entstand inmitten dieser Debatten, und im Grunde begann das College sein Leben als Bibliothek. John Harvard, der puritanische Geistliche, der die Schule stiftete, hatte im Jahr 1635 seinen M. A. am Emmanuel College in Cambridge erworben. Anschließend zog er nach Massachusetts, wo er der Gemeinde von Charlestown diente. Nur drei Jahre später starb er und überließ seinen Besitz der neuen Schule, die in dem Ort Newtowne für fahrende Priester eingerichtet wurde. Das Herzstück seines Nachlasses bildete eine Bibliothek mit 260 Titeln und insgesamt ungefähr 400 Bänden. Die Sammlung von Harvard war ein Spiegel seiner puritanischen Grundüberzeugungen, nahezu drei Viertel seiner Bücher waren theologischen Inhalts. Bei den meisten davon handelte es sich um Bibelkommentare und Sammlungen puritanischer Predigten. Unter den Klassikern befanden sich auch Cicero, Seneca und Homer, doch außer ihnen gab es keine weiteren literarischen Werke; dies war die Sammlung eines arbeitenden puritanischen Geistlichen in einer armseligen Kolonie in der Neuen Welt. Doch die Bücher gaben der kleinen Schule ihre Existenzberechtigung und sorgten für das solide intellektuelle Fundament, das ein College benötigte. Die Schule dankte es, indem sie den Namen ihres ehemaligen Wohltäters annahm, und Newtowne benannte sich selbst nach der Alma Mater seines letzten Geistlichen in Cambridge um.

Das Harvard College war eine puritanische Schule, die in einer Ära gegründet wurde, in der das englische Bildungswesen – wie alles in der englischen Gesellschaft in den Jahren vor der glorreichen Revolution – sich an den religiösen Überzeugungen schied. Während der Herrschaft von Königin Elisabeth waren die englischen Intellektuellen von der Neugier der Renaissance für alles und jedes angesteckt worden. Der führende Kopf dieses Umschwungs im englischen Geistesleben war Francis Bacon, der in der Tudor-Ära die Denker dazu aufgerufen hatte, sich nicht an Worte, sondern an Dinge zu halten, um die haarspalterischen Machenschaften des Mittelalters zu Gunsten des Beobachtens und Experimentierens hintanzustellen. Seine Einteilung der menschlichen Geistestätigkeit in die drei Kategorien Gedächtnis, Verstand und Fantasie wurde zu einem Organisationsprinzip des empirischen Denkens. In seinem System nimmt er Abstand von der Einteilung in Geistliches und Weltliches und besinnt sich damit zurück auf klassische Epistemologien, die die Beziehungen zwischen den Disziplinen des Denkens herausstellen. Seine Taxinomie blieb lange Zeit über von entscheidendem Einfluss: Diderot übernahm das Schema in Band 1 seiner *Encyclopédie* von 1751, und man bezeichnete es allgemein als Vorreiter der modernen Systematik der Bibliothek.

In Übereinstimmung mit den meisten seiner Zeitgenossen betrachtete Bacon das Denken, wie alles menschliche Tun, als Folge des Sündenfalls von Adam und Eva; wie noch kein anderer Denker vor ihm glaubte er jedoch, dass dieser Sündenfall rückgängig zu machen sei. Und das Vehikel für diese Umkehrung, für das Wiedererlangen des »Rechtes über die Natur, das der Menschheit laut göttlichem Vermächtnis gebührt«, war nichts anderes als das Denken und dessen Werke. »Lasst uns hoffen«, schrieb er, »dass den Menschen daraus Hilfe erwachse und eine Reihe von Erfindungen, die bis zu einem gewissen Grade die Bedürftigkeit und die Erbärmlichkeit der Menschheit bezwingen und überwinden.« Doch nach Cromwells Tod und der Restauration veränderte sich der intellektuelle Charakter Englands, und Bacons Einfluss spaltete sich in zwei Lager. Im Jahr 1664 waren die Dissenters – Protestanten, die den Pomp und das Machtgebaren der anglikanischen Kirche in Frage stellten – von den Universitäten vertrieben worden: Man hatte ihnen also den sichersten Weg zur Macht und zu akademischen Ämtern abgeschnitten. Abtrünnige Geistliche gründeten einer nach dem anderen ihre eigenen Akademien, in denen puritanische Theologie und Bacon'sche Wissenschaft dem klassischen Lehrplan von Cambridge und Oxford den Rang abliefen. Diese Mischung ist schwer vorstellbar aus heutiger Sicht, in unserer Zeit der Auseinandersetzungen zwischen dem Geistlichen und dem Weltlichen, zwischen dem Kreationismus und der Theorie der Evolution. Doch für das Denken des 17. Jahrhunderts waren wortwörtliches Festhalten an der Bibel und wissenschaftlicher Empirismus aus dem gleichen Holz geschnitzt; beides entsprach Bacons Vertrauen in die Macht der Evidenz und stand in deutlichem Widerspruch zu dem eher säkularen klassischen Lehrplan, der auf die Macht der Tradition und die heilsame Wirkung der Nachahmung und des Nacheiferns vertraute.

Einer der Wegbereiter des biblisch-wissenschaftlichen Lehrplans der Dissenters war Charles Morton, der zwischen etwa 1662 und 1685 (dem Jahr, in dem die Dissenters der Universität verwiesen wurden) eine Akademie leitete. Sie war eine der bekanntesten und angesehensten ihrer Zeit, und zu ihren stolzen, weltlich gesinnten Absolventen gehörte auch Daniel Defoe. Schließlich war aber das Leben in England für einen Mann von Mortons Überzeugungen zu riskant geworden, und so ging er nach Amerika, wo er Vize-Präsident des Harvard-College wurde. Genau genommen war Harvard allerdings keine Dissenter-Akademie – und ohne Zweifel war es genau das, was Morton anzog. Harvard war etwas mehr: ein wahres College, das die volle Unterstützung der Kolonialregierung genoss. Auch in England waren die Puritaner ins Bildungswesen eingedrungen. Emmanuel, John Harvards eigenes College, war von Puritanern innerhalb der Grenzen des alten Cambridge als ein konkretes Beispiel für Nonkonformismus gestiftet worden. Doch nur in der religiösen Utopie von Massachusetts konnte eine mit allen Befugnissen ausgestattete puritanische Schule zu ihrem Recht kommen. Das Harvard-College wurde das Cambridge und Oxford des puritanischen Commonwealth und setzte auf Verstand und Offenbarung als Quellen seiner Autorität, aus Knaben Männern zu machen.

Im Laufe des 17. Jahrhunderts erweiterte man die Bibliothek des Harvard-College langsam und unregelmäßig und war dabei immer von der Großzügigkeit ihrer Stifter abhängig (eine Abhängigkeit, an der sich, bis auf die Anzahl der Stifter und das Maß ihrer Freigebigkeit, bis heute nichts geändert hat). Doch trotz ihrer Vergrößerung blieb sie weitgehend eine theologische Bibliothek, die mit dem Ziel des College konform ging, Geistliche für die Massachusetts Bay Colony heranzubilden. Im Jahr 1679 wurden die Bücher des englischen puritanischen Geistlichen Theophilus Gale in die Bibliothek aufgenommen. Sie waren, wie Harvard selbst, vorwiegend theologisch ausgerichtet. Und obwohl der Bibliotheksbestand sprunghaft anwuchs, änderte sich nichts an den Bedingungen. Ein späterer Stifter, Thomas Hollis aus London, empfand den Zustand der Bibliothek als unzumutbar. Im Jahr 1725 schrieb er an das College:

Eure Bibliothek gilt hierzulande als schlecht geführt ... Es fehlt an Stühlen zum Sitzen und Lesen und an Ketten für eure kostbaren Bücher ... Ihr lasst zu, dass eure Bücher nach Belieben mit nach Hause genommen werden, und viele gehen dabei verloren; eure grünschnäbligen Studenten nehmen sie mit auf ihre Zimmer und reißen sich Bilder und Karten heraus, um ihre Wände damit zu tapezieren; derlei Dinge sind nicht gut. Wenn ihr Platz für moderne Bücher braucht, ist es ein Leichtes, die weniger nützlichen an einen abgelegeneren Platz zu bringen, doch verkaufen dürft ihr nicht eines davon, denn sie sind heilig.

Hollis milderte seine Kritik mit einer Großzügigkeit, die seine Erben ihm nachtun sollten. Als 1764 in einer kalten Januarnacht ein Feuer die Bibliothek zerstörte, hatten die Schenkungen den Bestand bereits auf ca. 5 000 Bände anschwellen lassen und Harvard so zur größten Bibliothek in British North America gemacht. Sie spiegelte alle Bereiche der Gelehrsamkeit im Bacon'schen Sinne wider: Gedächtnis, Verstand und Fantasie waren vollständig vertreten. Doch selbst eine Büchersammlung wie diese – so universal sie vom Umfang und der Ambition her auch gewesen sein mag – war immer noch kompakt genug, um in einem großen Raum auf der oberen Etage der Harvard Hall Platz zu finden, der unter effektivster Ausnutzung des Raumangebots mit wahrscheinlich nicht mehr als 23 Bücherregalen ausgestattet war.

Um die Zeit, als die Bibliothek von Harvard brannte, hatte sich die englische intellektuelle Szene erneut verändert. Die Wissenschaft, die Eingang in die Schulen der Dissenters gefunden hatte, begann inzwischen die Universitäten zu dominieren, und selbst ein Predigerkolleg im Grenzland des wachsenden British Empire war auf einen festen Bücherbestand angewiesen. Ein anderer Hollis, Thomas Hollis V., spendete 500 Pfund, um den ersten Grundstock an Büchern in der Bibliothek einzurichten, und so begann deren allmähliche Erholung und der Wiederaufbau. Heute enthält der Online-Katalog der Bibliothek – das Harvard On Line Library Information System, kurz HOLLIS – eine

Sammlung von über zehn Millionen Titeln, von denen ein Teil bis zum heutigen Tag aus den Erträgen des Hollis'schen Vermögens erworben wird.

Ein Jahrhundert vor dem Ausbruch des Feuers in Harvard waren Bibliotheken im Allgemeinen immer noch relativ bescheiden in Umfang, Ausmaß und Ambitionen. Die wenigen nonkonformistischen Akademien, die überhaupt Bibliotheken besaßen, verfügten über Sammlungen im Stil von Harvard, die aus Predigten bestanden, aus Werken von Kirchenvätern und apokalyptischen Traktaten sowie einer Hand voll halbseidener historischer Werke und »philosophischer« Journale mit Artikeln über die neuesten wissenschaftlichen Entdeckungen. Doch Harvard war – ebenso wie andere nonkonformistische Akademien, die Kritik offen gegenüberstanden und auf die Großzügigkeit und die Führung seitens fortschrittlich denkender Stifter bauten – auch bereit, in seinen Bibliotheken Werke moderner Autoren aufzunehmen. Bibliothekare in Oxford und Cambridge dagegen hatten wenig Interesse an solchem »Unsinn«. Das heißt nicht, dass die Universitätsbibliotheken nicht sammelten und die Produkte eines florierenden wissenschaftlichen Buchmarktes nicht zugänglich machten, die hauptsächlich aus der Feder von Mitgliedern des College stammten. Doch obwohl in den Universitäten ein Studium der Wissenschaften möglich war und ebenso eine umfassende und gute Lektüre, war die Abgrenzung gegenüber einer »modernen« Bildung doch gewaltig inmitten all der Spitztürme, Zellen und Alkoven von Oxford und Cambridge. Die Colleges befassten sich nicht damit, neue Wissenschaftler, Ingenieure oder Künstler heranzubilden, sondern damit, junge vornehme Herren zu Staatsmännern und führenden Persönlichkeiten der anglikanischen Kirche zu machen. Trotz ihrer Bekanntheit hatten sogar große Universitätswissenschaftler wie Isaac Newton und Robert Boyle nur wenig Einfluss auf den Lehrplan. College-Studenten, die man für kirchliche oder weltliche Machtpositionen heranzog, wurden weder in offiziellen Seminaren noch in Privatstunden systematisch mit »Naturphilosophie« konfrontiert. Und da es keinen Unterricht gab, der in die wissenschaftlichen Bücher der Bibliothek einführte, ahnten die meisten Studenten nicht einmal, dass diese überhaupt existierten.

Der Lehrplan, der für die Verwandlung von privilegierten Knaben in mächtige Männer als notwendig angesehen wurde, war weder theologisch noch wissenschaftlich, sondern klassisch ausgerichtet, und eines seiner erlesensten Produkte war Baron Sir William Temple. Der Politiker, berühmte Diplomat und verkannte Klassik-Kenner zog sich um 1690 auf seinen Landsitz in Surrey, Moor Park, zurück. Mit Hilfe seines jungen Sekretärs – eines entfernten Cousins namens Jonathan Swift – widmete er dort seine Zeit intellektuellen Angelegenheiten und wurde dabei immer wieder, ganz wie bei seiner früheren Laufbahn in der europäischen Diplomatie, durch Debatten, Intrigen und Exkursionen unterbrochen. Man schrieb das Ende des 17. Jahrhunderts, und ein neuer Streit war entbrannt innerhalb der intellektuellen Elite Englands – ein Streit, der dem sektiererischen Konflikt zwischen Puritanern und Anglikanern glich, sich zugleich aber über ihn erhob. Es begann mit der Frage nach dem Fortschritt: War es möglich, oder sogar wünschenswert, dass der Mensch auf die Weisheit der Alten baute?

Temple hatte den Konflikt von Anfang an verfolgt. Er wusste, dass Charles Perrault 1687 vor der Académie Française, die die Genesung des kranken Ludwig XIV. feierte, ein Gedicht rezitiert hatte. Darin pries er den König und die von ihm repräsentierte Ära, indem er sie als goldenes Zeitalter darstellte, das an Glanz das alte Rom übertraf. Die Kontroverse, die von Perraults Vortrag ausging, wurde in einer Flut von Pamphleten ausgetragen, die die Pariser Presse überrollte. Zu Hause in England hatten die Theorien Newtons für Aufruhr in den intellektuellen Schwatzbuden gesorgt, bei dem Versuch, das Bild von einem kalten Universum nach Art eines Uhrwerks mit der Vorstellung von einem schöpferischen, persönlichen Gott in Einklang zu bringen. Temple verfolgte aufmerksam die anschwellende Querelle des Anciens et des

Modernes und war bestürzt über die Entwicklung der Debatte. Der Gedanke daran, dass moderne Schriftsteller sich anmaßten, einem Homer oder Pindar ebenbürtig zu sein, erschreckte ihn. Temple verbündete sich fest mit jenen, die glaubten, dass die Klassiker den Zenit irdischen menschlichen Strebens repräsentierten und die modernen Autoren sich nicht mehr erhoffen durften, als die Musterhaftigkeit der antiken Poeten, Historiker und Dramatiker demütig und bescheiden nachzuahmen. Da er sah, dass die Überlegenheit der Alten sowohl zu Hause als auch anderswo angezweifelt wurde, stürzte sich Temple in die Debatte und brachte sie endgültig in englische Gefilde. Im Jahr 1690 veröffentlichte er ein eigenes Pamphlet unter dem Titel *Of Ancient and Modern Learning* (»Von antiker und moderner Gelehrsamkeit«).

In seinem Essay argumentiert Temple, dass eines der Hauptprobleme der modernen Gelehrsamkeit in dem Vertrauen auf Bücher bestehe. Was wir brauchen, sind nicht noch mehr Bücher, schreibt er – die Alten hatten mehr als genug davon; doch sie verfügten außerdem noch über Gelehrsamkeit und Geschmack. Die bloße Vermehrung von Büchern ist jedoch keine Garantie für eine Erweiterung von Wissen und Geschmack. Moderne Bildung ist zu weit entfernt von der Realität; das Geistesleben sollte so sein, wie es für die Römer war: gleichzeitig persönlich und politisch, vor allen Dingen aber lebendig und auf Wirksamkeit bedacht. »Die modernen Gelehrten«, schreibt Temple, »suchen sich Anleitung zu sehr in den Büchern statt bei den Menschen, obwohl diese lebende und jene, im Vergleich dazu, tote Lehrmeister sind, die einem, wie ein Wegweiser, den direkten Weg wohl zeigen können, jedoch nie die nächsten Wendungen vorhersagen, die eigenen Zweifel zerstreuen oder Antworten auf die eigenen Fragen geben …« Die Auswahl der Bücher, die man lesen sollte, sei nicht schwer zu treffen, behauptet er: Es sind die ältesten, jene, die in unmittelbarer Nähe zum goldenen Zeitalter Homers geschrieben worden sind. Diese Bücher dürften nicht von pingeligen Philologen auseinander genommen und wissenschaftlich geprüft werden, sondern sie seien mit Ehrerbietung zu lesen wie die Schriften der weltlichen Macht. Als Beispiel führt Temple die Briefe des griechischen Tyrannen Phalaris und die Fabeln des Äsop an, zwei Werke, von denen man lange Zeit glaubte, sie gehörten zu den frühesten Schriften der Antike.

Temples Wahl der Beispiele war jedoch in mehr als nur einer Hinsicht unglücklich ausgefallen. Phalaris war ein äußerst unangenehmer Zeitgenosse gewesen, der sich den schlechten Leumund eines Tyrannen eingehandelt hatte, indem er seine Feinde bei lebendigem Leib schmorte. Für Temple disqualifizierte sich der König damit aber noch längst nicht für das Dasein eines Gelehrten. Das eigentliche Problem war, dass es sich bei den Briefen um eine Fälschung handelte: Sie waren zwar in der Antike geschrieben worden, jedoch lange nach Phalaris' Zeit. Das war durch einen Kenner der Antike namens Richard Bentley ans Tageslicht gekommen. Der wusste, dass der griechische Dialekt, den Phalaris gesprochen hatte, sich stark von dem späteren attischen Griechisch unterschied, in dem die Briefe abgefasst waren. In einer unter dem Titel *Dissertation upon the Epistles of Phalaris* veröffentlichten Gegendarstellung tadelte Bentley den Diplomaten für seine unüberlegte Auswahl der Beispiele und seine oberflächliche klassische Bildung.

Ein Schützling Bentleys, der junge Gelehrte William Wotton, griff hingegen eine Behauptung an, die zentral für Temples Argumentation und Sichtweise ist: Die Alten hätten die größten Werke der Menschheit in Kunst und Wissenschaft geschaffen, neben denen die Leistung moderner Denker verblasse. Wotton erklärt, es sei die wissenschaftliche Herangehensweise an die Künste des Altertums, die einen besseren Einblick in die antike Welt verschaffe. Er räumt ein, wie sehr seine Auffassung die feinsinnigen Gelehrten vom Schlage Temples verstören muss:

Über alten Handschriften zu brüten, um verschiedene Lesarten zu vergleichen; Wörterbücher und alte Scholien über antike Historiker, Redner und Dichter zu wälzen; in den Werken der alten Griechen und Römer, an die man sich im Grunde innerhalb von fünfzig oder hundert Jahren, nachdem sie in Gebrauch waren, nicht mehr erinnerte, minutiös jedes noch so winzige Detail einer Kritik zu unterziehen – all das können gute Argumente sein für den Fleiß eines Menschen und seinen Willen, sich zu schinden; doch es scheint mir etwas zu wenig, um ihn als großen Genius zu bezeichnen, oder als jemanden, der selbst fähig wäre, beachtliche Dinge zu tun.

Temple hatte die starke Verbreitung von Texten kritisiert, wie sie durch den Buchdruck in Gang gekommen war. Auch Wotton erkennt an, dass die Verfügbarkeit von Büchern in großer Zahl eine Veränderung in der Art und Weise des Wissenserwerbs mit sich gebracht habe – doch es sei eine Veränderung zum Besseren, so Wotton. »Mit der Vervielfältigung der Kopien von Büchern dank des Buchdrucks«, schreibt er, »begann die kritische Auseinandersetzung mit deren Inhalt, was sich als Erstes darin niederschlug, dass nun korrekte Ausgaben von antiken Büchern herausgegeben wurden.« Wotton gibt zu, dass diese Art der intellektuellen Herangehensweise seitdem in Mode gekommen sei. Und wenn der Fortschritt sich verlangsamt zu haben scheine, dann liege das nicht daran, »dass der Anteil der Menschen gesunken, sondern dass das Thema in gewisser Weise erschöpft ist.« Wotton räumt überdies ein, dass die Philologie der Pedanterie bezichtigt wurde, denn »sie ist manchmal von Menschen betrieben worden, die sich selbst an dem verschwenderischen Umgang mit griechischen und lateinischen Zitaten zu messen schienen und an einer eitlen Zurschaustellung von sich verzettelnder Lektüre, ohne dass darüber hinaus in ihren Schriften irgendetwas enthalten wäre, das sie des Lobes wert machte.« Er hält jedoch daran fest, dass eine derart schwierige Arbeit immer viel vergebliche Mühe mit sich bringt und dass die Philologen, obwohl sie so viel unnützes Zeug zu Tage gefördert haben, auch auf genügend Goldminen der Gelehrsamkeit gestoßen sind, »um sowohl den großen Scharfsinn als auch den Fleiß dieser Spätzeit im Vergleich mit der Antike loben zu können«.

Wenn Temple die explosionsartige Vermehrung der neuen gedruckten Bücher betrachtete, sah er darin keinen »Fleiß«, sondern
nur Verbreitung, Verfall und unbedeutendes Gezänk. Für Wotton
dagegen sind die Debatten der Modernen und die neuen Bücher,
die von ihnen verfasst werden, ein Beweis für die Kraft und das
fortschrittliche Potenzial der Moderne im Vergleich zu einem
monolithischen, zentralisierten Römischen Reich, in dem ein gemeinsames Interesse diesen riesigen Koloss lenkte. Wie in vielen
anderen Bereichen, so führten auch in den Geisteswissenschaften
alle Wege einst nach Rom – ein Umstand, der sich letztendlich als
Verdummung erwies. »Wohingegen sie jetzt«, bemerkt Wotton,
»da jedes Königreich auf eigenen Füßen steht, alle eifersüchtig
sind auf Glanz und Gloria der anderen, und zwar vor allem dann,
wenn es um die Gelehrsamkeit geht.« Das Gezänk, das Temple so
verachtete – obwohl er sich nicht ganz heraushalten konnte – bezeichnet Wotton als Element des modernen Wesens der Gelehrsamkeit:

> Selbst wenn sie manchmal äußerst pedantisch und mit einer
> Hitze geführt wurden, die gelehrten Menschen schlecht ansteht,
> hatten Debatten auch ihre guten Seiten; denn einige waren
> eifersüchtig darauf bedacht, den Ruhm an der Erfindung von
> Dingen, die schon längst entdeckt waren, ihrem eigenen Land
> zuzuschreiben; andere hingegen waren gleichermaßen erpicht
> darauf, ihrem Land durch neue Erfindungen, von denen sie
> sicher waren, dass niemand sie je würde anfechten können, eine
> weniger bestreitbare Ehre zuteil werden zu lassen.

Wotton erkannte, dass die Alten ihre Bücher in einem Zustand
wachsender Begeisterung und unbändiger Energie verfasst hatten.
Bücher zu schreiben und über sie zu disputieren, meint er, heißt
im Grunde, es den Alten nachzutun. Doch aus Temples Sicht
wurden im Zuge dieses Streits die klassischen Texte lediglich mit
zahllosen Glossen, Fußnoten und Verweisen überfrachtet. Seiner
Meinung nach haben die Modernen die alten Schriften ihrer er-

habenen Einzigartigkeit und Unberührbarkeit beraubt, indem sie die großen Werke der Antike unter dem philologischen Mikroskop auf Textgebilde reduzierten. Für Wotton und seinen Mentor Richard Bentley hingegen verkündet diese neue Art des Zugangs einfach die Entstehung einer neuen Vernunft, durch die auch der ganze Apparat der Gelehrsamkeit – die Textvergleiche, die wissenschaftlichen Abhandlungen, die wachsenden Bibliotheken – seinerseits eine Art von Erhabenheit annimmt.

In ihren Pamphleten führten Wotton und Bentley einen Schlag gegen einen der bekanntesten englischen Aristokraten. Als sie das Schlachtfeld der öffentlichen Debatte betraten, waren sie politisch ebenso schlecht gerüstet, wie sie intellektuell gründlich vorbereitet waren. Wotton war – wie der große französische Essayist Montaigne – mit Latein als erster Sprache aufgewachsen; sein Vater hatte den zehnjährigen William in den Salons von England wie einen intellektuellen Mozart vorgeführt, der lateinisch deklamierte und für seine verblüfften Zuhörer aus dem Stegreif in Griechisch und Hebräisch rezitierte. Wottons späterer Mentor war nicht von adliger Abstammung, doch ganz wie Cicero war Bentley aus wohlhabender, aber einfacher Herkunft zu den Höhen der intellektuellen Welt aufgestiegen. Er war befreundet mit Isaac Newton, Samuel Pepys und John Evelyn und war der in England am meisten geschätzte Kenner und Anhänger der Klassik. Er war Geistlicher, Theologe und ein in der Öffentlichkeit stehender Intellektueller, der seine Aufmerksamkeit nicht auf Angelegenheiten der klassischen Philologie beschränkte; er schrieb und hielt ebenso Vorlesungen über Atheismus und die theologischen Implikationen der Newton'schen Gravitationslehre. Im Jahr 1694 wurde er zum Mitglied der neuen Royal Society und zum (bestellten) Verwalter der Königlichen Bibliothek ernannt.

Zu dieser Zeit war die Königliche Bibliothek, wie die deutlich bescheidenere Bibliothek des Harvard College, in einem einzigen Raum untergebracht, und zwar über der Küche im Londoner Palace of St. James. Über den Zustand der Bibliothek, deren

Bücher ohne jedes System über Regale und Tische verstreut waren, beklagte man sich von vielen Seiten. Die Sammlung und der Raum waren ein einziges Durcheinander. Sie war von verschiedenen Monarchen und deren Sekretären errichtet worden, und die vielen jeweils unterschiedlichen Absichten waren ihr deutlich anzumerken. Während Heinrich VII. weniger als zweihundert Bände erworben hatte, die meist religiöser Natur waren, muss Heinrich VIII. eher ein Bibliophiler gewesen sein. Er war nicht nur ein fleißiger Sammler, sondern benutzte seine Bücher auch. Viele der Bände, um die er die Bibliothek erweiterte, enthielten Randglossen von seiner Hand.

Besonders reizvoll sind die auf verschiedene Stellen deutenden, mit raffinierten Manschetten versehenen Hände, die er hier und da skizzierte. So reckt sich beispielsweise auf einer Seite des Inhaltsverzeichnisses in einem kirchlichen Werk ein langer, eleganter Finger nach oben und zeigt auf die Worte »De peccato in spiritum sanctum« (»Von der Sünde im Heiligen Geist«). Heinrich VIII. schien in allen Bänden der schnell wachsenden Bibliothek Anleitung und Rechtfertigung für seine politischen und persönlichen Handlungen zu suchen, und seine Bibliothek füllte sich mehr und mehr mit der Traktat-Literatur der protestantischen Reformation, in der Ereignisse, die er herbeigeführt hatte, eine entscheidende Rolle spielten.

Auch unter den folgenden Monarchen wuchs die Königliche Bibliothek kontinuierlich weiter. Der Beitrag Elizabeths ist überraschend spärlich und ein wenig rätselhaft. Bei den von ihr hinzugefügten Büchern scheint es sich vor allem um Abschriften und Geschenke zu handeln, was ihren Ruf als Schriftstellerin und talentierte Sprachwissenschaftlerin nicht eben untermauert. Henry, Prinz von Wales, hatte dagegen offensichtlich einen unbändigen Appetit auf wissenschaftliche Werke, während James I. dafür sorgte, dass man alles sammelte, was je gegen sein Regime geschrieben wurde. Im 18. Jahrhundert ließ George III. mit Hilfe von Samuel Johnson und anderen die Royal Library zu einer der außergewöhnlichsten und auch schönsten Bibliotheken der Welt ausbauen.

Heute befindet sie sich in der neuen British Library in einem großen Glasturm in der Mitte des öffentlichen Platzes, von dem aus man die vielen feinen Einbände wie Juwelen glitzern sieht. Doch gegen Ende des 17. Jahrhunderts war die Bibliothek ein Mischmasch von klassischen Werken, die zur Erbauung der Monarchen angeschafft wurden, von kirchlicher Literatur und politisch-theologischen Abhandlungen.

Als Bentley das Amt des Verwalters der königlichen Sammlung antrat, war er bestürzt über ihren Zustand. Er setzte sofort alle Hebel in Bewegung, um eine verlässliche Unterstützung der Bibliothek zu erwirken, und machte aus einem todgeweihten Kuriositätenkabinett eine internationale Institution der höheren Gelehrsamkeit. Auf diese Weise setzte er seine Vision von einer Universalbibliothek um, mit der er seiner Zeit weit voraus war. In einem Vorschlag, den er in Form einer Flugschrift an die Öffentlichkeit brachte, erläuterte er das Problem dem lesenden Publikum: Die Bibliothek »ist zur großen Schande der Krone und der ganzen Nation nach und nach auf beängstigende Weise in Verfall geraten. Der Raum befindet sich in einem erbärmlichen Zustand, und er ist so klein, dass er nicht die Bücher fassen kann, die hinein gehören … viele wertvolle Handschriften sind mangels Einbänden zerfallen.« Bentley beklagt weiter, dass »mehr als tausend« Bücher darauf warteten, in die Sammlung aufgenommen zu werden, doch immer noch »ungebunden und nutzlos« herumlägen – und das, obwohl es eine Verletzung des Act of Printing darstelle, der die Drucker dazu verpflichtete, zur Wahrung des Copyrights Exemplare ihrer Werke in der Königlichen Bibliothek zu deponieren. Dieses Gesetz, das aus der Zeit Elizabeths stammt, war lange Zeit außer Acht gelassen worden. Die Folge war, dass nur wenige von den Tausenden im Lauf des 17. Jahrhunderts in England gedruckten Titeln den Weg in die Königliche Bibliothek gefunden hatten. Bentley machte sich für die Verschärfung des Gesetzes stark und schlug außerdem vor, die Bibliothek durch Stiftungsmittel zu finanzieren, die man aus einer Papiersteuer gewinnen sollte – mit dem Ziel, das Wachstum und die Großartigkeit der Bibliothek zu sichern. Die Bibliothek, die aus diesen Maßnahmen hervorgehen würde, schrieb er, würde »hinsichtlich ihrer Aufnahmefähigkeit und ihrer Benutzungsfreundlichkeit so intelligent gemacht sein, dass jeder, der hierher kommt, 200 000 Bände zu seiner Verfügung hat.«

Bentley stellte sich eine Bibliothek vor, wie es sie zu dieser Zeit nirgends auf der Welt gab. Sogar die Vatikanische Bibliothek war keine solche Einrichtung, denn obwohl sie durchaus umfangreich war, eignete sie sich zu dieser Zeit doch nicht für richtiges wissenschaftliches Arbeiten. Bentleys Sohn würde später die Vatikanische Bibliothek besichtigen und seinem Vater in einem Brief klagen, welche Schwierigkeiten er beim Benutzen der Bibliothek hatte, die oft an Feiertagen oder in den Ferien geschlossen blieb. Bentleys Vision von der Königlichen Bibliothek weicht in bemerkenswerter Weise von einem solchen Modell ab. In entscheidenden Punkten orientiert sie sich an den Idealen der Universalbibliothek der Antike, deren bekanntestes Beispiel die Bibliotheken Alexandrias waren. Doch mit all seinen Ambitionen richtet Bentley den Blick auch in die Zukunft; einige Aspekte seines großen Plans antizipieren die Forschungsbibliotheken des 19. und 20. Jahrhunderts. So stellte er sich zum Beispiel vor, dass die Bibliothek ein Zentrum intellektueller Aktivitäten werden sollte, wo Gelehrtengesellschaften »Konferenzen ... über Gegenstände der Gelehrsamkeit« abhalten konnten.

Die Royal Society ist ein edles Beispiel für *eine* Sparte des Wissens; doch welch Vorteil und Ruhm könnte der Nation aus solchen Zusammenkünften erwachsen, die nicht auf ein Thema beschränkt sind, sondern allen Teilbereichen guter Gelehrsamkeit gegenüber offen sind ...

Die Mauer, die die Bibliothek umgeben wird, könnte auf der Innenseite verziert sein mit Marmortafeln antiker Inschriften, Basreliefs etc., die sich entweder in unserem Königreich finden oder leicht und billig an der afrikanischen Küste und in Kleinasien zu erstehen sind.

Aus den Stiftungsmitteln können die Kuratoren, wenn sich die Gelegenheit bietet, verzinste Darlehen aufnehmen und so die Einnahmen von zwei oder drei Jahren vorstrecken, um ganze Bibliotheken auf einmal zu erstehen …

Eine Abschrift von Bentleys Vorschlag befindet sich in der British Library, die sich heute in ihrem neuen Domizil in der Euston Road im Norden Londons befindet. Sie ist in einem außergewöhnlichen, von dem Architekten Sir Colin St. John Wilson entworfenen Gebäude untergebracht, in dem Bentleys visionärer Impuls gewissermaßen fröhliche Blüten getrieben hat. Bücher kommen aus den Eingeweiden der Magazine, bewegen sich fort auf ihrem eigenen System von Förderbändern und Aufzügen, um dann in weiten, lichtdurchfluteten Lesesälen wieder aufzutauchen. Außerhalb der Lesesäle sind Ausstellungen, die einige der berühmtesten Bücher der Welt zeigen, für die Öffentlichkeit eingerichtet; unterdessen treffen sich »Gelehrtenvereine« inmitten der Basreliefs, und ihre Überlegungen werden beflügelt durch den regen Verkehr von Text und Wissen, der um sie herumwirbelt. Alles in allem sieht das Ganze erstaunlicherweise genauso aus wie die Einrichtung, die in Bentleys kühnen Hoffnungen den staubigen kleinen Raum über der Küche des Palastes ersetzen sollte.

Genau dort aber, in dieser heruntergekommenen Bibliothek von Anno dazumal, ist die dauerhafteste Darstellung der Querelle des Anciens et des Modernes untergebracht, in Szene gesetzt von Jonathan Swift. Zu den Zeiten dieses Streits erfreute sich der junge Swift einer Stellung als Faktotum bei Temple. Er teilte Temples Argwohn gegenüber dem so genannten Fortschritt, und als sein eigenes Werk heranreifte, wurde seine Antipathie gegenüber den modernen Denkern, besonders jenen der Royal Society, zum fruchtbaren Nährboden für seine Satire. Im Jahr 1704 schrieb er eine Geschichte mit dem Titel »Ausführlicher und wahrhaftiger Bericht über die Schlacht zwischen den alten und modernen Büchern, ausgefochten am vergangenen Freitag in der König-

Frontispiz von Jonathan Swift,
»Battle of the Books«.
Ausgabe von 1710.

lichen Bibliothek«, heute besser bekannt als *Die Bücherschlacht*. Darin stellt er sich den vollgestopften und staubigen Büchersaal in Bentleys Obhut als ein weiträumiges Schlachtfeld vor – vielleicht stellt er sich aber auch das ganze Feld intellektueller Auseinandersetzung in Europa als eine Bibliothek vor, die jedoch ganz anders beschaffen war als die bunt zusammengewürfelte Sammlung, die man in St. James beherbergte. Das ist eine Bibliothek, in der die Bücher selbst miteinander im Krieg liegen – nicht ihre Kritiker oder Verteidiger – und wo die Bücher sich durchmischen, Platz und Anordnung wechseln und miteinander um die Ehrenplätze in den Regalen streiten. So wie Bentley hatte auch Swift eine genaue Vorstellung davon, was passieren kann, wenn große Mengen Bücher zusammengepfercht werden. Für ihn – wie auch für seinen Mentor Temple – entwickelte sich daraus eindeutig eine fehlgelagerte Sicht der Dinge, die in krassem Gegensatz zu den hoffnungsfrohen Fantasien von Bentley und Wotton steht.

Swifts Schlacht transzendiert die Wände des Bibliotheksraums. Sie beginnt genau genommen direkt an den Hängen des mythischen Parnassus-Gebirges. Die Modernen, die ihren Vorfahren ihre Heimstatt auf dem Gipfel neiden, fordern eine Veränderung:

> Entweder die Alten zogen gefälligst mit ihren Siebensachen auf die tiefer gelegene Kuppe um, welche ihnen die Modernen gnädig abtreten wollten, oder aber besagte Alten gestatteten den Modernen, mit Hacken und Schaufeln anzurücken und besagten Berg so weit abzutragen, wie es ihnen zweckdienlich dünke.

Der körperliche Kampf zwischen den Büchern, der sich in der Königlichen Bibliothek in St. James abspielt, setzt diese ursprüngliche Konfrontation fort. Swift befasst sich mit der Rolle der Pamphlete, jenen schnell verfassten und oft armselig edierten Texten, die das hauptsächliche Medium der Querelle des Anciens et des Modernes bildeten. Denn in der Tat ist es das Auftauchen eben jener »Bücher« in der tatsächlichen Bibliothek, das die Kontroverse unter den alteingesessenen Bänden anzettelt. Swift vergleicht diese kurzlebigen Erscheinungen mit den Siegesbannern, die von den Griechen nach der Schlacht aufgezogen wurden.

Diese Siegesbanner verkünden in großen Lettern den Ruhm ihrer gerechten Sache und geben einen ausführlichen unparteiischen Bericht über die betreffende Schlacht und darüber, wie der Sieg eindeutig der Partei zugefallen sei, die sie gehisst hat. Sie sind der Welt unter verschiedenen Formen bekannt, wie Dispute, Auseinandersetzungen, Entgegnungen, kurze Betrachtungen, Antworten, Repliken, Bemerkungen, Reflektionen, Einwendungen, Widerlegungen.

Swift berichtet weiter, dass »die wichtigsten und größten« der genannten Siegesbanner »in gewisse Magazine, Bibliotheken genannt«, geschafft werden, »wo sie in einer eigens für sie bestimmten Abteilung verbleiben und hinfort die Bezeichnung Streitschriften erhalten …, und da Streitschriften im Vergleich zu allen anderen Büchern von den unruhigsten Geistern heimgesucht werden, hat man sie seit jeher in Isolierräumen untergebracht«, wo man sie an »starke Eisenketten« legte. Diese Maßnahme, die lange Zeit über den Landfrieden in den Bibliotheken aufrechterhalten hat, ist nun nicht länger ausreichend, denn mittlerweile ist eine neue Art von Büchern, durchdrungen von einem besonders bösartigen Geist, im Krieg »zwischen den Gelehrten um den höheren Gipfel des Parnassus« aufgetaucht.

Die »Siegesbanner« in Swifts Satire haben eine zweifache Bedeutung: Gemeint sind einerseits die Pamphlete, in denen die Querelle ausgetragen wurde; andererseits stehen sie für die wissenschaftlichen, philologischen und populären theologischen Bücher, mit denen die parnassische Bibliothek der Alten vollgestopft ist. Swift bemerkt, dass solche Bücher nichts Neues sind – außer dass in früheren Zeiten nur die »wichtigsten und größten« von ihnen einen Platz in der Bibliothek bekamen. Jetzt kommen diese Bücher in Strömen – im Fall der Königlichen Bibliothek zu schnell, um gebunden zu werden –, und ein jedes verlangt seinen eigenen, einzigartigen Platz in der Bibliothek.

In zunehmendem Maße fanden die wichtigsten intellektuellen Auseinandersetzungen in einer neuen Art von Pamphleten und Journalen statt. Da die Bildung von Männern der Gesellschaft streng auf die klassische Literatur gegründet war, blieben die aufkommenden wissenschaftlichen, politischen und ökonomischen Diskurse außerhalb ihrer Reichweite; mehr und mehr entwickelten sich solche Themen in Publikationen wie dem *Athenian Mercury*. Er war im Jahr 1691 gegründet worden und bildete das wichtigste Sprachrohr einer Gruppe von Kaffeehausgelehrten, die sich selbst die *Athenian Society* nannten. Der Titel der Zeitschrift lautete vollständig *The Athenian Gazette, or Casuistical Mercury, Resolving All the Most Nice and Curious Questions Proposed by the Ingenious*. Der vollständige Titel umschreibt das Anliegen sehr genau: Die Redakteure nahmen Fragen der Leser zu allen erdenklichen Themen entgegen und versuchten, darauf Antworten zu finden, die so geistreich wie möglich sein sollten. Fünf bis zehn solcher Fragen erschienen zweimal wöchentlich, und das Ganze war auf einem einzigen Bogen gedruckt, der nicht größer als ein Blatt Briefpapier war. Wie Gilbert McEwen in *The Oracle of The Coffee House*, einer Studie über das Journal, zeigt, war der *Mercury* eine Bildungsquelle für den Mittelstand – Geschäftsleute und Händler mit geringer herkömmlicher Bildung – und für die Schicht der Gebildeten, die aus den nonkonformistischen Akademien hervorging. Überraschend fortschrittlich trat der *Mercury* durchweg für die Bildung der Frauen und der arbeitenden Klasse ein. Die Bandbreite der Fragen, mit denen sich die Redakteure befassten, war sehr groß; es gab nichts, was außerhalb ihrer Expertise lag. Eine einzige Ausgabe konnte so unterschiedliche Fragen behandeln wie »Welche Regierung ist die beste?«, »Warum können Eulen nachts besser sehen als am Tag?« und »Ob es rechtmäßig ist für einen Mann, der seine Frau zu Grabe getragen hat, deren Schwester zu ehelichen, wenn Erstere Nachwuchs hinterlassen hat?«

Trotz seines Missfallens an geschmacklosen Kuriositäten, die für modernes Denken gehalten zu werden schienen, fand Swift in den frühen Ausgaben des *Mercury* doch Anlass zur Hoffnung. Sein Mentor Temple gehörte zu denjenigen, die den gelehrten Mitgliedern der *Athenian Society* Stoff zum Nachdenken gaben. Offensichtlich ermutigte er Swift dazu, die Verwendung des Namens »Athenian« seitens der Zeitschrift ernst zu nehmen und zu erwarten, dass die »Gesellschaft« dem sich herausbildenden englischen Lesepublikum sachliche und gelehrte Unterweisung bieten würde. Das erste Gedicht, das Swift dort veröffentlichte, ist denn auch die »Ode an die Athenian Society«, in der er die »großen unbekannten und erhabenen Männer« preist, deren Weisheit zweimal wöchentlich beide Seiten des *Mercury*-Blattes füllte. Erst später erfuhr Swift, dass die »Gesellschaft« eigentlich nur aus drei dahergelaufenen, armseligen Schreiberlingen bestand. Ihr Verleger und führender Kopf, ein Buchhändler namens John Dunton, war ein Sprössling der nonkonformistischen Akademien, der sich auf dem Buchmarkt von Londons Kaffeehaus-Demimonde erfolgreich tummelte. Er war sogar bis nach New England gereist, wo er mit Cotton Mather zusammengetroffen war, an einer Lesung für christianisierte Indianer in Natick teilgenommen und in Harvard Bücher verkauft hatte (von denen einige vielleicht in der Bibliothek gelandet sind). Dunton trat für genau jene neue Sorte von Büchern ein, die nach Swifts Einschätzung die Königliche Bibliothek verstopften. In der Tat schien er keine einzige Lebenserfahrung gemacht zu haben, die er nicht für würdig befunden hätte, in Buchform an die Öffentlichkeit gebracht zu werden. Seine Erinnerungen an die New-England-Tour hielt er in seiner Autobiographie unter dem Titel *The Life and Errors of John Dunton* fest, die er unbeirrbar in ungefähr 30 Ausgaben unters Volk brachte. Als die in Aussicht gestellte großzügige Mitgift seiner zweiten Frau nicht zustande kam, initiierte er eine Pamphlet-Kampagne gegen seine Schwiegermutter.

Swift muss sehr bestürzt gewesen sein, als er die fadenscheinige Natur seiner geschätzten »Society« erkannt hatte. Tatsächlich nahm er später in seinem *Tonnenmärchen* Dunton und die wesentlich ehrwürdigere – und authentischere – Royal Society aufs Korn. Doch auch wenn Duntons *Mercury* auf einem literarischen Streich basierte, taten seine Schreiber immer ihr Bestes, um sämtliche Fragen gewissenhaft und gut verständlich zu beantworten. Sie gaben in allen Belangen grundsätzlich der Beweiskraft von Experimenten den Vorzug vor der Autorität antiker Quellen, konnten sie des einen allerdings nicht habhaft werden, so tat's das andere auch. In manchen Belangen verließen sie sich auf die jüngsten Erkenntnisse der empirischen Wissenschaft. Zur Beantwortung der Frage »Woraus besteht die Sonne?« zitierten sie die Beobachtungen zeitgenössischer Astronomen; um Auskunft über die Existenz von Zentauren und Faunen zu geben, beriefen sie sich jedoch steif und fest auf Aussagen von Platon, Thales und Plutarch. In der Querelle des Anciens et des Modernes ergriffen sie nicht eindeutig Partei, doch mit ihrer Energie und ihrem Vertrauen auf den Fortschritt des Wissens waren sie durchaus modern. Die Haltung von Temple und Swift zum *Mercury* lässt allerdings vermuten, dass dieser, statt eine Position in der Schlacht zu beziehen, vielmehr selbst ein Schlachtfeld war.

Redakteure und Leser von Blättern wie dem *Mercury* brachten die Moderne voran – was die vornehme Erziehung tunlichst vermied – und folgten damit William Wottons Rat, es den Alten in Energie und Tatkraft gleichzutun und nicht den leeren Hüllen ihrer poetischen Formen nachzueifern. Vor allem aber waren sie ungemein lesehungrig, und diesen Hunger stillten sie regelmäßig mit Hilfe einer Kost aus Büchern und Pamphleten, wie sie von solchen Leuten wie John Dunton angeboten wurden.

Swift und Temple hingegen betrachteten diese modernen Tendenzen als unvereinbar mit allem, was wahr und schön ist in der Kunst. Im Laufe der Zeit übernahm Swift die Methoden des modernen Publizierens, wie er auch seine irische Identität annahm, indem er durch das Schreiben und Veröffentlichen von Pamphleten und in Journalen nicht nur seinen Ruf als Satiriker, sondern auch den eines Patrioten festigte. Er übernahm Satire und

Scherz, die die von ihm so verachteten Kaffeehaus-Gelehrten eingeführt hatten, als Instrumente und brachte sie zu höchsten literarischen Ehren. Doch zur Zeit der Querelle des Anciens et des Modernes betrachtete Swift, genau wie Temple, die Flut von mittelmäßigen Büchern aus den Buchhandlungen heller Köpfe wie Dunton als reißenden Strom, der drohte, alles davon zu tragen, was ihm lieb und teuer war. Der Historiker Joseph Levine schreibt, dass

> die Schlacht der Bücher zeigte, wie der Humanismus der Renaissance entgegen seiner Natur gespalten wurde … Um 1700 wurde es notwendig, sich entweder für die eine oder für die andere Seite zu entscheiden: entweder für Nachahmung oder Gelehrsamkeit, entweder für die rhetorischen Standards der Alten oder die neuen Techniken der modernen Kritik, entweder für geschliffene Erzählkunst oder antiquarische Kompilation.

Für Swift war Richard Bentley der Hauptvertreter dieser Art von Kritik und Kompilation – und so wurde er auch zur hauptsächlichen Zielscheibe seiner Satire. Als »grimmiger Streiter für die Modernen« in der »Bücherschlacht« hatte Bentley sich in jener ersten Auseinandersetzung auf dem Gipfel des Parnassus lächerlich gemacht. Der »enttäuschte Krieger« versuchte nun, sich Genugtuung zu verschaffen, indem er die Feinde der Alten »in den schönsten Räumen« der Bibliothek aufstellte, während er die *antiqui* und ihre »Advokaten« »in irgendeinem obskuren Winkel« begrub und drohte, »sie beim geringsten Ärgernis vor die Tür zu setzen.« Doch der Wächter der Bücher war nicht in der Lage, über seine Bücher ordentlich zu wachen, weshalb »zu dieser Zeit sämtliche Bücher der Bibliothek in einem seltsamen Durcheinander aufgestellt waren.« Die Meinungen über die Ursachen dieser Konfusion gingen auseinander: Manche meinten, »schuld sei ein großer Haufen gelehrten Staubes, den ein tückischer Wind von einem Regal moderner Autoren dem Bibliothekar in die Augen geweht habe«. Andere argwöhnten, Bentley habe die Marotte,

»die Würmer aus den Scholastikern zu klauben« – sprich, die Werke der mittelalterlichen Aristoteliker kritisch zu beurteilen und zu kollationieren –, und die Bücherwürmer hätten ihn infiziert, »wobei ihm einige über die Leber liefen und andere zu Kopfe stiegen, was die Tätigkeit beider Organe stark beeinträchtigte.« Wieder andere meinten, der arme Gelehrte sei zu lange im Dunkel der Bibliothek herumgetappt und habe darin »völlig die Orientierung verloren; beim Wiedereinstellen der Bücher begehe er daher laufend Fehler und stelle Descartes neben Aristoteles. So war der arme Platon zwischen Hobbes und die sieben weisen Meister geraten, und Vergil wurde von Dryden auf der einen und Withers auf der anderen Seite flankiert.«

Mit seiner Karikatur von Bentley hat Swift wahrscheinlich das erste Beispiel für ein literarisches Klischee geschaffen: den zerstreuten Bibliothekar. Tatsächlich ist hier die gesamte moderne Ikonographie der Bibliothek gegenwärtig, es werden alle Stereotypen bemüht: der gelehrte Pedant, mürrisch und staubgeschädigt, der selbst von Bücherwürmern zerfressen ist, sie aber seinerseits verschlingt und verloren ist in den Weiten seiner Bibliothek. Die Bibliothek selbst ist ein Ort der Dunkelheit; »obskure Winkel« voller Schatten, in denen sich Bücher und Leser verlieren können. Sie ist eine Art literarischer Vorhölle, in der Texte jeder Art und Qualität Gefahr laufen, verwechselt zu werden und ihre individuelle Identität einzubüßen. Als Ort der Stagnation und einer Konfusion, mit der sie sich selbst lächerlich macht, ist sie auch ein Schauplatz des (Pseudo-)Tumults, des intellektuellen Kampfes und der literarischen Plauderei. Die von Swift entworfenen Panoramen und Szenen lassen in der Bibliothek die Strände und Ebenen von Homers *Ilias* auftauchen – nur eben im perfekten Ton der Satire, in der der Taumel der Leidenschaften, von tödlichem Terror bis zum höchsten Jubel, durch eine kleinere Skala ersetzt ist, die von Langeweile und Ressentiment bis hin zu pedantischer Aufgeblasenheit reicht. Swift schweift kaleidoskopisch durch sein Werk, rückt ein Geplänkel nach dem anderen in den Brennpunkt und wählt immer eine andere Brennweite.

Die Bibliothek in Swifts Satire ist der Prototyp der Universalbibliothek, nicht nur hinsichtlich der Anzahl der Bücher. Zwar stellt er sich die Bibliothek als prallvoll mit Büchern vor in einer Menge, die zu dieser Zeit nicht üblich war, doch auch vom Geist her soll sie universal sein: Denn der Streit der Bücher ist genau das, was die Universalbibliothek ausmacht. Die Auswahl wird dem Leser nicht abgenommen: Er muss selbst wählen, und die Bücher müssen um seine Aufmerksamkeit werben. Darin kommt Swift den kühnen Träumen seines Gegenspielers Bentley viel näher, als ihm zu dieser Zeit bewusst gewesen sein mag.

Im Laufe seines langen Lebens trug Jonathan Swift aus eigener Kraft eine bewunderungswürdige Bibliothek zusammen. In dieser Hinsicht glich er vielen anderen gebildeten Männern von Stand des 17. und 18. Jahrhunderts. Edward Gibbon etwa richtete sich in Lausanne eine enorme Bibliothek ein. Gibbons Bibliothek war natürlich eine Arbeitsbibliothek – er benutzte sie ausschließlich während der langen Phase der Abfassung von *Verfall und Untergang des römischen Imperiums* – und er behielt stets den Überblick über ihren Inhalt. Um schnellen Zugang zu seinen Büchern zu haben, ersann er einen der ersten Zettelkataloge, für den er die Rückseiten von Spielkarten benutzte. Auch Swifts Bibliothek ist die eines arbeitenden Schriftstellers, Gelehrten und Geistlichen. Harold Williams' Studie *Dean Swift's Library, with a Facsimile of the Original Sale Catalogue and Some Account of Two Manuscript Lists of His Books* berichtet ausführlich über den Zustand von Swifts Büchern und ihre Anordnung bei seinem Tod. Williams' Essay beschäftigt sich weniger mit Swift als Begründer einer Bibliothek, sondern konzentriert sich vielmehr auf die Fragestellung, in welchem Maß die Bücher aus Swifts Besitz in seine schriftstellerische Tätigkeit Eingang gefunden haben. Doch gerade dieser Gesichtspunkt sagt meiner Auffassung nach etwas darüber aus, auf welche Art und Weise Bibliotheken errichtet und genutzt wurden.
Der Verkaufskatalog enthält Einträge über 657 Bände, unter denen sich einige Handschriften befinden. Davon sind 73 mit einem

Sternchen gekennzeichnet, was bedeutet, dass diese Bücher Anmerkungen von Swift enthalten. Williams bemerkt, dass in Swifts Bibliothek

> die Anzahl der theologischen Werke, sowohl in Latein als auch in modernen Sprachen, nicht größer ist, als man es bei einem Geistlichen erwarten würde, der, um es milde auszudrücken, hinsichtlich Geschmack und Neigung kaum für den von ihm angenommenen Beruf geeignet war. Von gerade etwas mehr als hundert Titeln – weniger als einem Sechstel des Gesamtumfangs – lässt sich sagen, dass sie den Studien eines Geistlichen dienlich waren, was – wenn wir das heute Übliche in Betracht ziehen – sicherlich keine große Zahl ist.

So finden wir in Swifts eigener Bibliothek die Ironie seines satirischen Werkes wieder. Denn anders als die typische Bibliothek eines Geistlichen – beispielsweise die des Puritaners John Harvard – verfügt Swifts Bibliothek über eine große Anzahl von Werken, die der modernen Bildung entstammen. Und tatsächlich stellte Swift, ungeachtet all seines ganzen Geschimpfes auf die usurpatorische Arroganz der Modernen, eine Bibliothek zusammen, die das Ergebnis jenes kulturellen Wandels war, der das Moderne erst ermöglichte. Williams fährt fort:

> Von den frühen Kirchenvätern sind nur Epiphanius und Tertullian vertreten, ein Indiz dafür, dass sich der Dekan bei diesem Teil seiner Studien mit ausgeliehenen Büchern begnügte. Von den christlichen Autoren des Mittelalters taucht allein Thomas von Aquin auf. Kontinentale Theologen sind durch Calvin und Melanchthon vertreten und die französischen durch Pascal, Bossuet und durch Richard Simons *Histoire Critique du Vieux Testament*, ein Werk, das bei seiner ersten Veröffentlichung im Jahr 1678 verboten wurde.

Nur schwach vertreten sind auch zeitgenössische englische theologische Autoren. Swift muss deren Werke eher der Form halber als aus Interesse gekauft haben, denn wie Williams bemerkt, ist »nicht eines davon [in dem Katalog] verzeichnet, der von Swift erstellt wurde.« Zusammen mit einigen Kirchengeschichten macht dies den gesamten Bestand an theologischer Literatur bei Swift aus. Klassische Werke hingegen sind weitaus zahlreicher vertreten, als man erwarten würde. Es handelte sich zum größten Teil um römische Werke oder griechische Werke in lateinischer Übersetzung, die den Tenor des Augusteischen Zeitalters widerspiegeln.

Williams erinnert zu Recht daran, dass »oft Zufälle eine Rolle dabei spielen, wie Bücher aufgelesen werden«; viele Bücher in Swifts Bibliothek waren Geschenke. Nichtsdestoweniger ließ Swift beim Einrichten und Strukturieren seiner Bibliothek große Sorgfalt walten. Es hat den Anschein, als habe er sich bei der Organisation seiner Bibliothek ebenso sehr von dem Gedanken leiten lassen, seine Besucher zu beeindrucken, wie davon, ihnen bei der Suche und Benutzung der Bücher zu helfen. Laut einem Brief, den er im April 1729 an Alexander Pope schrieb, waren die am auffälligsten zur Schau gestellten Bücher – auf die sich sofort die Augen des Besuchers richten, wenn er »mein Kabinett betritt« – die 31 Foliobände von Grenovius und Graevius über die griechische und römische Antike. Sie waren die teuersten und vom äußeren Erscheinungsbild beeindruckendsten Bücher in Swifts »Kabinett« und bekamen deshalb einen Ehrenplatz. Sie sind aber auch deshalb interessant, weil es Werke über Archäologie und damit Früchte der *moderni* sind. So erwartete Swift tatsächlich, dass seine Bibliothek auf besondere Art und Weise »gelesen« würde – so unterschiedlich man sie, genau wie irgendeinen Text, auch immer lesen konnte.

Swifts Nachlassverwalter legten bereits während seiner langen letzten Krankheit ein Verzeichnis seiner Bücher an, das ein anschauliches Bild von der Anordnung der Bücher in seinem Arbeitszimmer abgibt. Der Katalog folgt den Regalen von links nach rechts im Raum: von Foliobänden (die größten Bücher, bei denen jede Seite aus einem ganzen Druckbogen besteht, der die Größe eines modernen Atlas hat) über Quartbände (von der Größe einer typischen Enzyklopädie) bis hin zu zwei Regalen mit Büchern in Duodez (eines der kleinsten Buchformate, bei dem der Druckbogen 12 Blätter ergibt), allesamt nach ihrer Größe geordnet. Auch der Verkaufskatalog, der erstellt wurde, nachdem Swifts Bücher bei seinem Tod aus dem Dekanat entfernt worden waren, listet die Bücher ihrer Größe nach auf. Das erinnert an die Bibliothek von Harvard und andere zeitgenössische Kataloge. Selbst die größten Bibliotheken waren noch so bescheiden, dass die Bibliothekare in die Lage versetzt waren, die Übersicht über alle Bücher zu behalten, ohne sich komplexer Katalogisierungstechniken zu bedienen. Der Kanon war noch immer intakt: Alle in Bibliotheken enthaltenen Bücher, selbst diejenigen der umfangreichsten privaten oder institutionellen Sammlungen, waren Teil desselben, allgemein anerkannten Kreises idealer Bücher im platonischen Sinn. Selbst wenn aber Swifts Bibliothek das kanonische Ideal noch widerspiegelt – der Umstand, dass die Bücher ihrer Größe nach sortiert waren und die massigen Foliobände mit archäologischen Zeichnungen und Studien als optische Kernstücke der Sammlung behandelt wurden, zeugt zugleich vom aufkommenden Widerspruch.

Wie immer sie auch organisiert gewesen sein mag, so viel ist sicher: Swifts Bibliothek war am Ende seines Lebens eine Sammlung, die wesentlich besser zusammengestellt und gepflegt war als die der Königlichen Bibliothek zu der Zeit, als er *Die Bücherschlacht* geschrieben hatte. Wie schon in seiner Darstellung der Bentley'schen Konfusion (»ein großer Haufen gelehrten Staubes«) bezieht sich Swift in seiner Satire auch später auf den desolaten Zustand der königlichen Sammlung, wenn er das Bild einer Spinne benutzt, die in einem schmutzigen, mit Spinnenweben überzogenen Winkel haust – eine Szenerie, die in Swifts Darstellung zu einer äsopischen Fabel wird und die gesamte Querelle des Anciens et des Modernes in der Größenordnung winziger Tierchen abhandelt.

Als eine umherstreifende, sonnentrunkene Biene durch ein offenes Fenster in das Spinnennetz gerät und dessen kunstvolle Geometrie zerstört, protestiert die Spinne. Ganz im Sinne der modernen Vernünftigkeit betrachtet die Spinne sich selbst als völlig aus sich heraus erschaffen und unabhängig. Sie ereifert sich gegenüber der Biene: »Diese weitläufige Burg hier (um nur meine Leistungen in der Mathematik zu zeigen) ist allein durch meiner Hände Arbeit entstanden, und die Baustoffe dazu stammen sämtlich aus meiner eigenen Person.« Sie wirft der Biene vor, »eine Landstreicherin zu sein ohne Haus und Hof ... als Habenichts auf die Welt gekommen, ohne je etwas Eigenes zu besitzen außer einem Paar Flügel und einer Brummpfeife.« In Swifts Biene spiegelt sich Temples Unaufmerksamkeit bei einigen Details des Disputes wieder, denke ich. So wie die Biene hin und her schwirrend in das Netz der Spinne gerät, stolperte Temple in den Streit über die Authentizität von Äsop und Phalaris hinein. Die Biene jedenfalls hat Rhetorik gelernt und ist mit einer eleganten Erwiderung zu Hand:

> »Die Frage läuft lediglich darauf hinaus, ob dasjenige Wesen das edlere ist, dessen träge Gedanken nicht weiter reichen als vier Zoll im Umkreis und das in anmaßendem Dünkel, der sich selbst erhält und ständig erneuert, alles in Kot und Gift verwandelt und nichts erzeugt als Fliegenleim und Spinngewebe, oder aber jenes, das in freiem Umherschweifen nach langem Suchen, mit großem Fleiß, sicherem Urteil und feinem Unterscheidungsvermögen Honig und Wachs nach Hause bringt.«

Mit seiner Spinne erschafft Swift einen Archetypen gelehrter Torheit, die seinen Lesern bestens vertraut ist. Francis Bacon höchstpersönlich hatte die Spinne zum Totemtier der hypothetischen (im Gegensatz zur empirischen) Philosophie gemacht und verlangt, dass die Spinnennetze des apokalyptischen Denkens zerstört würden. Spekulative Denker des 17. Jahrhunderts, darunter auch Newton, bedienten sich komplizierter mathematischer Operationen, um den Zeitpunkt der Wiederkunft Christi zu berechnen, sehr zum Leidwesen von Swift und anderen orthodoxen Denkern. Genau in diesem Sinn fasst die Spinne der *Bücherschlacht* die Erschütterung und Zerstörung der empfindlichen Geometrie des Netzes als untrügliche Anzeichen für die Endzeit auf. Bei der »unendlichen Menge von Fliegen«, die inzwischen der Spinne ins Netz gegangen sind, handelt es sich um die leichtgläubigen Leser von Kaffeehaus-Zeitschriften wie dem *Athenian Mercury*, deren chiliastische Spekulationen auf ein bereitwilliges Publikum stießen.

Als der Streit zwischen der Spinne und der Biene endet, ist es Äsop – nicht der antike Autor, sondern das Buch, das sich von den Ketten der Bibliothek befreit hat, um seine antiken Gefährten in ihrem Kampf zu unterstützen –, der sich mit treffenden Worten zu dem Streit äußert:

> »Sie mögen Ihre Systeme mit so viel Methode und Geschick errichten, wie Sie wollen; solange der Baustoff nur aus Unflat besteht, den Sie ihrem eigenen Gedärm (dem Schmalz moderner Gehirne) entnehmen, wird das Gebäude letzten Endes doch nur ein Gespinst werden, dem es wie anderen Spinnweben ergeht: Wenn sie sich halten, dann nur, weil man sie vergessen, ignoriert oder in einer dunklen Ecke nicht gesehen hat … Wir hingegen, die Alten, sind es gleich der Biene zufrieden, nichts weiter unser Eigen zu nennen als unsere Flügel und unsere Stimme, das heißt unseren Geistesflug und unsere Sprache … statt mit Unflat und Gift haben wir unsere Vorratskammern lieber mit Honig und Wachs gefüllt und somit der Menschheit die zwei edelsten aller Dinge gebracht, nämlich Süße und Licht.«

Das Netz, das die Modernen aus ihrem eigenen Unflat und Kot spinnen, verursacht in Swifts Satire einen Ekel kosmischen Ausmaßes. Diese Schlacht hatte am Parnassus begonnen; nun beschließen die Olympischen, als sie von der Milchstraße aus den biblioklastischen Feldzug beobachten, sich einzumischen. Jupiter beginnt, indem er aus dem Buch des Schicksals liest – »drei dicke Folianten … Die Schließen waren aus zwiefach vergoldetem Silber, die Einbände aus Himmelssaffian, und das Papier hätte hier auf Erden fast für feines Pergament gehalten werden können.« Jupiter trägt den notwendigen Ausgang der Schlacht zu Gunsten der Alten vor und weist seine Dienstboten an, es so geschehen zu lassen. Ein geschlagener Momus, Schutzherr der Moderne, ruft die Göttin Kritik um Hilfe an. Sie ist eine Gottheit von schrecklichem Aussehen, ihre »Augen kehrten sich nach innen, als betrachte sie nur sich selber«; und sie säugt ein Rudel hässlicher Ungeheuer an ihren der Milz entspringenden Zitzen – »und was an ein Wunder grenzte, beim Säugen wurde die Milz größer statt kleiner.« Als Momus berichtet, dass es um die Modernen gar nicht gut bestellt sei, bricht die Kritik in rasende Wut aus: »Ich bin es«, heult sie,

»die Säuglingen und Idioten Weisheit verleiht; durch mich werden Kinder klüger als ihre Eltern; ich mache Schönlinge zu Politikern und Schuljungen zu Richtern über die Philosophie; mit meiner Hilfe debattieren und urteilen Grünschnäbel über die tiefsten Geheimnisse der Wissenschaft; und Kaffeehausliteraten, von mir inspiriert, sind imstande, den Stil eines Schriftstellers zu bemängeln und ihm jeden kleinsten Fehler nachzuweisen, ohne von seinem Thema oder seiner Sprache auch nur eine Silbe zu verstehen. Durch mich vergeuden junge Herren ihre Urteilskraft geradeso wie ihre Erbschaft, noch ehe sie darüber verfügen können. Ich bin es, die Geist und Wissen als Herrscher über die Dichtkunst entthront und ihren Platz eingenommen hat. Und da sollen ein paar emporgekommene Alte die Stirn haben, sich mir zu widersetzen?«

Auf dem Schlachtfeld ist der Kampf inzwischen voll entbrannt. Paracelsus schlägt sich zuerst für die Modernen und hat es auf Galenus abgesehen. Aristoteles antwortet mit einem Pfeil, der auf den Erzteufel Francis Bacon gerichtet ist; der jedoch verfehlt sein Ziel, trifft Descartes und wirbelt ihn herum, »bis ihn der Tod, gleich einem Stern von höherer Anziehungskraft, in seinen eigenen Wirbel zog« – eine Anspielung auf Descartes' verworrene kosmologische Theorien. Plötzlich erscheint Homer auf einem feurigen Ross, sprengt in die Reihen der Modernen und mäht zahllose Dichterlinge nieder. Als Nächster erscheint Vergil in glänzender Rüstung – »sein Streitross war ein Apfelschimmel, dessen gemessener Schritt der Ausdruck seines mit Energie gepaarten Temperaments war.« Jede Bewegung der Alten ist rhetorisch und von grandioser Ästhetik; jedes Zucken der Modernen von grotesker Scheußlichkeit. Jetzt taucht ein Feind von ungeheurer Größe unter lautem Rasseln der Rüstung aus dem dichtesten Gewimmel der Modernen auf; als er das Visier seines Helmes zum Verhandeln aufklappt, ist es kein anderer als Dryden. Doch er ist viel zu klein für seine Rüstung und kaum darin zu sehen. Er bittet Vergil um Frieden und schlägt einen Tausch der Rüstungen vor, in den der Alte einwilligt. Doch »diese gleißende Rüstung stand dem Modernen noch schlechter als die eigene«, denn er findet sich selbst zu klein dafür. »Dann kamen sie überein, die Rosse zu tauschen, doch als es ernst werden sollte, bekam es Dryden mit der Angst zu tun und war völlig außerstande aufzusitzen.«

Zuletzt schickt Swift den verhassten Bentley aufs Schlachtfeld. »Von Statur der Hässlichste aller Modernen … Seine Rüstung war aus tausenderlei Einzelteilen zusammengestückt«, ganz so, wie seinen Kritikern zufolge die Gelehrsamkeit von Bentley selbst. Er ist bewaffnet mit einem Dreschflegel in der einen und einem Gefäß mit Kot in der anderen Hand und fühlt sich von den Feldherren empfindlich herabgewürdigt. Doch er lässt sich nicht aus der Fassung bringen und bricht mit seinem geliebten Helden, dem jungen Wotton, auf; gemeinsam kriechen sie hinter feindlichen Fronten herum in der Hoffnung, irgendeinen verwundeten Alten zu überwältigen. Bentley findet Phalaris und Äsop in tiefem Schlaf und schleicht sich an sie heran, um ihnen den Garaus zu machen, doch die Helden drehen sich im Schlaf um und jagen ihm damit einen Schrecken ein. So begnügt er sich denn damit, ihnen die Rüstungen zu stehlen.

Als Nächstes versucht Bentley, von der Helikon-Quelle zu trinken, der Wasserstelle der Musen – doch Apollon geht dazwischen und lässt nur Schlamm an seine Lippen gelangen. Dann gewahrt Wotton am Brunnen zwei Helden. Den einen erkennt er nicht (dieser anonyme Held muss wohl Swift selbst sein); der zweite ist kein anderer als Temple, der in großen Schlucken aus dem Brunnen trinkt. Wotton versucht, ihm von hinten einen Schlag zu versetzen, aber durch die ungeschickte Fürsprache seiner Mutter, der Kritik, und seines Schutzherrn, Momus, trifft er daneben und wird nun seinerseits von Temples Helden, dem jüngeren Boyle, verfolgt. Mit Hilfe von Athene durchbohrt dieser Bentley und Wotton mit der Spitze seiner Lanze.

Natürlich wurde die Querelle des Anciens et des Modernes nicht so endgültig beigelegt wie in der *Bücherschlacht*. Doch Swifts Erzählung liefert »einen wahrhaftigen Bericht« – über Persönlichkeiten, die den Enthusiasmus für und die Sorge um die Bibliothek der kommenden Generationen verkörpern. Das Image der Alten als einer Bande von Brüdern, die Rücken an Rücken an einem bibliographischen Agincourt stehen, die Einführung des Buchdrucks als Flut oder reißender Strom, die betuliche Pedanterie des Bücherwurms und die Hybris des Kritikers – alle diese Tropen werden später immer wieder verwendet. Ein exemplarisches Beispiel dafür ist »Die Wandelbarkeit der Literatur«, eine Kurzerzählung aus Washington Irvings *Skizzenbuch*, das ungefähr ein Jahrhundert später geschrieben wurde. Die Swift'schen Befürchtungen sind noch immer lebendig, wenn Irvings Erzähler einen Besuch in der English Library beschreibt, wo er ein sehr altes und sehr verbittertes Buch entdeckt – vielleicht ein ausgedienter Kämpfer aus Swifts Feldzug –, das ein kümmerliches Dasein im Ruhestand fristet.

Die Geschichte beginnt mit Irving in der Rolle eines erschöpften Reisenden, den beim Besuch der überfüllten Westminster-Abtei plötzlich das dringende Bedürfnis nach Ruhe und Frieden packt. Um den Schuljungen zu entfliehen, die gerade den Platz benutzen dürfen, bittet er den Küster, ihm Einlass in die Bibliothek zu gewähren. Ihre Reise durch die Schatten gleicht einer Art verkleinerter Version des Abstiegs in die Unterwelt oder des Weges zurück in den Uterus. »Er geleitete mich durch ein mit abbröckelnder Bildhauerarbeit früherer Zeit reich geschmücktes Portal«, schreibt Irving, »einen düsteren Gang hinunter«, durch eine doppelt verschlossene Tür, eine »düstere, schmale Treppe« empor, die endlich zur Bibliothek führt. Es ist seltsam, wie Irving unten mit oben, *purgatorio* mit *paradiso* vermischt – denn obwohl sie die Treppen aufwärts steigen müssen, entsteht das Bild einer Bibliothek, die inmitten der Krypten in der Tiefe begraben liegt. Irving findet sich »zwischen den starken Mauern der Abtei tief begraben und vom Getöse der Welt abgeschlossen« wieder, gefangen in einer Grenzwelt von alten unberührten Büchern. Er nimmt einen in Pergament gebundenen Quartband aus dem Regal, verfällt in Träumereien und sinniert über die Werke, die hier wie in Katakomben begraben liegen, »um allmählich schwarz zu werden und dem Staub der Vergessenheit anheimzufallen.«

> Während ich so, halb vor mich hinmurmelnd, halb über diese unergiebigen Betrachtungen nachsinnend, den Kopf in die eine Hand gestützt, dasaß, trommelte ich mit der anderen Hand auf den Quartband, bis ich zufällig die Schließen öffnete; plötzlich, zu meiner äußersten Verwunderung, gähnte das Buch zwei- oder dreimal, wie einer, der aus tiefem Schlaf erwacht, räusperte sich ein bisschen trocken und begann schließlich zu sprechen.

Das kleine Büchlein ist von entzückendem Wesen, und Irving macht sich das zunutze. »Anfänglich war seine Stimme sehr heiser und gebrochen«, erzählt er, »denn es war erheblich behindert durch ein Spinngewebe, das eine gelehrte Spinne quer darüber gespannt hatte« – Swifts übereifriges Spinnentier begegnet uns hier in einer kleinen Nebenrolle. Bald gelingt es dem Buch, seine Stimme zu befreien, und es entpuppt sich als »außerordentlich redseliges, sich fließend ausdrückendes Bändchen.«

Irving und das Buch erörtern das Leben der Literatur, die Wechsel, denen die Sprache unterworfen ist, und die launische Natur des literarischen Ruhmes. Das kleine Buch war zu lange Zeit eingesperrt gewesen und macht sich nun endlich Luft: »Was zum Kuckuck denkt man sich bloß dabei, dass man mehrere tausend Bände unserer Art hier eingeschlossen hält und von einigen alten Kirchendienern bewachen lässt, wie die Schönheiten in einem Harem, lediglich damit uns der Dekan ab und zu betrachtet?« Irving versucht, es zu besänftigen.

> »Ihr ahnt gar nicht, wie viel besser ihr dran seid als die meisten Bücher eurer Zeit ... sehr wenige eurer Zeitgenossen dürften gegenwärtig noch vorhanden sein und diese wenigen verdanken ihr langes Leben dem Umstand, dass sie, wie ihr, in alten Bibliotheken eingemauert sind, die ihr – erlaubt mir, dies hinzuzufügen –, anstatt sie mit Harems zu vergleichen, weit passender und dankbarer mit jenen Krankenhäusern hättet vergleichen sollen, die mit frommen Stiftungen verbunden sind, zum Besten alter und gebrechlicher Leute ...«

Doch Irving beklagt auch, dass nicht einmal die Bibliothek ihre Bücher vor dem düsteren Vergehen der Zeit bewahren kann.

> »Wenn ich eine moderne Bibliothek betrachte«, sagt er zu dem kleinen Buch, »die mit neuen Werken im ganzen Prunk der Vergoldung und des Einbandes gefüllt ist, möchte ich mich am liebsten hinsetzen und weinen, wie der gute Xerxes, der sein in vollem Glanz kriegerischer Rüstung prangendes Heer überblickte und darüber nachsann, dass in hundert Jahren nicht ein einziger Mann von ihnen noch am Leben sein würde!«

Und genau so waren Swifts Alte: »herausgeputzt« in tragischem Prunk. *Après ça, le déluge* – bei diesem Wehklagen bekommen wir einen Begriff von der Vergänglichkeit von Büchern und Dingen, die immer droht, über das Ideal der Unsterblichkeit von Büchern zu triumphieren. Von hier aus setzt Irving zu einer Erweiterung der Problematik der modernen Bibliothek an, in Begriffen, die Swift genial gefunden hätte. Er bemerkt, dass Bücher früher so selten waren, dass sie schon von vornherein wertvoll waren. Der Mensch verwahrte und schützte sie, da es sehr schwierig war, sie herzustellen und sie zu beschaffen. »Doch die Erfindung des Papiers und der Druckerpresse hat diesen Einschränkungen ein Ende gesetzt«, bemerkt Irving, und »die Folgen sind beunruhigend.«

Das Rinnsal der Literatur ist zu einem Gießbach angeschwollen, zu einem Strom geworden, zu einem Meer ausgedehnt. Vor wenigen Jahrhunderten noch bestand eine große Bibliothek aus fünf- oder sechshundert Handschriften; doch was würdet ihr zu solchen Büchereien sagen, wie sie heute existieren, die drei- bis vierhunderttausend Bände umfassen, während Legionen von Schriftstellern zur selben Zeit geschäftig sind und die Druckerpresse sich mit erschreckend wachsender Aktivität anschickt, die Zahl zu verdoppeln, ja zu vervierfachen! … Die Welt wird unweigerlich mit guten Büchern überschwemmt werden. Es wird bald eine lebenslängliche Beschäftigung sein, nur ihre Titel zu lernen. Viele leidlich Gebildeten lesen heutzutage kaum etwas anderes als Rezensionen, und über kurz oder lang wird ein Gelehrter kaum mehr sein als ein wandelndes Bücherverzeichnis.

Doch nun erträgt das Buch das überspitzte Getue Irvings nicht länger. »›Mein sehr werter Herr‹, sagte der kleine Quartband und gähnte mir höchst missmutig ins Gesicht, ›verzeiht, wenn ich Euch unterbreche, aber ich bemerke, dass Ihr gar zu prosaisch werdet.‹«

Auch Swift war prosaisch geworden. Vor seiner vorausschauenden Fantasie tauchte das Bild von der Universalbibliothek jedoch vorzeitig auf. Bevor Swift eine Satire auf sie verfassen konnte, musste er sie erst einmal erfinden. Doch die Bibliotheken holten schnell auf. Die zu Zehntausenden auftauchenden modernen Bücher-Heere fanden schnell neben den Alten ihren Platz in den Regalen, wo sie unerbittlich mit einer Flut von Neuankömmlingen aus der unablässig tätigen Druckerpresse vereinigt wurden. Die Trümmer und die Ruinen der zum Schlachtfeld gewordenen Bibliothek ertranken in der anschwellenden Flut der Universalbibliothek. Swift nimmt mit seinem weitreichenden Humor die Besorgnis vorweg, die Matthew Arnold in seinem Gedicht »Dover Beach« aus dem Jahr 1885 ausdrücken sollte. Hier sind wir gestrandet wie »auf einer dunklen Ebene / getrieben vom wirren Lärmen von Kampf und Flucht / wo unwissende Armeen des Nachts aufeinander prallen«. Die fröhliche »See des Glaubens« hat sich schließlich von dieser Ebene zurückgezogen, mit einem »langen, melancholischen, sich entfernenden Tosen«, wie Arnold etwas weiter oben in seinem Gedicht schreibt. Parnassus jedoch taucht jeweils neu auf als wiedergeborene Insel, ein Avalon oder Atlantis, das ewig wahrnehmbar bleibt in den Nebelschwaden.

Richard Bentley für seinen Teil verstrickte sich auch weiterhin in Probleme mit Bibliotheken. Lange, nachdem die Querelle des Anciens et des Modernes verpufft war, setzte er einen jungen Cousin, Thomas Bentley, als Verwalter der Bibliothek des Trinity College in Cambridge ein. Auf Richards Drängen verfolgte der junge Bibliothekar die akademische Laufbahn, erwarb den Doktorgrad und unternahm lange Reisen auf den Kontinent, um neue Bücher für die Bibliothek zu suchen. Doch der Vorstand des College schätzte seine Aktivitäten ganz und gar nicht. Die Bibliothek war von Sir Edward Stanhope gestiftet worden, dessen Vorstellungen von der Bibliothek sehr viel bescheidener waren als die der Bentleys. Im Jahr 1728 wurden Anstrengungen unternommen, den jungen Bentley aus dem Amt zu entfernen, mit der Begründung, dass unter anderem seine langen Absenzen, das Studieren und der

Erwerb von Büchern in Rom und anderswo ihn für die Stellung disqualifizierten.

In seiner typischen dickköpfigen Art stürmte Richard Bentley zur Verteidigung seines Neffen herbei. In einem Brief räumt er ein, dass »der Verwalter nicht alle Vorschriften beachtet hat, die Sir Edward Stanhope festgelegt hatte«. Dieser hatte eine strenge Definition der Rolle des Bibliothekars ausgearbeitet. Bentley zählt die Forderungen Sir Edwards auf und geht dabei auf den erbärmlichen Zustand des Bibliothekswesens im 18. Jahrhundert ein. Der Bibliothekar darf im College nicht lehren oder Sprechstunden abhalten; er darf den ihm zugewiesenen Platz in der Bibliothek nicht für länger als vierzig Tage im Jahr verlassen; er darf keinen über den Master of Arts hinausgehenden akademischen Grad besitzen; er muss jeden Bibliotheksleser genau beobachten und darf keinen von ihnen je aus den Augen lassen (»Eine Versklavung«, so Bentley, »die nicht von einem Master of Arts unserer Zeit ersonnen würde«). Er hat ferner kein Recht auf eine eigene Wohnung, sondern wird gemeinsam mit einem Gelehrten oder Studenten untergebracht. Bentley schließt mit den Worten: »Es wird Euer Gnaden beim Lesen dieser Anweisungen nicht entgangen sein, dass Sir Edward keine sehr hohe Meinung von Seinem Bibliothekar hatte.«

Indem er seinen jungen Cousin ermutigt, nicht als Beamter, sondern als Gelehrter und Akademiker zu handeln, bringt Bentley einmal mehr die Vision von einer Bibliothek zum Ausdruck, die seiner Zeit weit vorauseilt. Er war überzeugt davon, dass die Tätigkeit des Zusammenstellens, Aufbewahrens und Organisierens einer wissenschaftlichen Büchersammlung lebenswichtig war für die moderne Gelehrsamkeit und dass die Verwaltung von Bibliotheken Menschen anvertraut werden sollte, die über eine hohe, uneingeschränkte Geistesbildung verfügten. Die vorherrschende Meinung aber lautete anders. Sir Edward Stanhope, der das Trinity College großzügig mit einer edlen Bibliothek ausgestattet hatte, war offensichtlich überzeugt davon, dass seine Bücher nur einen Wächter bräuchten. Seine Regeln blieben in Kraft: Das

Komitee sprach Bentley einen strengen Verweis aus und entfernte seinen jungen Cousin Thomas aus dem Amt. Bentleys Vision von der Bibliothek sollte sich erst in späteren Jahren durchsetzen – wenn auch sporadisch und noch längst nicht endgültig.

Bücher für alle

Eigentlich sollte es ein Jahr des Triumphes werden, doch dann wurde 1891 für Enoch Soames das schmerzlichste von allen. Sein neues Werk blieb unveröffentlicht, seine ersten Bücher wurden nicht mehr nachgedruckt, und Enoch blickte durch einen Absinth-Schleier hindurch auf ein schwankendes London voller Heimtücker und Einfaltspinsel. Angeschlagen durch die Geringschätzung seiner Freunde für seine Arbeit und seine Person, war er unausweichlich zu der Schlussfolgerung gelangt, dass die Gegenwart keinen Reiz mehr für ihn habe. Seine Hoffnungen lagen in der Zukunft: Da würde – davon war er überzeugt – sein Name als einer der Propheten der Poesie des 19. Jahrhunderts leuchten und endlich zu Recht den dürftigen Glanz der zeitgenössischen Blender verblassen lassen. In seiner verzweifelten Sehnsucht, diese Hoffnung endlich erfüllt zu sehen, ließ er sich schließlich auf ein Abkommen ein – einen Pakt mit dem Teufel: Er würde auf ewig in der Hölle schmoren für die Gelegenheit, einmal den Rundlesesaal der British Library, wie er in hundert Jahren wäre, zu besuchen, um dort seine Bücher in der Sammlung und seinen Namen bekränzt mit Lorbeer zu finden. Um den Vertrag zu besiegeln, lud er den Leibhaftigen zum Essen in ein Londoner Café ein und brachte als Begleitung einen Zeugen mit – seinen langjährigen Freund, einen Zeitungsautor und Essayisten namens Max.

Der Journalist sprang dem Freund bei. Doch bevor er überhaupt den Fall mit dem Teufel selbst besprechen konnte, der weniger ein gehörntes kleines Kerlchen als vielmehr ein schmieriger, erschöpfter Weltenbummler war, verschwand sein Freund Soames in einer

Schwefelwolke. Der Journalist wartete auf seine Rückkehr und machte sich auf einen schlimmen Ausgang dieser Expedition in die Zukunft gefasst. Als Soames endlich wieder auftauchte, erschüttert und völlig entmutigt, kannte der Journalist die Wahrheit, bevor sie ausgesprochen war: Soames hatte seinen Namen unter den Autoren, die in der 1991er-Ausgabe des Kataloges der British Library aufgelistet waren, nicht gefunden. Schlimmer noch: Mit dem Mut der Verzweiflung hatte Soames einen Bibliothekar nach einem guten Buch über die englische Literatur des 19. Jahrhunderts gefragt. Es gelang ihm tatsächlich, seinen Namen im Inhaltsverzeichnis zu finden – eine kurzzeitige Genugtuung –, doch als er zu der Seite blätterte, auf der sein Name stehen sollte, musste er entdecken, dass er als Randfigur einer Kurzgeschichte aufgelistet war, die sein Freund, der Journalist, geschrieben hatte! Dem bekümmerten Schreiber gelingt es, seinen Freund zu trösten, doch nur für kurze Zeit – denn plötzlich nähert sich der Teufel dem Café-Tischchen und fordert Soames' Seele.

Das ist die traurige Geschichte von Enoch Soames, wie sie von Max Beerbohm in *Seven Men*, seiner Sammlung von Short Stories, erzählt wird. Beerbohm schrieb die Geschichte im frühen 20. Jahrhundert und hatte sich vorgestellt, dass die British Library der Zukunft sich nur wenig von der unterscheiden würde, die er selbst kannte. Die Leute dort sehen alle gleich aus – selbstredend: denn es handelt sich ja schließlich um die Zukunft: Sie sind kahlköpfig, tragen geschmackvolle graue Serge-Uniformen, und sie schreiben eine fürchterliche, phonetisch verstümmelte Version des Englischen –, doch die Bibliothek selbst hat noch immer den Rundlesesaal aus dem 19. Jahrhundert, in dem die Bände des gedruckten Kataloges in Reihen geordnet um den großen Schreibtisch in der Mitte des Raumes Wache halten. In Beerbohms Bibliothek der Zukunft werfen die Leser immer noch jene unhandlichen Bände mit einem nachhallenden Knall in die obersten Fächer der Regale, suchen wie eh und je in den endlosen Seiten des Katalogs ihre Bücher, füllen nach wie vor kleine Zettel aus und sitzen an heiß gewordenen Schreibtischen, um auf ihre bestellten

Bücher zu warten. Bei all ihrem Witz und Erfindungsreichtum ist Beerbohms Geschichte eindeutig konservativ, wenn es um die Notwendigkeit – oder sogar die Möglichkeit – von Veränderungen in der Bibliothek geht.

Das Verblüffende ist, dass Beerbohm im Grunde Recht hatte: Im Jahr 1991 prüfen die Leser immer noch sorgfältig die vielen Bände des gedruckten Katalogs, sie füllen immer noch ihre Zettel in Langschrift aus. Äußerlich hat sich die Bibliothek wenig verändert zwischen der Wende zum 20. Jahrhundert und dem Tag, an dem Beerbohms fiktiver Poet seinen Besuch im Jahr 1991 so teuer bezahlen musste. All die Veränderungen – all diese *Zukunft* – müssen wohl in dem Jahrzehnt nach 1991 stattgefunden haben. Denn um es deutlich zu sagen: Es hat sich viel verändert für die British Library – sie zog aus ihrem Domizil im Britischen Museum in einen großzügigen neuen Komplex in der Euston Road um; ihr Online-Katalog brachte – wie der aller großen und kleinen Bibliotheken der Welt – tiefgreifende Veränderungen mit sich hinsichtlich der Art und Weise, wie die Leser ihre Bücher bekommen und sie nutzen. Doch bei all diesen Veränderungen und trotz ihrer Demokratisierung bleibt die Bibliothek ein numinoser Ort. Genau wie für Soames bedeutet die Aufnahme in die Bibliothek auch für uns noch heute den Ritterschlag im Leben eines Literaten.

Innerlich hatte die Bibliothek sich bereits im Lauf des 19. Jahrhunderts entscheidend verändert, und zwar in einem Ausmaß, dass Soames Hoffnungen wie der Kampf des Don Quijote gegen die Windmühlen anmuten. Denn die Bibliothek hatte sich gefüllt: Am Ende des 19. Jahrhunderts war sie so vollgestopft mit Büchern, dass man sich durchaus vorstellen konnte, dass jeder oder jede inmitten der Regale irgendwo ein Buch von sich selbst finden würde. Im vorangegangenen Jahrhundert konnte sich Jonathan Swift die Bibliothek noch als Bühne vorstellen, die von wenigen *dramatis personae* mit bedeutungsvoll tönenden Namen bevölkert wurde; die Bibliothek war denn auch eine Art Kloster, in der eine kleine Text-Elite gemächlich ihr Dasein fristete, ihre Zensoren verschreckte und in Klageliedern vom Wechsel der Zei-

Blick in den großen Lesesaal des Britischen Museums, London, 1929.
Foto: E. O. Hoppe.

ten sang. Doch im 19. Jahrhundert verwandelte die reine Vermehrung der Bücher nach Zahl und Genre die Bibliothek von einem Tempel in einen Marktplatz, ließ aus dem Kanon ein Füllhorn werden. Das lässt Soames' Trachten um so tragischer erscheinen – denn die Bibliothek, in der er vergeblich nach einer Spur von sich selbst gesucht hatte, war ein Modell der Gesellschaft, der sie diente. Sein Nichtvorhandensein in der Bibliothek zeugt weniger von literarischem Versagen im traditionellen Sinn als vielmehr vom Verlust der eigenen Identität in einer zunehmend komplexen, großstädtischen Welt.

Genau wie Enoch Soames richteten die Bibliothekare im 19. Jahrhundert ihren Blick in die Zukunft, wenn es um die Festigung ihrer Identität ging. Früher war der Bibliothekar durch seine Beziehung zu den Büchern beseelt worden – eine relativ kleine Anzahl von Titeln, die in Kanones organisiert waren und hauptsächlich von Lesern benutzt wurden, die bereits vertraut mit ihnen waren. Die Rolle des Bibliothekars war denn auch weitgehend die eines Aufsichtführenden: Er zählte die Bücher, schaffte sie herbei und stellte sie später wieder zurück in ihre Regale. Doch mit der Blütezeit des Buchdrucks und dem wachsenden Konsum seitens des lesenden Publikums begann die Beziehung des Bibliothekars zu den Lesern sein Verhältnis zu den von ihm verwahrten Büchern zu beeinträchtigen. Eine der wichtigsten Veränderungen im Image des Bibliothekars vollzieht sich darin, dass er vom Wächter zu einer Art Ratgeber wird. Im 19. Jahrhundert verbreiten sowohl die professionelle Literatur als auch die populäre Presse das Bild eines Bibliothekars, der sich damit abplackert, den Geschmack seiner Kunden zu formen, indem er sie aus den Fallgruben eines billigen, aufgepeppten und »hochmodischen« Lesevergnügens, wie es in Groschenromanen und Zeitungen zu finden ist, heraus- und sodann hin zur Erlösung durch literarische Hochkultur führt.

Dieses Bild vom Bibliothekar erinnert an Prometheus, der die Menschheit mit der Gabe des Feuers beschenkte. Zwei Dinge verbinden sich mit der Erinnerung an Prometheus: erstens, dass er von einem Gefühl getrieben ist, dem Erbarmen, und dass sein Geschenk letztendlich ein anderes Gefühl auslöst – die Hybris in den Herzen der Menschen. Die tragischen Schwachpunkte des prometheischen Impulses, Erbarmen und Hochmut, entsprechen den emotionalen Polen des Bibliothekars im 19. Jahrhundert: Erbarmen mit der niedrigen Stellung des Lesers und Hybris bezüglich der Möglichkeiten, die die Bibliothek für die Erneuerung von Kultur und Gesellschaft bietet. Die zweite Tatsache, an die man sich bei dem Mythos erinnern sollte, ist die Bestrafung des Prometheus. Für sein Zuwiderhandeln gegen die Macht der Götter kettet Zeus den Titanen an einen wellengebeutelten Felsen über dem Meer und schickt Geier hinab, die an seiner stets nachwachsenden Leber fressen sollen.

Wie die Titanen zu der Zeit, als Zeus mit den Göttern aus seinem Gefolge erschien, befanden sich die Bibliothekare in einem zerrissenen Universum, in dem neue Kräfte agierten. Als die Menge der Bücher wuchs, war die intellektuelle Hülle, die sie in ein kulturelles Ganzes namens »Literatur« einband, bis zum Zerreißen gespannt. Eines der Mottos der Bewegung der öffentlichen Bibliotheken, die Westeuropa und Amerika im 19. Jahrhundert überschwemmte, lautete: »Ein Buch für jeden.« Doch die Suche nach dieser persönlichen Geschichte war schon lange, bevor sie zum Streitpunkt in der Bibliothekswissenschaft wurde, ein existenzielles Dilemma gewesen. Beerbohm wusste das. Er wusste auch, was diese uniformierten Leser in der Bibliothek taten, als sie an jenem Sommertag im Jahr 1991 durch das Erscheinen eines ungekämmten Fin-de-Siècle-Poeten in ihrer Mitte hochschreckten: Sie waren, genau wie der arme Enoch, auf der Suche nach sich selbst.

Als das Britische Museum 1753 seine Tore öffnete, wären sicherlich nur wenige Briten auf die Idee gekommen, ihr eigenes, persönliches Buch darin zu suchen. Wenn sie sich aber aufgemacht hätten, wären die meisten von ihnen wohl sehr enttäuscht gewesen: Obwohl sie als britische Nationalbibliothek vorgesehen war, war die Sammlung doch sehr bescheiden, gemessen an den Standards anderer Bibliotheken dieser Art in Europa. Bei ihrer Eröffnung umfasste sie ungefähr 51 000 Bücher; am Ende des 18. Jahrhunderts war die Zahl sogar auf annähernd 48 000 gesunken. Das lag daran, dass die Museumsbibliothek viele Titel in doppelter Ausführung beherbergte, die die Bibliothekare emsig verkauften oder so günstig wie möglich weitergaben. Denn genau wie heute galt das Sammeln von Büchern als schick, und schicke Leute neigen dazu, alle die gleichen schicken Bücher zu kaufen. Die neue Bibliothek war abhängig von den Sammlungen ihrer Wohltäter – geschenkt oder erworben mit Hilfe des mageren Museumsfonds –, um ihren eigenen Bestand an Büchern anlegen zu können. Die erste Sammlung, die das Museum erwarb, stammte vom Präsidenten der Royal Society, Sir Hans Sloane; sie wurde für die fürstliche Summe von 20 000 Pfund erstanden (ungefähr zwei Millionen nach heutigen Maßstäben). Die Bibliothek versuchte, sich von dieser Anschaffung, die sie arm machte, zu erholen, indem sie eine Lotterie unterstützte; doch Korruptionsvorwürfe führten zum vorzeitigen Ende der Lotterie, und die Bibliothek war gezwungen, sich auf parlamentarische Launen einzulassen, um sich über Wasser halten zu können.

Die British Library wuchs auch in Folge ihrer Rolle als Sammelstelle der urheberrechtlich geschützten Schriften, was bedeutete, dass ein Exemplar von jedem in Großbritannien veröffentlichten Buch einen Platz in ihren Regalen fand. Die Royal Library hatte diese Rolle schon lange vorher inne, auch wenn die Autoren ihre Werke nur sporadisch deponierten, wie Richard Bentley im späten 17. Jahrhundert beklagte. Einhundert Jahre später aber besann sich Großbritannien einerseits auf sich selbst mit seinem Wunsch nach Unterscheidung von den anderen Nationen Europas, dehnte aber andererseits seine Hoffnungen und Machtansprüche als Empire aus – und das Bedürfnis, eine Nationalliteratur zu definieren, wurde stärker denn je. Auch Frankreich hatte seine urheberrechtlich relevante Bibliothek – die eindrucksvolle Bibliothèque Nationale, deren Sammlungen im Fahrwasser der Revolution am Ende des 18. Jahrhunderts auf mehr als 300000 Bücher angewachsen waren – dank der Größe der Bibliotheken von Aristokratie und Klerus. Im Lauf des 19. Jahrhunderts holte die British Library schnell auf, doch überholen konnte sie ihr französisches Pendant nie und nimmer. Die kontinentale Eleganz der emporstrebenden, aus Eisen konstruierten Kuppeln der Bibliothèque Nationale schaffte einen Kontrapunkt zu der klassischen Strenge des Rundlesesaals.

Doch in den ersten Jahrzehnten des 19. Jahrhunderts begann die britische Nationalbibliothek zu wachsen und sich aufzublähen: Um 1833 besaß sie fast eine Viertelmillion Bücher, eine Steigerung auf die fünffache Menge. Bereits im Jahr 1811 wurde die *London Times* mit Hilfe dampfbetriebener, walzenförmiger Druckerpressen hergestellt, und ab den zwanziger Jahren des 19. Jahrhunderts war der Einsatz von Dampfantrieb für Druckerpressen bereits die Regel. Eine Reihe von Technologien trugen nun dazu bei, die Geschwindigkeit, mit der Bücher und andere Druckerzeugnisse hergestellt wurden, dramatisch zu beschleunigen. Das Drucken mit beweglichen Lettern, das sich zwischen dem 15. und 18. Jahrhundert nur wenig verändert hatte, hörte plötzlich auf, lediglich ein Handwerk zu sein, und das Buch wurde Gegenstand der Massenproduktion, die ein Kennzeichen der industriellen Revolution war.

Eine der faszinierendsten Darstellungen der Massenproduktion von Büchern im 19. Jahrhundert erschien in den Story-Book-Serien der Harper Brothers, die ihren vorwiegend jugendlichen Lesern nützliche Informationen jeder Art vermittelten. In Jacob Abbotts *The Harper Establishment, or How the Story Books are made* von 1855 untersucht die Serie die Maschinerie ihrer eigenen Produktion. Abbott nimmt den Leser mit auf einen Rundgang durch die große Fabrik der Harper-Brüder in der Cliff Street und am Franklin Square in New York City, ein Betrieb, der zu dieser Zeit Bücher »zu Hunderttausenden« produzierte.

Im Mittelpunkt von Abbotts Buch steht eine Radierung, die Effizienz, Koordination und Mechanisierung des Druckprozesses um die Mitte des Jahrhunderts in idealisierter Form darstellt. Obwohl Abbott sein Augenmerk auf die Magie der Maschine legte – das Pfeifgeräusch der Dampfmaschine, die Kraftübertragung durch Stangen und Gurte und den glamourösen Tanz der Pressen –, zeigt sein großer Plan des Gebäudes in der Cliff Street, dass es zu dieser Zeit vor allem die »Vermassung« von Arbeitskraft und Menschen war – von Menschen, eingeteilt nach Geschlecht und Aufgabe und reguliert durch die zyklopische Manifestation des modernen Zeitalters, der Uhr an der Wand –, die das Buch von einem Kunstwerk zu einem austauschbaren Gegenstand werden ließ.

Abbotts Vignetten-Serie ist eingerahmt von den ineinander verwobenen Eisenverstrebungen, die die Etagen bilden: Geschmiedetes Eisen hatte – wenigstens theoretisch – die Arbeiter von der Furcht vor dem Feuer befreit. Es erlaubte ihnen, Material bei hohen Temperaturen gefahrlos zu verarbeiten und Gasbeleuchtung zu verwenden. Dadurch löste es die Produktion aus den Beschränkungen des natürlichen Lichts, die vormals den Druck auf kleine, bei Tageslicht hergestellte Mengen begrenzt hatten.

Wie Walter Benjamin in seinem *Passagen-Werk* schreibt, begann das 19. Jahrhundert mit der Verwendung von Gusseisen zur Kon-

Die alte französische Nationalbibliothek war eine der
ersten modernen Eisenkonstruktionen; die neun Kuppeln
wurden von schlanken Eisensäulen getragen.

Henri Labrouste (1801–1875)
Bibliothèque Nationale de France, Paris:
Der Lesesaal, Detail.

struktion luxuriöser Orte wie den Londoner Kristallpalast. Auch die Bibliothèque Nationale zeigte ihr eisernes Skelett her, das die großen Gewölbe des Lesesaals himmelwärts hob. Die gleiche, auf Eisenverbindungen basierende Technik veränderte später auch die Regale der großen Bibliotheken und versetzte sie in die Lage, mehr Bücher zu fassen. Zudem konnte man sie besser ordnen und vor Feuer schützen, als es in früheren Jahrzehnten vorstellbar gewesen wäre. Die Bedeutsamkeit des Eisens für die Architektur des 19. Jahrhunderts ist so gewaltig, dass Abbott ein ganzes Kapitel darauf verwendet, Eisenkonstruktionen und deren Verwendung beim Bauen zu erklären.

In der Abbildung der Fabrik der Harper-Brüder sind die Etappen des Druckprozesses mit einem Netz aus Eisenverstrebungen eingerahmt – viel fantasieloser als die sich emporschwingenden Eisengewölbe der Bibliothèque Nationale, aber genauso wundervoll. Der Kasten mit dem großen Rad in der linken unteren Ecke des Bildes enthält »den Motor und die Maschinerie, die als Antriebskraft bei allen Schritten der Herstellung dienen«. Ihr System aus Achsen, Rollen und Seilen ist über die verschiedenen Etagen verteilt. An einer anderen Stelle dieser ersten Ebene glätten hydraulische Pressen Papier, und Arbeiter befeuchten die Bögen, damit sie die Druckfarbe aufnehmen.

Eine Tür ganz weit rechts führt zu den Gewölben, in denen die Druckplatten gelagert werden. Die Druckstöcke wurden hergestellt, indem man unter Verwendung von galvanischem Strom auf das handgesetzte Original-Klischee eine dünne Kupferschicht aufbrachte. Unterhalb der überwölbten Einfahrt – durch die ein Fahrer kommt, der vielleicht gerade eine neue Ladung Papier bringt – erleuchten zwei Männer einen Raum des Gewölbes mit ihrer Laterne. Dieses Gewölbe ist eine Art Bibliothek, wo die Druckformen – gerade entstehende Bücher – wie Embryonen-Gefäße im Labor eines verrückten Forschers ruhen.

Abbott erzählt uns, dass allein »die Bestände des Druckformen-Magazins sich schnell den zehntausend nähern« und »dass es eine Druckform für jeden Bogen von jedem der vielen hundert Bücher gibt, die das Haus publiziert und die insgesamt zwischen 50 und 70 Tonnen auf die Waage bringen«. An anderer Stelle erwähnt er, dass das Magazin um zweihundert Druckformen pro Tag anwächst. Doch Abbott hat keinen Sinn für metaphysische Spekulationen über diese Massen von Druckstöcken. Er begnügt sich mit der Rolle des Reporters: »Wenn eine neue Auflage von irgendeinem Buch gebraucht wird, werden die Druckformen aus diesen Gewölben herausgeholt und in die Druckerpressen gespannt. Wenn die Arbeit beendet ist, werden sie in die Gewölbe zurückgebracht.«

Das nächste Geschoss des Gebäudes beherbergt »den großen Maschinensaal«. Abbott erklärt, dass jede der Druckerpressen zwei Tonnen wiegt, was bedeutet, dass bei ihrer Aufstellung die Statik des Gebäudes eine entscheidende Rolle spielte. Oberhalb der Druckmaschinen verläuft eine Reihe von Treibriemen, die untereinander mit einer Welle verbunden sind und auf jede der Pressen die von der Dampfmaschine im Inneren des Gebäudes erzeugte Kraft übertragen. Abbott beschreibt das emsige Treiben, das sich im Maschinensaal abspielt:

> Wir sehen, dass jede Druckerpresse von einem Mädchen bedient wird … (dessen) Aufgabe es ist, die Maschine mit Papier zu füttern, indem es jeweils einen Bogen Papier einlegt. Der Bogen wird beim Druckvorgang von dem so genannten Bogenausleger durch die Presse geführt, einem leichten Holzrahmen, der wie eine Hand viele schlanke Finger hat, die das Blatt anheben, wenn es den Druck empfangen hat, und es auf den Stapel derer werfen, die bereits bedruckt worden sind. Am rechten Ende des Raums lässt sich beobachten, wie der Bogenausleger zurückgeht, um nach einem weiteren Bogen zu greifen, und bei den anderen Pressen in dieser Reihe sehen wir ihn in verschiedenen Positionen beim Durchziehen des Bogens.

Trotz ihrer monströsen Ausmaße können diese Maschinen mit ihren zarten mechanischen Fingern in großer Schnelligkeit bedruckte Bögen produzieren. »Besucher«, so Abbott, »sind stets besonders entzückt vom lebensechten Agieren der eisernen Finger« der Pressen. »Es liegt etwas Beeindruckendes und fast Erhabenes«, meint er, »in der Ruhe und gleichmäßigen Würde, mit der die gewaltigen Maschinen unermüdlich ihre Arbeit verrichten.«

An anderer Stelle im Gebäude werden die bedruckten Bögen zum Buchblock zusammengeführt, gebunden, beschnitten und fest zusammengepresst (Abbott informiert seine Leser, dass nicht weniger als 25 separate Maschinen dazu benutzt werden, die Bücher in kompakte, regalgerechte Form zu bringen). Die oberste Etage beherbergt die Setzerei, wo Schriftsetzer ihre Winkelhaken mit gegossenen Lettern füllen, wobei sie spiegelverkehrt lesen müssen. Dieser Arbeitsgang, der Kern des Druckerhandwerks, findet im Zenit des Gebäudes statt. Später beschreibt Abbott ausführlich die Arbeit des Setzers, dem er die Fähigkeit zu einer wundersamen Verschmelzung von handwerklicher Integrität und effizienter Arbeitsweise bescheinigt:

> Wenn er den Buchstaben greift und in den Winkelhaken setzt, dann schaut er nicht auf seine Vorderseite, um zu sehen, welcher es ist, sondern er geht davon aus, dass er, wenn er aus dem richtigen Fach stammt, auch der richtige ist. Er hat nicht die Zeit, ihn länger zu betrachten; er streift ihn mit einem flüchtigen Blick, um zu sehen, ob er ihn an die richtige Stelle des Winkelhakens bringt. ... Um tausend Gevierte (eine typographische Maßeinheit) in einer Stunde setzen zu können, muss ein Mann 3 000 verschiedene Metallstücke hochnehmen und einfügen. Und wenn wir berücksichtigen, dass er all diese einzelnen Teile aus großen, sehr unterschiedlichen Kästen auswählen muss, insgesamt nicht weniger als 140, ... verstehen wir, dass seine Bewegungen sehr emsig sein müssen.

Von gefühllosen Maschinen gedruckt, von Fabriken in Stapeln und auf Paletten ausgeliefert, ist das Buch schon längst nicht mehr das Erzeugnis eines Kunsthandwerkers. Seine Ursprünge werden verschleiert – durch ihre Einbindung in einen elektromechanischen Prozess, der aus der Werkstatt eines Frankenstein stammen könnte. Das Buch ist nun zu einem einfachen Gebrauchsgegenstand geworden – doch wie die meisten modernen Gebrauchsgegenstände ist es undurchschaubar für den Benutzer, der keine Ahnung hat, wie er ihn selbst herstellen könnte. Aber trotz der elektrischen Herstellung von Druckplatten und der dampfgetriebenen Geschicklichkeit der Druckerpressen sind es, so Abbott, letztendlich doch die Finger der Handwerker, die das Buch ins Maschinenzeitalter vorantreiben.

Mit der Massenproduktion von Büchern brach für das Britische Museum genauso wie für andere Nationalbliotheken in ganz Europa und in Amerika die Blütezeit an; schnell wurden sie um Hunderttausende von Büchern reicher. Der ungewöhnliche Zeitgenosse, der diesem Aufschwung in der Bibliothek des Britischen Museums vorstehen und auf diese Weise der erste prometheische Bibliothekar des 19. Jahrhunderts werden sollte, begann seine Karriere als exilierter italienischer Revolutionär. Der aufstrebende junge Rechtsgelehrte Antonio Panizzi brachte die herzogliche Regierung seiner Geburtsstadt Modena gegen sich auf, weil er geheimen Gesellschaften angehörte, die politische Liberalität mit einem freimaurerischen Mystizismus mischten (diese Empfänglichkeit für fortschrittliche Ideologie und esoterisches Wissen deutet vielleicht schon auf Panizzis zukünftige Karriere als Bibliothekar hin).

Als Kameraden von ihm in Schauprozessen des Landesverrats beschuldigt wurden, floh Panizzi über die Alpen und veröffentlichte 1823 einen Bericht über die Prozesse, der ihm ein Todesurteil in Abwesenheit einbrachte und ihn zu einem Leben als Exilant verdammte. Panizzi kam schließlich nach London; mittellos, der Sprache nicht mächtig und von der Bohème-Halbwelt der Expatriierten abgewiesen, verdingte er sich zunächst als Lehrer für italienische Sprache und Geschichte. Durch das Unterrichten verbesserte sich sein Englisch, während seine revolutionäre Aufrichtigkeit ihm einflussreiche Gönner verschaffte; bald schon hielt er Vorlesungen über die Renaissance, veröffentlichte wissenschaftliche Artikel in der *Edinburgh Review* und wurde schließlich Mitglied der Fakultät an der neu gegründeten University of London. Zwar festigte Panizzis beruflicher Aufstieg seine Stellung in seiner Wahlheimat, doch das allein reichte nicht zum Leben: Das Gehalt eines Professors wurde aus den Studiengebühren bestritten, und in der praktisch ausgerichteten University of London hatten die Studenten keine Zeit, Vorlesungen über die Renaissance zu besuchen. Panizzi war froh, die Empfehlung eines etablierten Freundes annehmen zu können, und wurde 1831 Bibliothekarsassistent des Britischen Museums; sein Gehalt »für fünf Tage in der Woche« belief sich auf jährlich zweihundert Pfund.

Panizzi machte sich sofort an jene Arbeit, die ihm einen bedeutenden Platz in der Geschichte der British Library sichern sollte: das Katalogisieren der Bestände. Der erste gedruckte Katalog der Bibliothek, der 1810 erschienen war, umfasste sieben Bände. Wie bei allen Katalogen dieser Zeit handelte es sich um eine einfache alphabetische Auflistung der Bücher in der Bibliothek, die den Bibliothekaren als Bestandsverzeichnis der Bücher ihrer Abteilung diente. Die meisten Bibliotheken schlossen jedes Jahr für einige Wochen, um den Bibliothekaren die Möglichkeit zu geben, die Liste durchzugehen und zu prüfen, ob jedes Buch noch an seinem Platz in den Regalen stand. Für mehr waren die Kataloge nicht vorgesehen. Schließlich kamen die Leser generell gut vorbereitet in die Bibliothek; sie wussten, welche Bücher sie sich ansehen und was sie darin finden wollten.

Doch schon in der Zeit zwischen der Erstellung des ersten Katalogs und dem Eintreffen Panizzis im Britischen Museum, war die Menge der Bücher in den Sammlungen ins Unermessliche gestiegen. Der ursprünglich siebenbändige Katalog war von den Bibliothekaren mit gekritzelten Anmerkungen und Addenda gefüllt worden. Zusatzblätter hatten ihn auf 48 Bände anwachsen lassen. Kurzum, ein neuer Katalog musste her. Panizzi, der sich in der Bibliothek schon einen guten Ruf erworben hatte, da er eine

Sammlung von höchst komplizierten Traktaten aus dem englischen Bürgerkrieg katalogisiert hatte, schien am besten dafür geeignet, diese Aufgabe anzugehen.

Bei seiner Beschäftigung mit obskuren Pamphleten hatte Panizzi das dichte Netz von Verbindungen kennen gelernt, das Autoren und Verleger bei Druckwerken miteinander verknüpfte. Eine Abhandlung war die Antwort auf eine andere, welche vielleicht eine Neuauflage von Artikeln aus Journalen und Zeitungen darstellte oder Auszüge aus Büchern enthielt; sie konnte zur gleichen Zeit, in verschiedenen Formen und unter verschiedenen Impressen erscheinen. Entscheidende Informationen wie der Name des Autors, des Herausgebers sowie Ort und Datum der Veröffentlichung konnten unvollständig oder falsch sein oder sogar ganz fehlen. Panizzi entwickelte eine Reihe von Regeln, mit deren Hilfe sich diese Verhältnisse im Katalog wiedergeben ließen, so dass die Bibliothekare – und, ganz entscheidend: die Leser – sie herausfinden und verfolgen konnten. Ohne es anfänglich beabsichtigt zu haben, trug er dazu bei, den Bibliothekskatalog von einer reinen Bestandsliste zu einem Instrument für Entdeckungen zu machen. Man ist versucht zu sagen, dass seine Entdeckung der Intertextualität selbst zwischen den allerprofansten Büchern ein Vorbote für die vernetzte Welt des digitalen Zeitalters war; vermutlich ist es aber passender anzumerken, dass aus dem vorteilhaften Blickwinkel der vernetzten Welt Panizzis Katalog wie die Anfänge des Internets anmutet.

Mit der anstrengenden Aufgabe betraut, einen neuen Katalog zu erstellen, erledigte Panizzi seine Hausaufgaben von Anfang an sehr gründlich. Eine nur teilweise durchgeführte Revision würde nicht reichen; er regte vielmehr eine vollständige Neukatalogisierung an, mit dem Ziel, innere Konsistenz in der fertig gestellten Ausgabe zu erreichen. Er unternahm auch Reisen, um zu erfahren, wie andere Bibliotheken ihre Kataloge erstellten. Obwohl auf Panizzi immer noch ein Kopfgeld ausgesetzt war, hatte er inzwischen die frühen Tage seines Exils, als die Regierung von Modena ihm noch Vorausrechnungen über die Kosten seiner eigenen Hinrichtung schickte, längst hinter sich gelassen. Von seiner Reise durch das kontinentale Europa kehrte er mit einer genauen Vorstellung von der zu leistenden Arbeit zurück: »Das erste und wichtigste Ziel eines Kataloges«, schrieb er in einem 1836 an die Museumsverwaltung gerichteten Bericht, ist »ein vereinfachter Zugang zu den Werken, die zur Sammlung gehören«. Es ging nicht länger um ein Arbeitsmittel für Bibliothekare, sondern um ein Instrument, »welches das Publikum zu Recht in einer solchen Institution erwarten konnte«. Obwohl Panizzi sich weit von seinen radikalen Wurzeln in Italien entfernt zu haben schien, war sein Werk insgesamt getrieben von einem demokratischen Impuls, wie er in diesem Bericht klarlegt. Den Verwaltern schrieb er: »Ich möchte, dass der arme Student, wenn er seiner wissenschaftlichen Neigung frönt, seinen Studien nachgeht, Autoritäten konsultiert oder die verwickeltsten Recherchen anstellt, über dieselben Mittel verfügt wie der reichste Mann im Königreich ... und ich werde mich dafür einsetzen, dass die Regierung sich dazu verpflichtet, ihm in dieser Hinsicht die liberalste und großzügigste Unterstützung angedeihen zu lassen.« In Panizzis Augen konnte der bescheidene Bibliothekskatalog mehr als eine Liste sein, mehr auch als ein Führer durch das Wissen: Er konnte ein Mittel sein, um die Gesellschaft zu verändern.

Panizzi wurde 1837 zum Verwalter der gedruckten Bücher ernannt; sieben Jahre später war gerade der erste Band des Katalogs erschienen, der den Buchstaben A behandelte. Nicht jeder war erfreut darüber. »Den krapriziösen und exotischen Launen eines Bibliothekars ... sollte es nicht gestattet sein, ... den Fortschritt eines praktischen Katalogs aufzuhalten«, schrieb ein gewisser Sir Nicholas Harris Nicolas, ein gebildeter Gentleman mit einer Vorliebe für Schiffsgeschichte. Im *Spectator* veröffentlichte er ein Reihe von Artikeln, in denen er den neuen Katalog von 1846 verurteilte. Außerdem äußerte er, Panizzis Katalog sei »nach einem so abstrusen System aufgebaut, dass für seine Erstellung 91 Regeln vonnöten waren; die meisten davon, wenn nicht sogar alle, müssen auswendig gelernt werden, bevor irgendjemand auch nur erahnen kann, unter welcher Rubrik selbst das gewöhnlichste Buch in unserer Sprache zu finden ist.«

Nicolas war neidisch auf Panizzis Einfluss in der Bibliothek; sein grober Seitenhieb auf die »kapriziösen und exotischen Launen« des Bibliothekars offenbaren sein Misstrauen gegenüber dem in Italien Geborenen (an anderer Stelle fragt er sich, warum Panizzi »vorhat, den gesunden Menschenverstand eines Landes zu beleidigen, das die Güte hatte, ihn zu adoptieren«). Doch Nicolas ist konsterniert nicht nur angesichts der verzögerten Publikation des Katalogs, seines lästigen Gewichts oder seiner überaus großen Komplexität: Er fürchtet, dass er schlichtweg mehr Arbeit für den Leser mit sich bringt.

Zu Beginn des Projektes hatte Panizzi entschieden, die Bibliotheksnummer jedes Buches in den entsprechenden Katalogeintrag aufzunehmen. Wie eine Standnummer von Büchern in einer modernen Bibliothek gab die Bibliotheksnummer genau den Standort an, an dem das Buch in den Fächern der Bibliotheksregale zu finden war. Anders als die modernen Standnummern aber bezogen sich die Bibliotheksnummern nicht auf einen Wissensbereich, sondern auf einen Ort; sie sind keine Klassifizierungen, sondern nur Koordinaten. In seiner Antwort an Nicolas erklärte Panizzi die Zusammensetzung der Bibliotheksnummern und ihre Bedeutung: Die Bibliotheksnummer »*500 a*« zum Beispiel »bedeutet, dass das Werk sich im Regal befindet, das mit der Nummer *500* bezeichnet, und in dem Fach dieses Regals, das mit dem Buchstaben *a* gekennzeichnet ist; wenn die Bibliotheksnummer zum Beispiel *500 a 2* wäre, dann hieße das, dass das Werk auf dem zweiten Platz in diesem Fach steht; und wenn angegeben ist *500 a/6 2*, dann handelt es sich um den sechsten Artikel im zweiten Band im Fach *a* von Regal *500*.« Solche Tutorien hielt Panizzi ab, um die Bibliothek transparent für die Leser zu machen – um an die Stelle von Mysterien ein durchdachtes System treten zu lassen, das den Leser unabhängiger machen sollte. In früher gebräuchlichen Systemen musste der Leser nur einen Buchtitel verlangen, die Bibliothekare suchten dessen Bibliotheksnummer in ihrer eigenen Kopie des Katalogs auf und konnten daraufhin das Buch herbeischaffen. Dieses tauchte dann wie ein Wunder auf, als wäre es der Stirn des Zeus entsprungen. Jetzt dagegen verlangte man von den Lesern beim Bestellen des Buches, dass sie die Bibliotheksnummer kannten und sie auf dem ausgefüllten Leihzettel vermerkten, den sie den Bibliothekaren übergaben. Nicolas wurde klar, dass die Leser für die Bestellung auch des allereinfachsten Buches, sagen wir der *History of England* von Hume, eine Reise zum Katalog unternehmen mussten, um nach der Bibliotheksnummer zu schauen. »Wir wissen, dass viele literarische Menschen, denen ihre Zeit wertvoll ist, diese Verpflichtung als Unannehmlichkeit empfinden werden«, schrieb er. »In einer öffentlichen Bibliothek sollte vom Leser nicht mehr erwartet werden, als dass er das Buch, das er möchte, mit seinem Titel benennt, und dass alles Weitere dem Bibliothekar obliegt.« Nicolas spürte, dass Panizzi nicht nur eine neue Art von Katalog schaffen wollte, sondern auch eine neue Art von Leser – einen unabhängigeren, der sich besser in Bibliothekssystemen auskannte –, und er wollte keinen Part in dieser Revolution übernehmen.

Nicolas missfiel die Vorstellung, mehr als 48 Katalogbände durchblättern zu müssen, um ein einziges Buch zu finden. Er konnte auch nicht ahnen, wie umfassend Panizzis Reformen in den kommenden Jahren die Grundidee des Katalogs verändern sollten – ganz zu schweigen von seinem bloßen Umfang. Wenn der Teufel ihn zusammen mit Enoch Soames losgeschickt hätte, um den Rundlesesaal der British Library im Jahr 1991 zu besuchen, hätte er feststellen können, dass das Exemplar des gedruckten Kataloges, der dort verwendet wurde, mit seinen zahlreichen Zusätzen und Ergänzungen auf beängstigende 2300 Bände angeschwollen war.

Nicolas war nicht der Einzige, der mit den Veränderungen in der Organisation der Bibliothek zu kämpfen hatte. Die Beschwerden über die Verzögerung in der Bereitstellung der Bücher nahmen ebenso zu wie die Kommentare über die Unfreundlichkeit der Mitarbeiter; ein Leser namens Charles Wilcox wurde zu zwölf

Monaten Zuchthaus verurteilt, weil er ein Buch aus den Lesesälen mitgenommen hatte. In Briefen an die *London Times* machten Leser ihrem Unmut wegen langer Wartezeiten, kurzer Öffnungszeiten und der Verspätung bei der Erscheinung des neuen Katalogs Luft. Doch der Konflikt war nicht abzuwenden: Von 1830 bis 1840 stieg die Zahl der registrierten Leser laut P. R. Harris' *History of the British Museum Library* von 3 000 auf 16 000. Ungefähr 200 000 verschiedene Bücher wurden von diesen Lesern innerhalb eines einzigen Jahres bestellt. Um die vierziger Jahre des 19. Jahrhunderts aber blieb die Zahl der pro Tag bedienten Leser konstant bei durchschnittlich 230 – nahe am Maximum, das die Lesesäle fassten. Die Dinge hatten sich verändert in der Bibliothek des Britischen Museums, als Panizzis monumentaler Katalog langsam seiner Vollendung entgegenschlingerte.

All das Geschimpfe von Nicolas und anderen aber hemmte kaum Panizzis Fortschritte und seinen Eifer. Im Jahr 1846 veröffentlichte er seine Erwiderung an Harris in einem Buch mit dem Titel *On the Supply of Printed Books from the Library to the Reading Room of the British Museum*. Dort erläuterte er die Herausforderungen, die auf die Bibliothek mit der wachsenden Zahl von Büchern und Lesern zukamen. Dabei spielte er Nicolas noch einen Streich, indem er einen Brief mit abdruckte, den ihm dieser zu Beginn seiner Amtszeit geschrieben hatte und in dem er die ersten Reformen des Bibliothekars lobte. Panizzis Widersacher schlugen zurück, und im Jahr 1847 begann eine königliche Kommission eine Untersuchung zu den Beschwerden von Besuchern über die Bibliothek und das Museum. Ein Höhepunkt der Prozedur war die Zeugenaussage des gefürchteten Thomas Carlyle, der Nicolas und allen anderen beipflichtete, die die Bemühungen um einen neuen Katalog verdammten. »Das, was wir brauchen, sind keine ausgeklügelten Kataloge«, ereiferte er sich vor der Kommission, »sondern lesbare Kataloge, die jedermann zugänglich sind.« Doch als er zu seinem Gebrauch der Traktate über den englischen Bürgerkrieg in der Bibliothek befragt wurde, lobte er deren Katalogisierung und sagte, »dass er großen Nutzen daraus gezogen« habe.

Dies bedeutete einen Sieg für Panizzi, dessen Katalogisierung eben jener Traktate den Grundstein für die neue Methode gebildet hatte.

Letztendlich billigte die königliche Kommission Panizzis Vorgehen und gestattete ihm, mehr oder weniger ungehindert fortzufahren. Panizzis Bemühungen bei der Katalogisierung zielten bald nicht mehr auf eine einzige Veröffentlichung ab. Stattdessen wurde daraus ein kontinuierliches Unterfangen, wie es das Katalogisieren in allen Bibliotheken bis zum heutigen Tag ist.

Panizzis Herrschaft über das Museum dauerte bis 1866 an. Er führte den Vorsitz über den Bau des monumentalen Rundlesesaals (dessen Entwurf auf eine Bleistift-Skizze von ihm zurückging). Ab 1856 war er Direktor der Bibliothek, und 1869 wurde er zum Ritter geschlagen. Seine Katalogisierungsregeln galten im Britischen Museum sage und schreibe bis in die fünfziger Jahre des 20. Jahrhunderts.

Sir Anthony Panizzi, der kapriziöse, revolutionäre italienische Prometheus, hatte dem gesunden Menschenverstand des Landes seiner Wahl Ehre erwiesen und nicht nur für dessen gebildete Lords, sondern auch für seine mittellosen Studenten und seine Bevölkerung eine der größten Bibliotheken der Welt geschaffen.

Während Panizzi mit dem prometheischen Projekt der Errichtung einer Bibliothek für die Nation befasst war, lebten viele Millionen Menschen eben jener Nation in bedrückender Armut. In diesen Jahren des Klassenkonfliktes und der wirtschaftlichen Angst formierte sich die Bewegung für die öffentlichen Bibliotheken in ganz Großbritannien, da die fortschrittliche Elite der Nation erkannte, dass es im Leben der Durchschnittsbevölkerung an kultureller und intellektueller Energie fehlte. Die Napoleonischen Kriege hatten die britische Wirtschaft ruiniert, und eine Unmenge von erdrückenden Steuern und Gesetzen lastete auf der arbeitenden Klasse. Im Jahr 1838, dem zweiten von zwei Depressionsjahren, legte der Londoner Radikale William Lovett dem Parlament einen Gesetzesentwurf vor, den er »People's Charter«

nannte. Seine sechs Punkte, die das allgemeine Wahlrecht für Männer und die Abschaffung des Eigentumsnachweises als Voraussetzung für die Wahl in die Regierung einschlossen, zielten darauf ab, dem Parlament Verantwortung für einen größeren Teil von Großbritanniens wachsender Bevölkerung als je zuvor zu übertragen. Das Parlament wies Lovetts Antrag ab, doch mit ihm war die Bewegung des Chartismus ins Leben getreten: Sie sollte den Hoffnungen der mittellosen Erwerbsbevölkerung Großbritanniens bis zum Revolutionsjahr 1848 eine Stimme verleihen.

So wie die nonkonformistischen Kirchenvertreter zweihundert Jahre zuvor, unterstrichen die Chartisten die Bedeutung der Bildung bei dem Ziel, die Hoffnungen derjenigen zu erfüllen, die von Macht und Ämtern ausgeschlossen waren. In ganz Großbritannien entstanden in der Mitte des 19. Jahrhunderts Chartisten-Lesesäle – kooperativ organisierte Leihbüchereien, die den Mitgliedern radikaler Organisationen Bücher zur Verfügung stellten. Sie erwiesen sich als außerordentlich beliebt und konkurrierten bald mit den gewerblichen Subskriptions-Büchereien, die ihren Mitgliedern für eine recht bescheidene Gebühr Zugang zu einem ständig wechselnden Bücherbestand ermöglichten. Dass damit die etablierte Ordnung bedroht wurde, blieb nicht unbemerkt. *Blackwood's Magazine* hatte 1825 proklamiert, dass »wann immer die niederen Schichten eines Staates nur zu ein wenig oberflächlichem Wissen gekommen waren, es generell dazu benutzt wurde, um die Nation in den Ruin zu stürzen.« Der Gewerkschaftler Francis Place aber erklärte, dass das Lesen die Ärmsten der Armen in ein Umfeld von Kultur, Anstand und Wohlstand bringen und sie vom Pöbel fernhalten würde. »Da des Menschen Verstand auf einen lobenswerten Zweck ausgerichtet ist, wird sein Bedarf an Unterrichtung immer weiter steigen; er wird schicklich in seinem Benehmen und seiner Sprache sein, ernsthaft, diskret … Solch ein Mann wird häufig aufsteigen, während der ohne Kenntnisse absteigt.«

Obwohl utilitaristische Philosophen wie Jeremy Bentham und sein Anhänger John Stuart Mill ein radikales Vorgehen verwarfen, teilten sie die Ansicht von Place, dass ein breiterer Zugang zur Bildung der ganzen Gesellschaft zugute kommen würde. Mill sagte, dass die Massen »schlechte Rechner« seien, denen es an praktischem Verständnis fehle, und dass eine gesunde Bildung sie zu guten Rechnern machen würde: zu klarsichtigen und sensiblen Verbrauchern, gut trainierten und ehrgeizigen Arbeitern. Für eine Gruppe von Intellektuellen, die begonnen hatten, daran zu glauben, dass wirtschaftliche Phänomene den universalen, durch den Verstand aufgedeckten Gesetzen folgten, war es nachvollziehbar, dass bei einem breiteren Zugang zum Wissen alle Menschen in den Prinzipien des Verstandes geschult werden konnten und sich zum großen Nutzen aller selbst in rationale Akteure verwandeln würden. Der Bibliotheks-Historiker Alistair Black drückt es so aus: »Durch die Angleichung der Verstandeskräfte, gefördert durch Bildung, würden die Massen die kapitalistischen Prinzipien als Wahrheit anerkennen. Bildung … lehrte Männer und Frauen, auf den billigsten Märkten einzukaufen und auf den teuersten zu verkaufen, … also kurzum, Schritt zu halten mit der auf Erwerb ausgerichteten Natur der kapitalistischen Gesellschaft.« Solche »guten Rechner« heranzuziehen, war das Ziel der utilitaristischen Bildung, und die Lesesäle der Geschäftsleute und die Subskriptions-Büchereien boten die Möglichkeit, dies auf wirtschaftlich sinnvolle Weise zu tun. Denn in einer gut geführten Bibliothek, so hatten die Utilitaristen beobachtet, wächst der Wert der Bücher für die Gesellschaft, je mehr Menschen Zugang zu ihnen haben und sie nutzen. Anders als das private Buch, dessen konkreter Nutzen endet, wenn es ausgelesen ist und endgültig zurück ins Regal gestellt wird, kann ein Bibliotheksbuch immer wieder aufs Neue Türen öffnen.

Doch nicht alle Utilitaristen waren in ihrem Kalkül kalt und berechnend. Vor allem John Stuart Mill, inspiriert von der romantischen Bewegung, ahnte, dass die Bibliotheken ein höheres Gut zu bieten hatten als nur Verstand: Sie machten auch glücklich. Bücher waren mehr als lediglich Vehikel, um den Verstand zu trainieren und in der Kultur des Kapitalismus unterwiesen zu werden. Sie schafften – wenn auch nur momentane – Fluchtmöglichkeiten, sie boten die Gelegenheit, Ruhe zu finden und nachzudenken, was letztendlich die Aufmerksamkeit gegenüber den Mitmenschen förderte und somit den Boden für Altruismus bereitete.

Und all das versprach man sich von den Bibliotheken! Es war zumindest das, was sich die Befürworter des Gesetzesentwurfes zu den öffentlichen Bibliotheken von 1850 erhofften, als sie das Parlament überzeugten, ihn passieren zu lassen. Alistair Black unterstreicht den Einfluss utilitaristischen Denkens auf die Verteidiger der öffentlichen Bibliothek und führt ins Feld, dass ihre Motive vielleicht sogar noch stärker von Nützlichkeitserwägungen geprägt waren: Sie hofften, dass Bibliotheken den subversiven Drang einer Unterklasse kanalisieren würden, der traditionell der Zugang zu kulturellen Mitteln verwehrt gewesen war. Auf jeden Fall verdrängten die steuergestützten öffentlichen Bibliotheken schnell die Subskriptions-Büchereien und die Chartisten-Lesesäle. Als die Manchester Public Library im Jahr 1852 ihre Pforten öffnete, nutzte sie eine ehemalige Chartisten-Halle, und die Redner kleideten bei der Eröffnungs-Zeremonie ihre Beiträge in die Sprache von Klassenkampf und Versöhnung. Der Promoter der Bibliothek, Joseph Brotherton, hoffte, dass alle Klassen »lernen werden, wie wichtig sie füreinander sind, wie Arbeit und Kapital aufeinander angewiesen sind und wie die Interessen aller Klassen, ob arm oder reich, miteinander verbunden sind wie der Efeu mit der Eiche«. Kein Geringerer als Charles Dickens drückte in seiner Rede die Zuversicht aus, dass die Bibliotheken lehren werden, »dass Kapital und Arbeit nicht einander entgegengesetzt sind, sondern voneinander abhängen und sich gegenseitig stützen«.

Die revolutionären Töne in Europa wurden auch in Amerika vernommen, wenngleich in abgeschwächter Form. Die Eltern von Melville Louis Kossuth Dewey nannten ihren Sohn jedenfalls nach dem ungarischen Reformer Lajos Kossuth, der nach der Revolution von 1848 sein Land verlassen hatte und große Popularität als

Vortragender erlangte. Soziale Umwälzungen in ganz Europa in diesem Jahr schienen das Ende der Monarchien anzukündigen, und für eine gewisse Zeit ergriffen sie Besitz von der Fantasie der Amerikaner, die dazu neigten, die Einsetzung von Herrschern nach dem Gesichtspunkt der Erbfolge harsch zu verurteilen. Besonders wurden Revolutionäre aber im nordwestlichen Winkel der Provinz New York geschätzt, wo Dewey im Jahr 1851 geboren wurde; das Gebiet wird noch heute als Burned-over District bezeichnet, weil dort die ersten Flammen vieler religiöser Revolutionen, von den Mormonen an, aufloderten. Als Verfechter einer vereinfachten Schreibweise strich Dewey vermutlich seinen ausländisch inspirierten Mittelnamen und verkürzte seinen Vornamen zu Melvil. Doch als Bibliothekar, Erzieher und sozialer Reformer verkörperte er die Inbrunst und die moralische Gewissheit des Burned-over District in all ihren widersprüchlichen Impulsen.

Die eigenen Ambitionen des jungen Melville wurden von einem realen Feuer entfacht. Als im Jahr 1868 seine Schule in Flammen stand, machte Dewey sich selbst daran, Bücher aus der schwelenden Bibliothek zu retten, wobei er eine große Menge Rauch einatmete. Der starke Husten, unter dem er daraufhin litt, veranlasste seinen Arzt zu der Schlussfolgerung, dass er innerhalb von zwei Jahren sterben werde. Seinem Biographen Wayne Wiegand zufolge war diese frühe Konfrontation mit dem bevorstehenden Tod für ihn ein Ansporn, keine Zeit zu verschwenden – ein Credo, dem er für den Rest seines Lebens treu bleiben sollte und das den Antrieb für all seine Reformen bildete. In jeder Angelegenheit, von der Ausbildung der Bibliotheksmitarbeiter bis zur Einordnung der Bücher, war sein Leitgedanke das Streben nach Effizienz. Effizienz wurde für ihn zur Besessenheit; er verfocht die phonetische Schreibweise, die Stenographie und das metrische Maß- und Gewichtssystem, denn er glaubte, dass der Schlüssel zur Erschließung enormer Zeit-Ressourcen in einer rationalisierenden Vereinfachung lag.

Deweys größte Leistung, für die er auch am meisten bekannt ist, stammt aus der Zeit, als er noch Student am Amherst College war.

Blick in den Lesesaal der Library of Congress, Washington D.C.

Bei seiner Arbeit als Bibliotheksassistent störte er sich an der Unorganisiertheit der Sammlung. Er machte sich daran, ein System zu konzipieren, mit dem er Ordnung in die Bücher bringen konnte. Das Interesse an Systematik an sich geht allerdings nicht auf Dewey zurück, sondern war ein zentrales Thema für die Bibliothekare der damaligen Zeit. Die Bibliotheken wuchsen rasant. Das alte System, bei dem jedem Buch ein bestimmter Standort in einem Regal zugeordnet wurde, platzte aus allen Nähten; jede Neuaufnahme von Büchern machte eine Überarbeitung des gesamten Kataloges erforderlich. In St. Louis war William Torrey Harris auf die Idee gekommen, nicht die Bücher, sondern das Wissen, das sie enthielten, zu systematisieren; das ermöglichte ein Schema relativer Klassifikation, bei dem Bücher nach ihrer Beziehung untereinander geordnet wurden. Harris folgte der Baconschen Theorie von der Dreiteilung des Wissens und ordnete die Bücher nach den Disziplinen Geschichte, Poesie und Philosophie. Diese Zweige der Gelehrsamkeit erlaubten weitere Untergliederungen und eine Verfeinerung der Strukturen, die alle geistigen Werke abdecken würde. Zwar kannten und gebrauchten die Intellektuellen solche Schemata seit dem Mittelalter, doch hatte man sie nur selten in Bibliotheken angewendet, oder wenn doch, dann nur in Ansätzen und sehr allgemein. (Die Vatikanische Bibliothek mit ihrer Einteilung in heilig und profan ist ein Beispiel für ein solches grobes Schema.) In den Bibliotheken des 19. Jahrhunderts wurden mittlerweile Systematiken wie beispielsweise diejenige des Britischen Museums entwickelt: Dort gab man den Regalfächern mehr oder weniger zufällige numerische Bezeichnungen, um den Standort des jeweiligen Buches zu bestimmen. Deweys Innovation bestand darin, diese beiden Systeme, das epistemologische und das numerische, zusammenzuführen. Die Nummern bezeichneten nicht lediglich einen Standort; sie unterschieden verschiedene Grundwissenschaften. So vereinte er die analytische Einfachheit der Dezimalzahlen mit einem intuitiven Schema des Wissens, das auf simple Weise alle Bücher, die jemals geschrieben worden waren, und alle Bücher, die noch geschrieben werden würden, erfasste.

Doch obwohl Deweys »Dezimalklassifikation« sich in vielfacher Weise auf die Bibliotheken und unseren Umgang mit ihnen auswirkt, war das bei weitem nicht der einzige Einfluss, den er auf die Welt der Bibliotheken hatte. Im Grunde hat er fast jedem Aspekt seinen Stempel aufgedrückt: Er war es, der die systematische Ausbildung von Bibliothekaren einführte, indem er 1889 die erste Bibliotheksschule in Columbia gründete. Er hob ein Unternehmen aus der Taufe, das Library Bureau, das großen und kleinen Bibliotheken Mobiliar und Büromaterial lieferte (und die komplette, auf Effizienz ausgerichtete Innenausstattung). Indem er half, die American Library Association zu gründen, setzte er Standards für den Bibliothekarsberuf, sowohl intern (also hinsichtlich Ausbildung, Ethik und Arbeitsnormen) als auch extern (was die Rolle des Bibliothekars in der Gesellschaft betraf). Deweys Vitalität, sein Eifer und seine unbezwingbare Persönlichkeit trugen dazu genauso bei wie das Klassifikationssystem, das seinen Namen trägt und ihn zum berühmtesten Bibliothekar seiner und aller Zeiten machte. In vielerlei Hinsicht ist das ein Unglück, denn Deweys Effizienz-Besessenheit, sein Vertrauen auf die Macht von Autorität und Hierarchie und seine soziokulturellen und religiösen Vorurteile wirkten sich auf die Entwicklung der Bibliothek in einer Art und Weise aus, die man bis zum heutigen Tag zu spüren bekommt.

Als im Jahr 1876 die erste Zusammenkunft der American Library Association (ALA) stattfand, war auch Dewey unter den Teilnehmern. Mit 25 Jahren war er das jüngste Mitglied einer Gruppe, zu der auch der Direktor der Boston Public Library und spätere Bibliothekar des Harvard College, Justin Winsor, und William Frederick Poole, Autor von *Poole's Index to Periodical Literature* – des ersten Verzeichnisses dieser Art – gehörten. Von Beginn an setzte sich Dewey dafür ein, die Aufgabe und die Arbeit der Vereinigung in seinen eigenen, Effizienz-orientierten Begriffen zu definieren – oft in scharfem Gegensatz zu den Ansichten, die von Gelehrten-Bibliothekaren wie Winsor und Poole geäußert wurden. Er teilte deren Ansicht über die Bedeutsamkeit des Lesens für den sozialen Fortschritt, doch seine Vorstellungen bezüglich der Umsetzung hätten kaum mehr von den ihren abweichen können.

Auf der Konferenz diskutierten die Gelehrten-Bibliothekare darüber, welche Arten von Lesern die Bibliothek am besten aufnehmen und was für Bücher ihnen zu lesen erlaubt sein sollte. Ein derartiges Ansinnen war neu für die Bibliothekare. Früher waren Umfang und Natur der Sammlungen klar definiert gewesen: Sie waren ein Teil des kulturellen Erbes, das von der Antike überliefert worden war. Doch nun wurden neue Arten von Büchern hergestellt; die Verleger profitierten von billigem Papier sowie den Methoden der Massenproduktion und wollten eine neue Leserschaft für ihre Ware erreichen und heranbilden. Die reformwilligen Bibliothekare aber wollten selbst eine Vermittlerrolle zwischen den Massen und den Büchern spielen, um Anleitung zu geeigneter Lektüre zu geben. Dewey war einverstanden mit diesem Vorhaben. Doch er spürte, dass die Bibliotheken, um dieses Ziel zu erreichen, sich weniger auf die Titel der Bücher, die sie auswählten, konzentrieren mussten, als vielmehr auf die Art und Weise, wie sie diese Bücher ordnen und zugänglich machen konnten. Das bedeutete eine umfassende Standardisierung von allem und jedem, nicht nur was die Katalogisierung anging; auch die Größe der Karten und der passenden Schränke sollte in allen Bibliotheken einheitlich sein. Dewey schrieb in der ersten Ausgabe des *American Library Journal:* »Katalog, Schlagwortverzeichnis und alle dazugehörigen Hilfsmittel sollen *ein einziges Mal* für alle Bibliotheken erstellt werden, was eine ungeheure Vereinfachung für jede einzelne Einrichtung bedeutet … Dadurch steht ein viel größerer Prozentsatz der Einkünfte für den Ankauf von Büchern zur Verfügung.« Deweys wesentlichster Gedanke war: Bibliotheken überall, und er hoffte, dass selbst in den kleinsten Gemeinden Büchereien eingerichtet werden würden, um die Randgruppen der Bevölkerung einzubeziehen. Er hatte tatsächlich eine einzige, ideale Bibliothek vor Augen. Wie sein Biograph Wiegand es formuliert, war er »davon überzeugt, dass der beste Weg, um das im

Bibliothekswesen enthaltene Potenzial auszuschöpfen, darin bestünde, in der Tat einheitliche Sammlungen mit bestimmten Qualitätsmerkmalen zu schaffen und den Service effektiver zu gestalten, indem man interne Abläufe durch gemeinsame Formen, Ausstattung, Regeln und Ordnungssysteme standardisierte.« Der Besucher einer nach Deweys Richtlinien organisierten Bibliothek würde sich darin ohne Probleme zurechtfinden. Für Dewey waren regionale Interessen und spezielle Bedürfnisse weniger wichtig als die effiziente Bereitstellung von Büchern für die Leser. Doch während sein unerschütterliches und exzentrisches Vertrauen auf das Prinzip der Effizienz die Bibliotheken unbestreitbar zu wirtschaftlicherer Arbeitsweise führte – indem sie nicht nur sein Einrichtungssystem und seine Dezimalklassifikation, sondern auch seinen neu erfundenen Zettelkatalog übernahmen –, ging eine solche Reform doch auf Kosten von Diversität und Individualität: Eigenschaften, wegen denen jede einzelne Bibliothek es wert ist, besucht und benutzt zu werden.

Diese letzte Neuerung, der Zettelkatalog, war nicht Deweys Erfindung. Der erste berühmte Zettelkatalog war wahrscheinlich Edward Gibbons Bestandsverzeichnis auf den Rückseiten von Spielkarten. Um die Mitte des 19. Jahrhunderts waren Karten bereits allgemein gebräuchlich bei Bibliothekaren, die der unbeherrschbaren Unordnung und den um Zusätze erweiterten Verzeichnissen trotzten. In den ersten Jahren des Jahrhunderts wurde ein Exzentriker namens William Coswell vom Harvard College eingestellt, um einen neuen Katalog anzulegen. Er kam auf die Idee, die alten Kataloge in Streifen zu schneiden und die einzelnen Einträge nach Themen in Gruppen zu ordnen. Dieses Werk wurde die Basis für den so genannten Slip-Katalog, der die jährliche Inventur der Sammlung für die Bibliothekare sehr viel einfacher machte. Harvard verwendete erst 1860 Karten, um einen öffentlichen Katalog zu erstellen – tatsächlich der erste Zettelkatalog, wie wir ihn heute kennen. Doch die Verwendung von Karten nahm schnell zu und wurde standardisiert; die Seiten von Deweys Bürobedarfskatalog für Bibliotheken sind voll mit Karten, Kästen, speziellen Schreib-

maschinen und anderen Hilfsmitteln für die Pflege von Zettel-
katalogen.

Doch Dewey versuchte nicht nur, die Zettelkataloge zu standar-
disieren, sondern jeden die Bibliothek betreffenden Aspekt. Auch
diese Seite seiner Vision umfassender Kontrolle beleuchtet sein
Bürobedarfskatalog für Bibliotheken: Hier finden sich die Tische,
die Kartenständer, die Regale, die Datumsstempel, die Tintenfäs-
ser und die Stifte, von denen der Bibliothekar der Jahrhundertwende abhing, um seine Bibliothek so effizient wie möglich zu
gestalten. Die Stühle zeigen einfache, elegante Linien, haben
schlanke, unverzierte Beine und eine klare Form, um die An-
sammlung von Staub unterhalb der Sitzfläche zu verhindern.
Patentierte Bücherregale, Stützen und Etiketten vereinheitlichten
die Suche nach Büchern, unabhängig von der jeweiligen Bibliothek oder Bücherei. Auf Deweys Anregung hin gab es eine Unmenge von Hilfsmitteln zur effizienten Gestaltung der Arbeit des
Bibliothekars: spezialisierte Etiketten, Taschen, Büromaterialien,
Schreibfedern und diverse andere Angebote. Der Katalog stellte
die Mittel zur Verfügung, um aus jeder langweiligen Dorfbüche-
rei eine effektive Maschine zu machen, mit deren Hilfe man den
Menschen Büchern an die Hand geben konnte – eine frühe
Utopie vom Lesen im Maschinenzeitalter.

Eines der auffälligsten Details des Katalogs ist sein Aufbau. Wie die
Bücher in Deweys Bibliotheken waren auch die Produkte in seinen
Warenkatalogen nach dem Dezimalsystem geordnet. Das Inhaltsverzeichnis vermerkte nicht etwa die Seiten, auf denen Zeitschrif-
tenhalter, die Beschriftungsmaschinen für Katalogzettel und Pulte
für Atlanten zu finden waren, sondern ihre jeweilige Klassifizie-
rung. Die 20er-Nummern zum Beispiel waren dem »Technischen
Zubehör« vorbehalten. Innerhalb der 20er- waren die Stempel
und Datumsstempel den 26er-Nummern zugeordnet. Von dort
an wird das System wieder alphabetisch. Wie in der Bibliothek
frustrierte auch hier die Dezimalklassifikation den Leser, aber im
Fall des Katalogs wenigstens mit einem bestimmten Zweck: zum
unverbindlichen Blättern aufzufordern. Einige Bibliotheksrefor-

mer sprachen von einer Ähnlichkeit zwischen Bibliotheksbenutzern und Käufern; für Dewey war das keine Metapher.

Ein weiteres Beispiel für seinen umstrittenen Einfluss auf die Bibliothekswelt liefert Deweys Haltung zu Frauen. Das Boston Athenaeum stellte als erste Bibliothek im Jahr 1857 weibliche Mitarbeiter ein. Dies war eine weitere Neuerung, die Dewey übernahm. Die Schule für Bibliothekswirtschaft, die er in Columbia gründete, nahm Frauen in ihre ersten Klassen auf. Dewey hatte diesen Schritt unternommen, ohne die Universitätsverwaltung zu fragen, was entscheidend zu ihrem Beschluss beitrug, die Schule nur zwei Jahre später wieder zu schließen. (Dewey verlegte die Schule an die staatliche Universität in Albany.) Bei oberflächlicher Betrachtung wirkt die Entscheidung Deweys wie eine Pioniertat in der Frauenrechtsbewegung. Doch sein Biograph Wiegand betont, dass Dewey Frauen mit dem gleichen Ziel zum College zuließ wie er sie in der Bibliothek anstellte, nämlich um die Wertschätzung des Berufes zu mindern. Frauen waren ohnehin sozial niedriger gestellt als jene Männer, die Positionen an der Universität innehatten. In Deweys Augen spiegelte diese soziale Unterordnung wunderbar die berufliche Unterordnung der Bibliothekare unter die Professoren und andere Experten wider – eine Unterordnung, die er als notwendig für das effiziente Funktionieren der Bibliothek erachtete. Während seine Kollegen in der ALA für sich die Befugnis beanspruchten, die Lektüre ihrer Leser zu leiten, lehnte Dewey dieses Mandat ab. Bibliotheksarbeiter hatten schließlich genug damit zu tun, die Bücher zu katalogisieren und den Lesern auszuhändigen; da blieb ihnen keine Zeit, sich zusätzlich mit der Auswahl der Bücher zu belasten. Laut Wiegands Beschreibung war sich Dewey nicht bewusst, dass er im Grunde »den Beruf des Bibliothekars seines Anspruches und seiner Macht beraubte, zu bestimmen, was ›gute Lektüre‹ ist, er also seinen Einfluss entscheidend einschränkte«.

Andere Bibliothekare zu Deweys Zeit hingegen waren außerordentlich optimistisch, was ihre Berufung betraf, mit der nötigen Autorität »gute Lektüre« zu definieren. Auch außerhalb des Kreises professioneller Bibliothekare hatte der prometheische Impuls, das kulturelle Los der gesamten Menschheit zu verbessern, die Form eines ethischen Imperativs angenommen, der den Fluss der Bücher in die Hände der Leser steuern sollte. Kein Geringerer als Ralph Waldor Emerson befasste sich mit den Herausforderungen, denen sich die Studenten, gleich allen anderen neuen Lesern, in den boomenden Bibliotheken des 19. Jahrhunderts zu stellen hatten.

In einem 1868 an die Verwalter von Harvard gerichteten Brief bemerkte er, dass eine neue Figur, ein »Professor der Bücher« gebraucht werde, der durch das Labyrinth der übervollen Regale führe. »Studenten verlassen fluchtartig die Bibliothek«, schrieb er,

> abgeschreckt von der Vielzahl der Bücher, die ihnen ihre eigene Unwissenheit vor Augen führen – und die in ihrer großen Mehrheit die gewünschten Informationen und das gewünschte Wissen vor der schreckensstarren Jugend verborgen halten. Ach, wenn doch nur ein freundlicher Gelehrter Erbarmen mit ihrer aufrichtigen Neugier haben & sie zu der Klasse von Werken & dem Autor, der genau das Richtige für sie geschrieben hat, führen wollte. Könnte nicht ein Gentleman gefunden werden, der sich an einem Schreibtisch bereithält … als *Bibliotheks-Berater*, an den sich der Bibliothekar mit seinen Fragen zu Autoren und Themen wenden könnte?

Emersons Mitleid für die missliche Lage der Harvard-Studenten zeigt das Interesse der Bibliothekare des 19. Jahrhunderts für all die verlorenen Leser. Und so, wie uns die Mythologie davon erzählt, dass das Erbarmen des Prometheus aus seiner Liebe zur Menschheit geboren wurde, so bieten die im allerersten Band des Journals der American Library Association enthaltenen Mythen orakelhafte Visionen von Bibliothekaren, die daran arbeiten, die Erfahrungen und letztendlich den Geist der Leser zu formen.

Charles Francis Adams, der die öffentliche Bibliothek in Quincey (Massachusetts) verwaltete, schlägt beispielsweise einen familiären

Ton an, wenn er seine Kollegen daran erinnert, dass die allgemeinen Schulen das Volk gelehrt hätten »zu lesen, aber nicht, *wie* zu lesen sei.« Die Gefahren, die für die Bibliotheken davon ausgehen, wenn solche Fähigkeiten nicht in die richtigen Bahnen gelenkt werden, waren deutlich zu erkennen. In einem Artikel in der ersten Nummer des ALA-Journals beschreibt Adams, wie die Möglichkeiten, die die offene Bibliothek bietet, die Massen überrollen werden; in Schrecken versetzt von der Fülle des Lesestoffs, nicht vorbereitet auf die Aufgabe, die besten und schönsten Bücher zu finden und zu lesen, werden sie unverrichteter Dinge wieder gehen und ihr Potenzial mit sich nehmen. Wenn er die Gefahr und die Schwierigkeiten ausmalt, bedient er sich der Metapher der Sucht. »Es ist so einfach«, sagt er, »und auch so angenehm, nur Bücher zu lesen, die zu nichts führen, leichte und interessante Bücher, je mehr, desto besser. Es ist fast genauso schwierig, davon loszukommen, wie sich den exzessiven Genuss von Kautabak oder das ewige Rauchen abzugewöhnen oder die Abhängigkeit von Tee oder Kaffee oder geistigen Getränken.«

In der gleichen Ausgabe des Journals zieht William Frederick Poole (der die Chicago Public Library leitete) ebenfalls Parallelen zwischen den Rauch- und Lesegewohnheiten. Für Poole aber ist das Verhältnis zum Tabak nicht nur negativ. »Ich rauchte Tabak und las gleichzeitig Milton«, erklärt er, »und beides aus dem gleichen Grund: um herauszufinden, worin wohl ihr versteckter Reiz lag, der meinem Vater so viel Freude bereitet hatte.« Doch Poole meint auch, dass sich zu viele Menschen durch den ersten, unangenehmen Eindruck des Tabaks davon abhalten lassen, seine Reize in Erwägung zu ziehen. Und genauso verhalte es sich mit dem Lesen – hat er sich zu früh zu starken Stoff zugeführt, wird der neue Leser bald ein ehemaliger sein. Mochten die Meinungen von Poole und Adams über Tabak auch noch so sehr auseinander gehen, so waren sie sich doch völlig einig über die Natur und die Entwicklung der Lesegewohnheiten – entgegen einer intellektuellen Elite, die die neue Bibliothek verachtete. Sie verfügt nicht über ausreichend gute Bücher, könnte die Elite vielleicht sagen; sie hat nicht genug von *unseren* Büchern. In der Tat, es gibt nicht genügend solche Bücher, und die Elite wird sie nie schnell genug schreiben können, um die Verwässerung im Meer des Billigen, des Reißerischen und des Modischen zu vermeiden. Doch Poole erinnert die Elite-Leser daran, dass auch ihr eigener Geschmack nicht immer nur der erlesenste war.

> In seinem intellektuellen Stolz vergisst der Gelehrte leicht die Stufen, die er selbst innerhalb seiner eigenen geistigen Entwicklung durchlaufen musste – die Geschichten, die ihm im Kinderzimmer vorgelesen wurden, die Abenteuerromane des Knaben, in denen er voller Wonne schwelgte, und die sentimentale Novelle, wegen der er in seiner Jugend Tränen vergossen hat. Er nimmt an, dass die Massen wohl Bücher seines Niveaus lesen würden, wenn man sie nicht mit den Büchern versorgte, gegen die er protestiert; doch er irrt sich.

Weiter unten schreibt er:

> Ich habe noch nie jemanden von hoher literarischer Bildung getroffen, der nicht gestanden hätte, dass er zu einer bestimmten Zeit in seinem Leben, meistens in seiner Jugend, exzessiv Romane gelesen hat … Meine Beobachtungen … haben mich in der Überzeugung bestärkt, dass es in der geistigen Entwicklung eines jeden, der später zu literarischer Bildung gelangt, einen begrenzten Zeitraum gibt, in dem er sich nach Romanen verzehrt, sie vielleicht sogar bis zum Exzess liest; doch von da an, wenn sein Begehren einmal gestillt ist, beschreitet er ungefährdet lichtere Studienfelder, und diese Sehnsucht wird ihn nie wieder in der ursprünglichen Form überkommen.

Die Ontogenese der Elite-Leser – die Entwicklung ihres literarischen Habitus – suggeriert Poole eine ganze Ontologie des Lesens in seiner idealen Form. Die Verleger und die als Unternehmer tätigen Autoren hatten im 19. Jahrhundert aus dem unermesslich weiten Feld der Lektüreformen eine Art literarische Großkette gemacht, die die Stufen und Stationen von Gesellschaft und Geschlecht reflektiert. Hier wird sie nun als Entwicklungsprozess aufgefasst, den der einzelne Leser unter der Anleitung des Bibliothekars durchläuft. Genau wie der Gelehrte, der mit Kinderbüchern begann und die Stationen der Abenteuererzählungen, Romane, Biographien, Reisebeschreibungen und historischen Werke durchlief, so werden sich die neuen Leser entwickeln und ihre Gesellschaft mit ihnen. Die genaue Zuteilung des Platzes, den jeder einzelne Leser in dieser Entwicklungsskala einnimmt, ist dann die spezielle Aufgabe des Bibliothekars, die Rolle, die er im Leben seiner Kunden spielt. Die Kindermädchen ziehen Kinder auf; die Bibliothekare die Benutzer der Bibliothek. Die Leser lesen Bücher; die Bibliothekare lesen die Leser.

In »The Qualifications of a Librarian« erläutert Lloyd P. Smith von der Philadelphia Library Company, welche Triebe und Talente den prometheischen Typ des Bibliothekars ausmachen. Der Bibliothekar, den er beschreibt, ist ein intellektueller Demiurg, allein dazu ausgebildet, das Roherz unbetreuter Leser in das Edelmetall einer kulturellen Elite zu verwandeln. Der Bibliothekar von Smith – gebildet in klassischen und modernen Sprachen, auf der Höhe der modernsten Gelehrsamkeit quer durch alle Spezialgebiete, erfahren darin, wie man Wohltäter anzieht, beständig in seiner Disziplin und großzügig in seiner Liebenswürdigkeit – ist vor allem ein »helluo librorum«, ein Literatur-Verschlinger.

Und diese Qualifikationen sind durchaus erblich, wie uns Smith in einer weiteren Anwandlung von Latinität berichtet: »*Custos librorum nascitur, non fit.* Die Liebe zur Literatur ... muss in der Rasse verankert sein; ein Mann muss zur Kaste der Brahmanen gehören.« Smiths Bibliothekar mag ein gescheiterter Vikar oder Professor ohne Anstellung sein, doch trotz seiner Verfehlungen ist er ein Mann der Wissenschaft und der Gelehrsamkeit, und die Kultur ist sein angestammtes Recht. Er ist der Prometheus, der den Massen die Erleuchtung der Bildung bringen wird.

Vielleicht die schönste Darstellung der Macht des Bibliothekars, die Leser in seiner Obhut zu formen, ist uns in Gestalt einer Art von dramatischem Manifest des Samuel S. Green von der Worcester Free Public Library überliefert worden – in seinem Essay »Persönliche Beziehungen zwischen Bibliothekaren und Lesern«. Greens Schilderung ist episodisch, minimalistisch: nichts als eine Reihe von Vignetten, die von einem typischen Tag im Leben eines Bibliothekars erzählen. In der Figur seines Bibliothekars vereint Green den Fortschrittseifer von Winsor, die gutherzige Inbrunst von Poole und die aristokratische Gravität von Smith. Zuallererst – kenne deine Kundschaft: »Wenn Gelehrte und Personen von hohem sozialen Rang in eine Bibliothek kommen, haben sie genügend Vertrauen … Bescheidene Männer mit ihrem noch bescheideneren Lebenswandel und wohlerzogene Knaben und Mädchen brauchen Ermutigung, bevor sie in der Lage sind, klar zu sagen, was sie wollen.« In Greens späteren Episoden aus dem Leben des Bibliothekars stellt sich allerdings heraus, dass dies keine Frage der Schüchternheit, sondern der Unwissenheit ist. Es verhält sich nicht so, dass sie nicht imstande sind zu artikulieren, was sie wollen; in Wirklichkeit wissen sie nicht, was sie benötigen. Und es liegt an den Bibliothekaren, gegen diesen Missstand anzugehen. Wenn Handwerker in die Bibliothek kommen, werden sie nach Modellen und Bildern schauen; kenne die Standardquellen und biete sie ohne unpassende Kommentare an. Wenn aber ein Schulmädchen vorbeischaut und Informationen über den Ursprung der Maßeinheit Yard sucht, dann sollte mehr pädagogischer Druck angewendet werden, wenn auch nur ganz schwacher; bedeute ihr lediglich den Weg zu den geeignetsten Quellen, warte, bis die junge Leserin den falschen Weg einschlägt, und dann hilf ihr weiter. Sachte Anleitung und vorsichtiges Experimentieren werden ihr beibringen, sich selbst zurechtzufinden. Doch bei einem Bürger, der ein Haus baut, der »bis zum Hals in Arbeit steckt und doch heilfroh ist, eine Stunde in der Bibliothek verbringen zu können«, ist der Zugang ein anderer: »Der Bibliothekar muss für ihn die Bücher heraussuchen, die die gewünschten

Informationen enthalten, und sie dem Leser aushändigen, der dankbar für die sauberen Seiten sein wird.« Der Bibliothekar ist sensibel gegenüber den Bedürfnissen und Fähigkeiten seiner Kunden. Green erklärt, wie der Bibliothekar selbst bei politischen Streitfragen den Weg zu einer Lösung ebnen kann, indem er das richtige Werk empfiehlt. Die Hand dieses Hüters einer neuen Art von Bibliothek sollte unsichtbar bleiben, auch wenn der Fortschritt der Gemeinschaft als Ganzes gemeint ist und der Bibliothekar seine Finger am Puls der Politik und der Wirtschaft genauso wie an den kulturellen und literarischen Bedürfnissen und dem Geschmack hat.

Wie Henry Higgins in *My Fair Lady* weiß der Bibliothekar schon beim ersten Wort aus dem Mund eines Lesers genau, aus welchem Dorf, Viertel oder welcher Straße er oder sie bezogen auf die Geographie des Geistes stammt. Doch alle Straßen aus den verschiedenen Himmelsrichtungen führen in die gleiche ewige Stadt, nämlich die des Lernens, des Fortschritts und der kultivierten Vernünftigkeit. Indem er »den Respekt und das Vertrauen« seiner disparaten Leserschaft gewinnt, hat der Bibliothekar in jedem Fall »Gelegenheit, die Liebe zum Lernen zu stimulieren«. »Du findest heraus, welche Bücher die eigentlichen Nutzer der Bibliothek benötigen«, und machst die Bibliothek damit bekannter in der Gemeinde. Die Bücher der Bibliothek sind »beschafft worden zum Gebrauch von Personen mit verschiedenen Graden von Kultiviertheit und moralischer Empfänglichkeit und auch mit einer Vielzahl von Einstellungen auf unterschiedlichem geistigen Niveau.« Zu Smiths Katalog der Qualifikationen des Bibliothekars müssen wir denn auch eine messerscharfe soziale Intelligenz und die Kenntnis der Extravaganzen der menschlichen Entwicklung hinzufügen.

Einmal mehr ist dieses ganze Arsenal von Tipps durch ein einziges Problem entstanden: Die Menschen lesen nicht die richtige Sorte Bücher. Die Bibliothek hat sich der Beseitigung dieses Übels verschrieben, mit allen dazu erforderlichen Mitteln. »Setzen Sie in der Ausleihe eine der fähigsten Personen aus Ihrem Mitarbeiterstab ein«, schreibt Green, irgendeine kultivierte Frau zum Beispiel, die fantasievolles Arbeiten außerordentlich schätzt, doch einen gebildeten Geschmack hat … Es ist gut, wenn sie auch eine philanthropische Ader hat … Lassen Sie die Mitarbeiterin dann irgendeine normale Arbeit verrichten, doch sollte es eine Beschäftigung sein, die sie auch schnell einmal beiseite legen kann, wenn ihre Hilfe beim Stöbern nach lesbaren Büchern benötigt wird … Ihr Ziel muss es sein, jeden, der um Hilfe bittet, mit dem besten Buch zu versorgen, das er zu lesen willens ist.

»Das beste Buch, das er zu lesen willens ist« – und wenn es einer hübschen Mitarbeiterin bedarf, um ihm das Lesen schmackhaft zu machen, dann ist das auch recht. Kein Anreiz ist untersagt, Beharrlichkeit der Schlüssel. »Ein Bibliothekar sollte nicht bereit sein, den Leser aus der Bibliothek zu entlassen, bevor er nicht seine Fragen beantwortet hat – genau wie ein Ladenbesitzer einen Kunden, der noch nichts gekauft hat.«

Wie Smith stellt sich Green den Bibliothekar als eine Art Patrizier vor. Doch es ist ein Patrizier, der sich sicher und gelassen auf dem Grat zwischen Altem und Neuem bewegt, zwischen dem *custos librorum* der alten Zeit und dem Sozialarbeiter der modernen Informationsgesellschaft. Auch die zeitgenössischen Bibliothekare sind gefangen zwischen den kulturellen Einflüsterungen der alten und den professionellen Ansprüchen der neuen Welt. »Das Bibliothekswesen«, beginnt der anonyme Autor des Artikels »Continuity«, der 1890 in einer Ausgabe von *Harper's Weekly* erschien, »bietet ein besseres Feld für geistige Dehnübungen als jeder andere Beruf.« Wie wir aber schnell begreifen, ist unser Held alles andere als glücklich darüber. Er hat weder die Zeit noch die Neigung, den aufkeimenden Bedürfnissen des Lesers Geburtshilfe zu leisten und ihm zu einem exklusiven kulturellen Geschmack zu verhelfen. Dieser Bibliothekar ist zu beschäftigt für derartige vorschnelle Vertraulichkeiten; denn während er am Empfangstisch sitzt und alle Nase lang einen neuen Kunden bedient, muss er auch noch »das viertausendundzehnte aus einer unendlichen Reihe von französischen Schauspielen katalogisieren.« Trotz seines anfänglichen Kummers scheint dem Bibliothekar diese Aufgabe lieber zu sein als die Beantwortung der Fragen seiner Kunden. Wenn »eine Horde ungezähmter Schüler in die Bibliothek hereinbricht« werden seine Gedanken »aus Paris heraus und durch ein halbes Jahrhundert getrieben«, aus dem Land Molières zurückgeholt und in fortschrittliches Bibliotheksland gejagt. Schnell wird klar, dass dieser Bibliothekar keinerlei Interesse an dieser Reise hat. Die Schüler treten auf den Plan:

> »Sagen Sie, könnten Sie mir bitte eine Karte von der Milchstraße geben?«
> »Sagen Sie, kann ich meine Bücher noch mal verlängern lassen?«
> »Sagen Sie, können Sie mir sagen, an welcher Stelle Goethe von Neapel spricht?«
> »Bitte, können Sie mir ein Buch über die Waldschnepfe nennen?«
> »Entschuldigen Sie, ist Professor Hawking hier?«

Diese Horde von Schülern scheint ganz annehmbar gezähmt zu sein: Alles in allem sind sie unbestreitbar – wenn auch stets im Chor – höflich. Doch wenn der Erzähler mit sich kämpft, um seine Verachtung zu beherrschen, lässt er erkennen, wie tief die Kluft zwischen den zwei Reichen seiner Arbeit ist: Auf der einen Seite schwelgt er in bibliographischer, gelehrter Detektivarbeit. Auf der anderen Seite jedoch ist er gezwungen, den Part des öffentlichen Dieners zu übernehmen, des Beamten, des an den Empfangstisch geketteten Schreiberlings.

Die Schüler ziehen wieder ab, und der Bibliothekar kehrt zu seinen bibliographischen Träumereien zurück: »Hier«, schreibt er, »haben wir eine dünne kleine Druckschrift mit dem Titel *Die Folgen einer Vernunftheirat ... von den Herren Dartois, Leon Brunswick und Lhéric [sic]*. Um sie zu katalogisieren, muss ich als Erstes die Autoren identifizieren.« Bald aber unterbrechen ihn weitere Kunden – und in »Continuity« sind diese Kunden allesamt

Dummköpfe, Fachidioten und Unzufriedene. Einer will seiner Hauswirtin helfen, Kampfhähne zu züchten. Ein anderer braucht Hilfe beim Entziffern seiner eigenen Handschrift. Ein Student glaubt, dass es sich bei Francis Bacons *New Atlantis* um einen Zeitungsartikel handelt, während ein anderer möchte, dass ihm der Bibliothekar seine Doktorarbeit über Byron schreibt. Manche fragen auch, ob der Bibliothekar vielleicht irgendeinen speziellen »literaturischen« Geschmack hat; ein anderer möchte, dass man ihm seine Miete ausrechnet.

Trotz des ständigen Pickens dieser Geier an seiner Leber schuftet der Bibliothekar weiter. Vielleicht redet er sich ein, dass sein Dramatiker, Lhéris, in Wirklichkeit ein Lévy ist, und stößt auf den entscheidenden Beleg dafür, als das schwindende Sonnenlicht, das »sorgenvoll ... durch die bemalten Scheiben bricht«, sich mit dem herumwirbelnden Staub der Bibliothek mischt. Damit verleiht der Erzähler seinem Arbeitsplatz die Aura einer Kirche – einer, in der die Gläubigen dem Klerus den lieben langen Tag ihre Beichten um die Ohren hauen und wo von Psalmengesang keine Spur ist. »Das kleine französische Schauspiel ist endlich katalogisiert«, heißt es in der Schlussbemerkung.

> Autorenkarte, Themenkarte, Querverweise und alles. Die Herren Dartois und Lévy beweisen, dass sie recht fruchtbar waren, und bald sind ihre Namen untrennbar mit dem Hauptkatalog verflochten. Doch dann entdeckte ich eines Tages zufällig, dass Dartois seinen Namen eigentlich François Victor Armand d'Artois de Bournonville schrieb, und ich musste das Ganze noch einmal überarbeiten.

Der Bibliothekar in diesem Artikel von *Harper's* ist das Spiegelbild des Ideals, das von Wegbereitern wie Poole und Winsor entworfen wurde. Von der gleichen Sorte von Problemen bedrängt, weigert er sich, die Herausforderungen der lästigen Schwätzer in eine Chance für seine Arbeit zu verwandeln. Stattdessen unterlaufen ihm alle Fehler der Bibliothekare der alten Schule, über die sich

176

die Wegbereiter der neuen beklagten: Neid, Verachtung, Ressentiments gegen die eigene niedere Stellung in der veränderten Bibliothek – wo die Bücher frei zugänglich sind für alle, sogar für die an Gedächtnisschwund Leidenden, die Unpolitischen und die völligen Analphabeten. Er ist sich des veränderten Kontextes der Aufgabe der Bibliotheken schmerzlich bewusst und lehnt es ab, sich dem fortschrittlichen Leitbild, das der Beruf bietet, anzupassen.

Wie der Bürobedarfskatalog für Bibliotheken von 1890 zeigt, besteht das Hauptanliegen eines Kataloges darin, den Kunden dabei zu helfen, die gesuchten Bücher so schnell wie möglich zu finden. Das ist genau der Anspruch, den Panizzi, der erste prometheische Bibliothekar, geltend machte, als er sich zu Beginn des 19. Jahrhunderts anschickte, den Katalog des Britischen Museums zu reformieren. Doch für diesen Bibliothekar, am Ende des Jahrhunderts, bleibt das Katalogisieren ein Selbstzweck, und die Suche der Leser nach den richtigen Büchern ist dabei einfach nur immer wieder hinderlich.

Eine frühere Generation seiner Kollegen und Mentoren hatte die Mythologie des Berufes entwickelt, indem sie sich an klassenabhängige Unterschiede beim Lesegeschmack hielten (die schon damals illusorisch waren – denn Reiche und Arme erfreuten sich gleichermaßen am Billigen, Grellen und Hochmodischen) und diese Unterschiede dann auf einen Stufenprozess der Entwicklung bezogen. Innerhalb dieses Prozesses übernahmen sie selbst die Rolle intellektueller Ärzte, die die Entwicklungsschritte der Leser systematisieren sowie ihre Anomalien diagnostizieren und therapieren. In »Continuity« aber wird diese ganze Fortschrittsmythologie über Bord geworfen. Was bleibt, ist ein sozialer Atomismus, in dem jeder Leser von dem anderen abgeschnitten ist, und der Bibliothekar ist abgeschnitten von ihnen allen. Die Figuren in »Continuity« werden mit all ihren Schwächen betrachtet, und der Bibliothekar ist äußerst modern in seinem Bewusstsein davon, dass er sich damit plagt, Kataloge für Leser zu schaffen, die doch der intellektuellen Voraussetzungen entbehren, um damit umge-

177

hen zu können. Bibliothekare konnten sich nicht erhoffen, die Menschen bei der Nutzung solch titanischer Geschenke wie literarische Bildung und Zugang zum Wissen anzuleiten. Letzten Endes konnten sie auch bei der Formung des kulturellen Geschmacks kaum ihren Einfluss geltend machen, denn dieser ist ein Spielball von viel weitgehenderen und stärker atmosphärischen Einflüssen: von all den mannigfaltigen Nöten, Zerstreuungen und Hemmnissen des modernen Lebens.

Wissen in Flammen

S tand das 19. Jahrhundert im Zeichen der Errichtung von Bibliotheken, so das 20. im Zeichen von deren Zerstörung. Bücherverbrennungen waren natürlich keine Erfindung des 20. Jahrhunderts; sie haben die Geschichte der Bibliotheken seit jeher quälend begleitet – von Alexandria bis Tenochtitlán, von Kappadokien bis Katalonien, von der chinesischen Qin-Dynastie bis zur Auflösung der englischen Klöster. Nichtsdestotrotz wurden gerade im 20. Jahrhundert neue Arten der Zerstörung von Büchern und der Ausbeutung solcher Zerstörung getestet und weiterentwickelt. Es ist wohl nicht übertrieben, wenn man sagt, dass die plötzliche Entkörperlichung des Buches im späten 20. Jahrhundert – als Texte zunächst im körnigen Nebel des Mikrofilms und später im gepixelten Äther des Internets verschwanden – mit der Wiederkehr roher Gewalt gegen das Buch im ersten und zweiten Weltkrieg begonnen hatte. In Berichten über den Biblioklasmus der jüngsten Zeit wird oft Heinrich Heines Ausspruch »Dort wo man Bücher verbrennt, verbrennt man auch am Ende Menschen« zitiert, besonders im Zusammenhang mit den Bücherverbrennungen der Nazis im Mai 1933. Dabei hatte Heine, der im 19. Jahrhundert lebte, in *Almansor. Eine Tragödie* über das Verbrennen von Büchern im Spanien und Portugal des 15. Jahrhunderts geschrieben. Doch im letzten Jahrhundert, einem Jahrhundert der totalen Ideologie und des totalen Krieges, wurde klar, dass das Niederbrennen einer Bibliothek nicht die einzige Methode ist, um sie zu zerstören.

Am 25. August 1914, weniger als zwei Wochen nach ihrem Einmarsch in Belgien, rückten deutsche Truppen in die Universitäts-
stadt Löwen ein, ohne einen einzigen Schuss abzugeben. Die Bel-
gier unternahmen keinen Versuch, Löwen zu verteidigen, da sie es
in Anbetracht der einzigartigen gotischen Kunst- und Architek-
turschätze und der berühmten Universitätsbibliothek zu einer
»offenen Stadt« erklärt hatten. Einst von den Grafen von Brabant
beherrscht, war das mittelalterliche Löwen Standort einer blühenden Textilindustrie gewesen, deren Verfall im 15. Jahrhundert ein-
gesetzt hatte. Die Stadt wurde durch eine päpstliche Bulle aus
dem Jahr 1425, die ihr das Universitätsprivileg einräumte, davor
bewahrt, wirtschaftlich in Vergessenheit zu geraten.

In die neue Universität von Löwen kamen Studenten nicht nur
aus dem Gebiet der späteren Beneluxländer, sondern auch aus
Frankreich und Deutschland, und die Stadt wurde schnell zu
einem kosmopolitischen Zentrum der Geisteswissenschaften.
Zum Teil wegen des Bücherbedarfs der Universität wurde Löwen
auch zum Sitz des belgischen Druckereigewerbes; der erste belgische Drucker, Jean de Westphalie, stellte dort zwischen 1474 und
1496 ungefähr ein halbes Dutzend Bücher pro Jahr her. Seitdem
die Drucker unter dem rechtlichen Schutz des Rektors der Universität standen, wurde die Stadt zu einem sicheren Ort für den
Handel mit Büchern, relativ unbelästigt von offizieller Zensur
und den launischen Repressalien der königlichen Herren. Diese
flämische Stadt mit ihren Turmspitzen und Buchläden zog bedeutende Gelehrte an. Der berühmteste von allen war Erasmus,
der Löwen von 1517 bis 1521 seine Heimatstadt nannte. Obwohl er formal nie der Universität angehörte, half er bei der Gründung einer dreisprachigen humanistischen Lehranstalt, die besonderen Wert auf die strenge philologische Unterweisung in
Hebräisch, Griechisch und Latein legte. Während dieser Zeit begann die kleine Bibliothek der Universität zu wachsen, vor allem
auf Grund der Produkte des Löwener Buchhandels. Doch die
Buchbestände mussten noch bis 1730 auf ein eigenes Gebäude
warten, als eine Schenkung von 3500 Bänden die Sammlung der

Fakultät sprungartig anwachsen ließ. Im August 1914 enthielt die Sammlung ungefähr 70 000 Bücher und 300 Manuskripte, die Frucht von fast 500 Jahren kontinuierlichen intellektuellen Lebens. Unter den Besitztümern der Bibliothek befanden sich 350 Inkunabeln, eine Reihe von frühen Ausgaben der Bibel, eine Menge seltener Jesuitica, umfangreiches Material zu den religiösen Reformen in den Niederlanden, politische Pamphlete aus dem Dreißigjährigen Krieg und der Invasion von Ludwig XIV. in Belgien, Autografen von Thomas à Kempis und die bedeutenden eigenen Archive der Universität.

Als die deutsche Invasion Löwen erreichte, begannen aufgebrachte Zivilisten, sich gegen die Besatzer zur Wehr zu setzen. Die deutsche Antwort kam prompt und war fürchterlich. »Es gab eine Reihe brutaler Vergeltungsmaßnahmen in Orten östlich von Löwen«, berichtet die *New York Times* am 30. August, »und Teile von Tieremont wurden von deutschen Truppen niedergebrannt.« Um zivilen Angriffen zuvorzukommen, nahm die deutsche Armee bei ihrem Einmarsch in Löwen »drei Geiseln, den Bürgermeister und zwei berühmte Bürger ... Der Sohn der einen Geisel, ein 15 oder 16 Jahre alter Junge, war im Gespräch mit dem deutschen Kommandanten ... Plötzlich zog der Junge einen Revolver und erschoss den Deutschen.« Dieser Schuss war offensichtlich ein Signal für die Partisanen, die das Geschehen aus der Nähe beobachteten. »Es wird berichtet, dass von den Dächern und Fenstern der Gebäude rund um den Platz unmittelbar das Feuer eröffnet wurde.« Belgische Zeugen hingegen erzählten eine andere Geschichte: Deutsche Truppen, die in »Unordnung« ihren Rückzug antraten, »schossen versehentlich auf ihre Kameraden, wobei mehrere Deutsche getötet wurden« (so berichtet in der *Times* mit Londoner Datumsangabe 28. August).

Wer auch immer auf ihre Soldaten geschossen hatte – die Deutschen beschlossen, in Löwen ein Exempel zu statuieren. Zuerst erschossen sie die Geiseln. Dann »befahl man den Bewohnern, aus ihren Häusern zu kommen ..., und mit Bomben bewaffnete Soldaten legten Feuer in allen Teilen der Stadt.« Löwens unvergleichliche gotische Architektur, seine einzigartigen Kunstschätze und seine bemerkenswerte Bibliothek wurden vollständig zerstört.

Die *Times* schreibt: »Die Stadt, die rund 45 000 Einwohner zählt und als intellektuelle Metropole von Brabant gilt, ist jetzt nichts mehr als ein Häuflein Asche.«

Die deutsche Regierung behauptete, belgische Zivilisten hätten zahlreiche Grausamkeiten an den Deutschen begangen. So sollen sie beispielsweise Truppen der Nachhut aus dem Hinterhalt überfallen oder verwundeten Soldaten im Feld die Augen ausgestochen haben. Die Niederbrennung von Löwen rechtfertigten sie mit angeblicher militärischer Notwendigkeit. »Das barbarische Verhalten der belgischen Bevölkerung in allen von unseren Truppen besetzten Gebieten«, so erklärten sie, »hat unsere härtesten Maßnahmen nicht nur gerechtfertigt, sondern sie uns aus Gründen des Selbstschutzes aufgezwungen.« Die Entente-Länder sahen das natürlich anders. »Es ist ein Verrat an der Bevölkerung«, schrieb der Londoner *Daily Chronicle* am 29. August. »Krieg gegen am Kampf Unbeteiligte ist schlimm genug, doch das ist Krieg gegen die Nachwelt bis in entfernteste Generationen.« Acht Tage, nachdem die Deutschen die Stadt ausgelöscht hatten, schrieb ein Zeuge, dass »die halbverbrannten Blätter der Bücher und Zeitschriften bis weit ins Land hinaustrieben, fortgetragen vom Wind, der sich ihrer erbarmte«. Eines der Manuskripte wurde allerdings gerettet: Ein Professor hatte es zum Studium ausgeliehen und nahm es mit, als er noch vor der Besetzung durch die Deutschen aus der Stadt floh. Während er sich mit einer Flüchtlingskolonne vorwärts schleppte, hielt er in einem Garten in der Nähe von Gent an und vergrub das Buch, »eingeschlossen in einem kleinen Eisenkasten.« Es gibt keine Aussagen über eine eventuelle Rückkehr des Buches in die Bibliothek oder über seine Wiederentdeckung. Vielleicht ruht das letzte Buch aus Löwens großer Vorkriegs-Bibliothek noch immer in seinem eisernen Sarg, eine versteckte Ein-Buch-Bibliothek.

Nicht lange, nachdem der Krieg zu Ende war, gründete eine Gruppe von amerikanischen Stiftern ein Komitee zum Wieder-

Bibliothek von Löwen,
der Große Saal um 1900 (Richtung alter Markt)
und nach der Zerstörung am 25. August 1914.

aufbau der Bibliothek. Man sammelte Gelder und beauftragte den Architekten Whitney Warren, ein neues Gebäude zu entwerfen. Doch das Projekt lief von Beginn an auf eine Kontroverse hinaus. Kardinal Mercier, der Erzbischof von Malines, der den Vorsitz über Löwen und die Universität führte, hatte Warren den Text einer Inschrift zukommen lassen, die auf die Balustrade gesetzt werden sollte: *Furore Teutonico Diruta / Dono Americano Restituta* (»Vom teutonischen Furor zerstört, wiederaufgebaut durch amerikanische Großzügigkeit«). Doch der Kardinal starb, bevor die Bibliothek gebaut wurde, und der Rektor der Universität, Monsigneur Ladeuze, hielt die Inschrift für ungeeignet. Schließlich hatten zu den Studenten immer auch Deutsche gehört, und die Fakultät war abhängig von den guten Kontakten zu deutschen Kollegen. Ladeuze befand, dass Chauvinismus nicht zur Mission einer Bibliothek passte; vielmehr sollte sie als gemeinsame Verwahr- und Brutstätte für die wissenschaftliche Kultur der Europäer aller Nationen dienen.

Doch Kardinal Merciers sentimentale Anwandlung hatte sich bereits auf Warrens Entwurf für die Bibliothek ausgewirkt. Ein von dem amerikanischen Komitee veröffentlichtes Pamphlet kündigte an, dass die Darstellung an der Fassade »das Abbild unserer Lady of Victory, ihr zur Seite der Heilige Georg und der Heilige Michael, die die bösen Geister vernichten«, zeigen würde. Die Dekorationspläne enthielten auch die Darstellung einer Szene von der Zerstörung der Bibliothek und Büsten von Kriegshelden, »dem König, der Königin und Kardinal Mercier«. Die Balustrade mit der Inschrift über die deutsche Infamie sollte »die Wappen von Belgien und den Vereinigten Staaten« tragen. Über all dem sollte ein Glockenspiel errichtet werden, denn Glockenspiele waren »in allen flämischen Städten zu finden.« Dieses aber sollte einzigartig sein: »Stündlich … wird es vernehmlich die Hymnen der Nationen spielen, die im großen Kriege kämpften, auf dass Ehre, Recht und Gerechtigkeit überleben können – ›The Star Spangled Banner‹, die Marseillaise, ›God Save the King‹, die ›Brabaçonne‹ und so weiter.«

Entsetzt über die Vorstellung, dass seine Universität zu einer chauvinistischen Musicbox werden könnte, stritt Rektor Ladeuze vehement für eine Einschränkung der Pläne: Die Bibliothek, die schließlich gebaut wurde, basierte grundsätzlich auf Warrens Entwurf, doch sie enthielt keines der chauvinistischen Elemente, die Kardinal Mercier gern gesehen hätte: das Nationalhymnen zu Gehör bringende Glockenspiel, die Wappen der Sieger und die den Furor teutonicus schmähende Inschrift. Der Entwurf hatte bestimmt, dass der Glockenturm der neuen Bibliothek »die Umgebung« dominieren würde – in diesem Detail, und fast nur in diesem, wurden die übertriebenen Hoffnungen des amerikanischen Komitees erfüllt.

Ladeuze starb am Vorabend des Zweiten Weltkrieges als Rektor einer Universität und Bibliothek, die seine eigene humanistische Weltanschauung widerspiegelte. Als deutsche Truppen am 16. Mai 1940 erneut durch Belgien rollten, war der erste Anblick, der sich von Löwen bot, jener Bibliotheksturm, der sich über die Bäume und Dächer der Stadt erhob. Es war bereits eine neue Generation Löwener vor den gnadenlosen deutschen Bombardements geflohen; dieses Mal aber war die Stadt ein militärisches Ziel: Hier war eine britische Garnison stationiert, die ihren Rückzug nach Dünkirchen und zum Ärmelkanal vorbereitete.

Am Nachmittag setzte die deutsche Artillerie den Turm der Bibliothek unter Beschuss. Ein Zeuge, Ratsherr aus einer nahe gelegenen Stadt, behauptete, ein deutscher Offizier habe ihn gebeten, ihm das Glockenspiel der Bibliothek zu zeigen, und dass er später sah, wie Gewehre aus dem Bataillon des Offiziers den Turm zerschmetterten. Ein anderer Augenzeuge berichtete von zwei Angriffen, jeder vielleicht eine halbe Stunde lang, die die Bibliothek unter Beschuss nahmen. Leuchtspurgeschosse (die genaues Zielen erlauben und das Feuer besonders effizient verteilen) trafen das Gebäude. Sie zerschlugen das Dach und setzten die Bücher im Dachgeschoss in Brand. Durch die hohe Temperatur, die sich entwickelte, schmolz der Glasboden der Haupthalle. Das geschmolzene Glas ergoss sich die Heizungsrohre hinab und setzte auch die Handschriftenabteilung und den Raum mit antiquarischen Büchern im Keller in Brand. Später kühlte es zu Stalaktiten ab, die zwischen den zertrümmerten Regalen glitzerten. »Das ganze Gebäude war verwüstet und zerstört«, schrieb der neue Rektor, Monseigneur Van Waeyenbergh. Er berichtete über »den fürchterlichen Anblick der Eisenbalken und Metallgerippe, die in sich und nach unten verdreht sind, der zusammengekrachten Bücherregale, zum Teil mit zu Asche gewordenen Büchern, die noch an ihrem Platz stehen.« Und doch waren die Häuser und Gebäude in unmittelbarer Nähe der Bibliothek stehen geblieben. Die Deutschen, so scheint es, hatten mit Bedacht die Bibliothek zerstört.

In den Tagen, die auf den Angriff folgten, bemühten sich die Deutschen eifrig darum, das Feuer als Werk der Briten hinzustellen. Einige Zeugen wollten die ersten Flammen in der Bibliothek am frühen Morgen vor dem britischen Rückzug beobachtet haben. Eine Explosion im Keller hatte den Steinfußboden der Hauptgalerie aufgerissen, was die Deutschen später als (vermeintlichen) Beweis dafür anführten, dass die Briten Sprengstoff im Keller deponiert hätten. Berichte in deutschen Zeitungen behaupteten, dass ein Experte Anzeichen für Brandstiftung an ungefähr zwölf Stellen der Bibliothek gefunden habe. Deutsche Offiziere, die die Besetzung von Löwen leiteten, bestellten Monseigneur Van Waeyenbergh und einen Bibliothekar, Professor Etienne Van Cauwenbergh, zu sich und baten sie, ihnen zu bescheinigen, dass die an den Türen gefundenen Flecken der Beweis dafür seien, dass die Engländer zum Entzünden und Beschleunigen des Feuers Brennstoff verwendet hatten. Nach Ansicht beider Männer sahen die Flecken jedoch wie Lack aus, der Blasen geworfen hatte, geschmolzen und in der Hitze der Flammen zerlaufen war. Der Offizier, der den Bibliothekar befragte, bat diesen tatsächlich, ihm zu bestätigen, dass Kisten, die mit einer Bücherlieferung aus Japan eingetroffen waren, eigentlich Benzinkanister seien. Der Bibliothekar sagte später aus, dass er ihre Theorien zurückgewiesen habe, doch die Deutschen gaben dessen ungeachtet den Briten die Schuld.

Warum hatten es die Deutschen noch einmal auf die Bibliothek abgesehen? Vielleicht wollten sie den Turm zerstören, um zu verhindern, dass er von belgischen und englischen Heckenschützen oder Artilleriebeobachtern genutzt wurde. Tatsächlich berichtete der Rektor (gegenüber der belgischen Kommission zur Aufklärung von Kriegsverbrechen, deren Bericht über die Löwener Bibliothek 1946 veröffentlicht wurde), dass der Bibliothekspförtner vor dem deutschen Angriff zwei belgische Soldaten im Turm entdeckt hatte, die mit Ferngläsern etwas beobachteten. Mit der Begründung, dass sie die Bibliothek in Gefahr brächten, forderte er sie auf, den Turm zu verlassen. (Er sagte, die Soldaten hätten keine gute Sicht gehabt und kein Funkgerät oder andere Geräte mit sich geführt, mit denen sie Informationen an ihre Vorgesetzten hätten weiterleiten können.) Doch die Deutschen behaupteten nie, dass der Turm ein Beobachtungsposten sei, obwohl sie damit einen Angriff hätten rechtfertigen können, ohne auf eine erfundene Geschichte über die Briten zurückgreifen zu müssen.

Der Bericht der Kommission aus dem Jahr 1946 stützt eine andere Erklärung. Ein Mann namens Emile van Kemmelbeke, dessen Haus außerhalb von Löwen von Artillerie-Offizieren der Wehrmacht beschlagnahmt worden war, machte folgende Aussage:

> Sie hatten ein Fahrzeug bei sich, von dem aus sie das Artilleriefeuer steuerten. Dieses Fahrzeug war in meinem Garten aufgestellt worden, und es war mir untersagt worden, mich ihm zu nähern. [Später] luden sie mich an ihren Tisch.
> …Während der Mahlzeit erzählte mir ein deutscher General, dass sich die Inschrift *Furore Teutonico* immer noch an der Bibliothek befand. Ich sagte ihm, dass das nicht wahr sei, doch die deutschen Offiziere beharrten auf dem Gegenteil.

Wenn man diesem und anderen Augenzeugenberichten, die 1946 von der Kommission zusammengestellt worden sind, Glauben schenken darf, betrachteten die Offiziere der Wehrmacht die Bibliothek als Gedenkstätte an den Sieg der Alliierten – und an die deutsche Schande, geplant von dem Architekten Warren und Kardinal Mercier.

Die Deutschen hatten noch andere Gründe, die Bibliothek von Löwen zu schmähen. Es war nicht nur ein neues Bibliotheksgebäude aus der Asche der Stadt gestiegen, sondern auch eine neue Sammlung – und nach dem Ersten Weltkrieg hatten die belgischen Bibliotheken ihre Regale mit Büchern gefüllt, die den besiegten Deutschen abgenommen worden waren. Die Bibliothek von Löwen besaß wieder eine reiche Sammlung, unter anderem Inkunabeln und mittelalterliche Handschriften; viele davon stammten aus den Regalen von Deutschlands Bibliotheken. Die Offiziere, die an diesem fröhlichen, blühenden Maimorgen mit Van Kemmelbeke in seinem Garten sprachen, erwähnten allerdings mit keinem Wort die gestohlenen deutschen Bücher. Denn sie glaubten, dass unter den vielen einzigartigen Texten, die in der Bibliothek von Löwen aufbewahrt wurden, einer war, mit dem sie sich nicht abfinden konnten: eine einzige anklagende, in Stein gemeißelte Zeile.

Die Bücher aus Löwen waren nicht die einzigen oder gar die ersten, die von den Nazis verbrannt wurden.

> Die gesamte zivilisierte Welt war bestürzt, als am Abend des 10. Mai 1933 die Bücher von Autoren, die das Missfallen der Nazis erregten, darunter sogar die Bücher unserer Helen Keller, auf dem riesigen Platz zwischen der Berliner Universität und der Staatsoper Unter den Linden feierlich verbrannt wurden …
> Den ganzen Nachmittag über waren Nazi-Stoßtruppen in öffentliche und private Bibliotheken gezogen und hatten alle jene Bücher auf die Straße geworfen, von denen Dr. Goebbels in seiner über alles erhabenen Weisheit beschlossen hatte, dass sie untauglich für das Deutschland der Nazis seien.

Mit diesen Worten berichtete der schockierte Louis P. Lochner, Berlin-Korrespondent der Associated Press, vom Schauplatz einer der riesigen Bücherverbrennungen der Nazis, die im Frühjahr 1933 stattfanden. Lochner betrachtete die »Freudenfeuer« als öffentliche Demonstration der Person von Joseph Goebbels, dem führenden Nazi-Intellektuellen und zukünftigen »Vorsitzenden der Reichskulturkammer«. Goebbels hatte allerdings nie die Verbrennung von Büchern angeordnet. Die Razzia in den Bibliotheken und das Verbrennen der Bücher waren im Grunde das Werk einer pronazistischen Studentengruppe, der Deutschen Studentenschaft. Die Studenten säuberten ihre eigenen Bibliotheken und die ihrer Schulen, dann gingen sie zu Buchhandlungen und den so genannten Leihbüchereien über. Letztere waren den professionellen Bibliothekaren seit langem verhasst. Sie waren in Tabak- und Zeitungskiosken untergebracht und bestanden üblicherweise aus kleinen Sammlungen populärer Belletristik: Abenteuer- und Liebesromane, Kriminalgeschichten und dergleichen. Der Bibliothekar und Nazi-Sympathisant Wolfgang Herrmann prangerte sie öffentlich als »literarische Bordelle« an. Die Bücherverbrenner sollten bei der Auswahl ihres »Brennstoffes« von Herrmanns Weisheit profitieren – er hatte ihnen freundlicherweise eine Liste mit Autoren zukommen lassen. Vielleicht stand auch Heinrich Heine auf der Liste, dessen *Almansor* einer schockierten Welt ein Epigraf für die Verbrennung von Büchern lieferte ... In ihrem Eifer aber hatten die Studenten und Braunhemden so viele Bücher wie möglich an sich genommen – von Heine und anderen, egal, ob sie auf der Liste standen oder nicht.

Zwar zerstörten sie auch die Werke von Dramatikern, entbehrten aber selbst nicht eines gewissen Sinns für Dramatik. Die Verbrennungen waren ein Spektakel; der Historiker Leonidas Hill berichtet: »Die Organisatoren wussten durchaus um frühere historische Ereignisse, etwa die Autodafés der Inquisition, Luthers Verbrennung der päpstlichen Bannandrohungsbulle ... und die Verbrennung des Versailler Vertrages durch Nazi-Studenten im Jahr 1929.« Bei einer Bücherverbrennung in Frankfurt mieteten Studenten von Ochsen gezogene Mistkarren, um die Bücher zum Ort der »Freudenfeuer« zu schaffen. Zur Sicherheit und um dem Spekta-

kel zu mehr bürgerlichem Ernst zu verhelfen, zog man Feuerwehr-
männer hinzu und nahm so einen der großen ironischen Einfälle
von Ray Bradbury in *Fahrenheit 451* vorweg. Mit dieser und anderen Innovationen bereiteten die Studenten, die die Verbrennungen organisierten, den Boden für die Ästhetik des *Thing*-Theaters,
den von nazistischem Gedankengut inspirierten und von der
Regierung unterstützten Spektakeln. Sie bildeten einen Teil von
Goebbels sterilem Versuch, das dekadente moderne Drama durch
theatralische Rituale zu ersetzen, die des *Volkes* würdig waren.

Wie Lochner aus Berlin berichtete, führten die Studenten »wahr-
hafte Indianertänze auf und riefen Beschwörungen, als die Flammen begannen, zum Himmel aufzusteigen.« Diese Beschwö-
rungsformeln, die man *Feuersprüche* nannte, verliehen der
Prozedur einen quasi-religiösen Anstrich; sie hörten sich so an:

1. Rufer: Gegen Klassenkampf und Materialismus, für Volksge-
meinschaft und idealistische Lebenshaltung! Ich übergebe der
Flamme die Schriften von Marx und Kautsky.

2. Rufer: Gegen Dekadenz und moralischen Verfall! Für Zucht
und Sitte in Familie und Staat! Ich übergebe der Flamme die
Schriften von Heinrich Mann, Ernst Glaser und Erich Kästner.

3. Rufer: Gegen Gesinnungslumperei und politischen Verrat,
für Hingabe an Volk und Staat! Ich übergebe der Flamme die
Schriften von Friedrich Wilhelm Förster.

4. Rufer: Gegen seelenzerfasernde Überschätzung des Trieb-
lebens, für den Adel der menschlichen Seele! Ich übergebe der
Flamme die Schriften des Sigmund Freud.

5. Rufer: Gegen Verfälschung unserer Geschichte und Herab-
würdigung ihrer großen Gestalten, für Ehrfurcht vor unserer
Vergangenheit! Ich übergebe der Flamme die Schriften von Emil
Ludwig und Werner Hegemann.

6. Rufer: Gegen volksfremden Journalismus demokratisch-jüdi-
scher Prägung, für verantwortungsbewusste Mitarbeit am Werk
des nationalen Aufbaus! Ich übergebe der Flamme die Schriften
von Theodor Wolff und Georg Bernhard.

7. Rufer: Gegen literarischen Verrat am Soldaten des Weltkrieges, für Erziehung des Volkes im Geiste der Wahrhaftigkeit! Ich übergebe der Flamme die Schriften von Erich Maria Remarque.

8. Rufer: Gegen dünkelhafte Verhunzung der deutschen Sprache, für Pflege des kostbarsten Gutes unseres Volkes! Ich übergebe der Flamme die Schriften von Alfred Kerr.

9. Rufer: Gegen Frechheit und Anmaßung, für Achtung und Ehrfurcht vor dem unsterblichen deutschen Volksgeist! Verschlinge, Flamme, auch die Schriften der Tucholsky und Ossietzky!

Auch wenn Goebbels die Feuersprüche nicht selbst geschrieben und die Verbrennungen nicht organisiert hatte, fand er großen Gefallen an dem Ritual und stellte unverzüglich im Namen des Reiches seine ganze Kraft in den Dienst desselben. Als ihn die Nachricht von der Verbrennung in Berlin erreichte, eilte er sofort dorthin, um zum Mob auf dem Opernplatz zu sprechen: »Deutsche Männer und Frauen!«, gibt Lochner seine Worte wieder, »ihr tut gut daran, in dieser mitternächtlichen Stunde den Ungeist der Vergangenheit den Flammen anzuvertrauen. Es ist eine starke, große und symbolische Handlung, eine Handlung der Weisheit vor den Augen der ganzen Welt... Umleuchtet von vielen Flammen soll es ein Schwur sein! Das Reich und die Nation und unser Führer Adolf Hitler. Heil!«

Sigmund Freud, dessen Name in den Feuersprüchen auftauchte, ließ sich nicht beeindrucken. »Was wir für Fortschritte machen«, soll er gesagt haben. »Im Mittelalter hätten sie mich verbrannt. Jetzt begnügen sie sich damit, meine Bücher zu verbrennen.« Doch Freud hatte offensichtlich seinen Heine vergessen. Denn das war nur ein Vorspiel, eine der ersten von dreißig Bücherverbrennungen an Universitäten im Frühjahr 1933. Im Verlauf der kommenden zwölf Jahre sollten (einer Schätzung zufolge) einhundert Millionen Bücher sechs Millionen Menschen in die Flammen des Holocaust begleiten.

Wie Leonidas Hill zeigt, hatten die Attacken der Nazis auf die Kultur lange vor Hitlers rasantem Aufstieg zur Macht im Jahr 1933 begonnen. Erich Maria Remarque war ein früher »Blitzableiter« nationalistischer Frustration gewesen; *Im Westen nichts Neues* wurde bereits 1929 aus den Schulen Thüringens verbannt. Im ganzen Land verjagten Eiferer Professoren von ihren Posten, übermalten als beleidigend erachtete Wandbilder, entfernten »entartete Kunst« aus den Museen und erzwangen die Schließung des Bauhauses. 1930 wurden Vorträge von Thomas Mann und seiner Tochter gestört – sie mussten ebenso wie Arnold Zweig und Lion Feuchtwanger Telefonterror und Verfolgung von Nazibanden erdulden.

Im August 1932 veröffentlichte der *Völkische Beobachter* eine Liste von Schriftstellern, deren Werk verboten werden würde, sollten die Nazis die Macht ergreifen. Im April 1933 gab Alfred Rosenberg, Ideologe der NSDAP und Rivale von Goebbels in kulturellen Belangen, eine bescheidene Liste mit zwölf Autoren heraus. Doch die Zensur nahm schnell weit größere Ausmaße an; am Ende des ersten Jahres des Reiches hatten einundzwanzig voneinander unabhängige Ämter übereinstimmend mehr als tausend Bücher auf den Index gesetzt. Ein Jahr später schlossen sich vierzig Behörden zusammen und kamen insgesamt auf ungefähr 4100 verbotene Publikationen.

In den nächsten Jahren liefen sich Goebbels und Rosenberg gegenseitig den Rang ab beim Verbot von Büchern und der Erneuerung deutscher Literatur aus dem völkischen Geist. Rosenberg war bei all seinem politischen Einfluss bloß ein Parteibeamter; Goebbels aber konnte die Macht der Reichsministerien nutzen, die unter seinem Kommando standen. Dort, wo Rosenberg Verunglimpfungen aussprach, erließ Goebbels Verordnungen, und ihr rivalisierender Eifer bereitete den Boden für eine Flut von verwirrenden Listen und Schmähungen literarischer Werke. Auch als sich das Reich unter Hitlers Führung konsolidierte, blieb die Zensur das dezentralisierte Werk von staatlichen Polizeieinheiten, dem Parteimob und eifrigen Bürgern. Lehrer, Studenten, Buchhändler und Bibliothekare in ganz Deutschland schwiegen, wenn Nazis Schulbibliotheken in Brand setzten oder Bücher ächteten. Es war Sache der Bibliothekare, sie durch Sammlungen zu ersetzen, die auf den literarischen Geschmack der Nazis zugeschnitten waren.

Selbst auf dem Höhepunkt der Nazi-Zensur in den späten dreißiger Jahren und danach wurden die Listen der vom Reich geächteten Bücher geheim gehalten. Buchhändlern, Lehrern und privaten Bürgern wurde es überlassen, die Ächtungskriterien aus Goebbels gnomischen Aussagen zur Erhaltung des völkischen Geistes zu erschließen. Und so war es nicht nur der Mob, der Bücher verbrannte. Ordentliche Deutsche verbrannten aus Angst vor Hausdurchsuchungen ihre eigenen Bücher, bevor die SA sie finden konnte. »Diejenigen, die tatsächlich versuchten, ihre eigenen Bücher zu verbrennen«, schreibt Hill, »stellten fest, dass dies nicht so schnell und einfach zu bewerkstelligen war … Dicke Papierstöße mussten geteilt werden, so dass Luft und Flammen einzelne Blätter verzehren konnten … Anderenfalls wurden die Bücher nur an den Ecken verkohlt. … Dicke Bände in Öfen oder Feuerstellen zu verbrennen, war mühselig und zeitaufwändig.«

Die Nazis verbrannten Bibliotheken nicht nur, sondern errichteten sie auch auf ihre ganz eigene, unnachahmliche Art. Es war, als hätten die Zerstörung derartig vieler Bücher und die strenge Zensur der deutschen Literatur ein Loch hinterlassen, das es nun aufzufüllen galt – oder das zumindest übertapeziert werden musste mit einem Simulakrum, das aus authentischer Nazi-Literatur unter strikter ideologischer Kontrolle bestand. Zum Teil bemühten sich die Nazis, die geächteten Bücher zu Geld zu machen: In dem Maß, wie das dritte Reich zu einer Kriegsmaschine mutierte, wurde die Beschlagnahmung jüdischer Buchhandlungen zu einer Geldquelle für den militärischen Aufbau, und die Konfiszierung von Büchern und Manuskripten ging Hand in Hand mit dem Diebstahl von Kunstschätzen, mit deren Verkauf die Nazis nicht nur die Staatskasse, sondern auch ihre privaten Geldbeutel füllten. Die Nazis horteten Bücher und Kunst, zum Teil unter dem Vorwand der Kennerschaft oder des intellektuellen Interesses.

Bei diesen Bemühungen legte Alfred Rosenberg besonderen Eifer an den Tag. Als sein spezielles Kulturkommando, der Einsatzstab Reichsleiter Rosenberg (ERR), auf Beutezug in den besetzten Ländern im Osten ging, zerstörten sie große Bibliotheken, doch betrieben auch ganz offen Diebstahl. Hill schreibt: »Im Juli 1940 beauftragte Hitler den Einsatzstab …, Bücher für die Bibliothek einer Nachkriegs-Universität der Nazis zu beschlagnahmen, die Hohe Schule … Einheiten von zwanzig bis fünfundzwanzig Männern in Spezial-Uniformen begleiteten die Armeen in den Osten, wo der ERR 375 Archive, 402 Museen, 531 Institute und 957 Bibliotheken durchsuchte.« Rosenbergs Berliner »Ostbücherei« enthielt eine Million gestohlener Bücher.

Die Beschlagnahmung von jüdischen Sammlungen ließ die Judaica-Abteilung der Frankfurter Stadtbibliothek auf 550 000 Bände anschwellen – zur Disposition von Rosenbergs Institut zur Erforschung der Judenfrage. Hill schreibt weiter: »In Polen plünderten die Nazis zwischen Dezember 1939 und März 1940 mehr als einhundert Bibliotheken … Schätzungen reichen von 600 000 gestohlenen Bänden von Judaica und Hebraica allein aus Lodz bis zu einer Million Bände aus ganz Polen.« Die Deutschen »verbrannten systematisch« die Krasinski-Bibliothek, deren unterirdische Geschosse von polnischen Bibliothekaren als Aufbewahrungsort für antiquarische Bücher aus der Nationalbibliothek und der Universität von Warschau genutzt worden waren. »In Wilna ordnete Dr. Johannes Pohl vom ERR, ein Experte für hebräische Literatur, der in Jerusalem studiert hatte, an, aus 100 000 Büchern, die in verschiedenen Städten und in 300 Synagogen eingesammelt worden waren, 20 000 auszuwählen und 80 000 als Rohmaterial an eine Papierfabrik zu verkaufen.« Und nicht nur jüdische Bücher wurden gesichtet. Katholische Bücher, Freimaurer-Bücher und slawische Bücher – alle waren betroffen von der »Auslese«. »In der Ukraine stahlen oder zerstörten 159 für die ERR arbeitende Experten über 51 Millionen Bücher«, berichtet Hill, »in Weißrussland wurden mehr als 200 Bibliotheken geplündert; die Nationalbibliothek verlor 83 Prozent ihrer Sammlungen, und obwohl man später 600 000 Bände wiederfand, wird eine Million noch immer vermisst.«

Der ERR war auch im Westen aktiv. Nach der Besetzung Roms durch die Deutschen im Jahr 1943 inspizierten ERR-Offiziere die Bestände der beiden großen Bibliotheken der römischen Synagoge, die außerordentliche Sammlungen über die zweitausendjährige Geschichte jüdischen Lebens in Rom enthielten. Sie verlangten die Herausgabe der Kataloge der Bibliothek; nur wenige Tage vor der ersten Deportation römischer Juden nach Auschwitz wurden zwei eigens georderte Eisenbahnwaggons, die für Rosenbergs Institut in Frankfurt bestimmt waren, mit zehntausend Bänden aus den Bibliotheken beladen.

Vor dem Krieg war die öffentliche Bibliothek eine moribunde Einrichtung in Deutschland gewesen, wo sie in verschiedener Hinsicht ein Museum der Elitekultur geblieben war. Die Historikerin Margaret Stieg beschreibt die Teilung der Vorkriegs-Bibliothekare in zwei einander widersprechende Schulen, die als die alte und die neue Richtung bekannt waren. Die Bibliothekare, die der alten Richtung angehörten – nach Stiegs Einschätzung die Hauptrichtung im deutschen Bibliothekswesen –, gaben den fortschrittlichen Idealen, die die Bibliothekare des 19. Jahrhunderts anderswo beflügelt hatten, einen romantischen Touch: Sie führten *Bildung*, also persönliches intellektuelles und geistiges Wachstum, als Hauptzweck der Bibliothek in der Gesellschaft an. Der neue Weg war das geistige Kind von Walter Hofmann, einem Leipziger Autodidakten, der zum wichtigsten Bibliothekar der Nazis wurde. Hofmanns Meinung nach war der persönliche Nutzen der Bibliotheken für den Leser ihrer wahren Bestimmung untergeordnet: den völkischen Geist zu entwickeln. Stieg beschreibt dies folgendermaßen:

Während die alte Richtung auf England und die Vereinigten Staaten schaute, vergötterte die neue Richtung das Deutschtum. Die alte Richtung strebte nach dem Individuellen, die neue Richtung dachte in kollektiven Termini wie »die Öffentlichkeit«

oder »die bürgerliche Hausfrau« … Die alte Richtung betrachtete Bildung als einen Prozess, als die Gesamtheit der Mittel, mit denen ein Individuum volle Humanität erlangen konnte. Für die neue Richtung war Bildung ein Produkt, mit dem der Bibliotheksbenutzer versorgt werden musste.

Vertreter der alten Richtung schließlich sahen die Kultur als vielgestaltiges Wechselspiel; die neue Richtung hingegen war überzeugt davon, »dass die Kultur nur eine Form hatte.« Hofmann wollte ausschließlich »gute« Bücher in seiner Bibliothek und vor allem klassische deutsche Werke.

Als die Nazis an die Macht kamen, waren die Streitigkeiten zwischen alter und neuer Richtung vorüber. Die Bibliotheken halfen nun bei der großen und mystischen Aufgabe, aus den Deutschen ein wahres *Volk* zu machen. Für die Bibliothekare eröffnete der Aufstieg der Nazis unbegrenzte Möglichkeiten, und schnell machten sie sich an die Arbeit, ihre Einrichtungen dahin gehend zu verändern, dass sie bei der Entwicklung des *Volkes* behilflich sein konnten. Sie bemühten sich nach Kräften, die Nazis im Argwohn gegen Bücher zu übertreffen, die Hitler sowieso als minderwertiges Medium der inneren Erfahrung neben strengeren und allgemeineren Formen wie der Architektur betrachtet hatte. Laut offizieller Definition bestand die Aufgabe der Bibliothek darin, die gefährlichen, bürgerlichen, verweichlichenden und ablenkenden Kräfte des Lesens zu steuern und dem Volk dabei zu helfen, nützliche Informationen zu finden, ohne seinen »Geist« zu verderben. Stieg zufolge arbeiteten die Bibliothekare hart daran, die Ambivalenz der Nazis gegenüber dem Lesen in nützliche Slogans zu verwandeln und die Bibliotheken mit dem dritten Reich in Gleichschritt zu bringen. Hitler hatte formuliert, das Lesen solle »instinktiv« sein – von *völkischer* Intuition geleitet statt von anerzogener Urteilskraft. 1935 übernahmen die deutschen Bibliothekare den Slogan »Das Buch – ein Schwert des Geistes« für ihre jährlichen Feierlichkeiten der »Bücherwoche«. Das Plakat für die Bücherwoche 1936 zitiert den Führer ausführlicher: »Außer meiner Baukunst, dem seltenen, vom Munde abgesparten Besuch der Oper, hatte ich als einzige Freunde nur mehr Bücher. Ich las damals unendlich viel, und zwar gründlich. In wenigen Jahren schuf ich mir damit die Grundlagen eines Wissens, von denen ich heute noch zehre.« Stieg weist auf die Widersprüchlichkeit dieser Aussage hin; denn dem nazistischen Ideal zufolge diente Lesen nur einem begrenzten Zweck: Es ist nur eine vorbereitende Phase im Leben, eine Art notwendiges Übel.

Nichtsdestoweniger festigten die Bibliothekare wo immer sie konnten ihre berufliche Position im neuen Reich, indem sie dabei halfen, Listen mit geächteten Autoren zusammenzustellen und ihre Hauptrivalen aus dem Weg zu räumen, die in den kleineren gewerblichen Leihbüchereien arbeiteten. In vorauseilendem Gehorsam verbrannten sie ihre eigenen Sammlungen derjenigen Bücher, die Goebbels »Asphaltliteratur« genannt hatte: alles was modern und obskur war. Doch Stieg zufolge hatten die Bibliotheken nirgendwo der Nazi-Ideologie so gut den Boden bereitet wie in den deutschsprachigen Gemeinschaften außerhalb Deutschlands. Lange vor dem Aufstieg des Nationalsozialismus benutzten Aktivisten in der Tschechoslowakei, in Polen, im Elsass, in Lothringen und anderswo Bibliotheken, um den Sinn für Volksdeutschtum zu fördern. Im August 1919 – sechs Wochen nach der Unterzeichnung des Versailler Vertrages – organisierten Nationalisten den Grenzbüchereidienst, um Bibliotheken und Lesesäle in deutschsprachigen Gemeinschaften außerhalb der Grenzen der Weimarer Republik zu unterstützen. Stieg berichtet, dass der große Förderer von deutschsprachigen Bibliotheken im Ausland ein gewisser Wilhelm Scheffen war, ein Veteran des Ersten Weltkrieges, der den Verein zur Verbreitung guten völkischen Schrifttums ins Leben gerufen hatte. Nach dem Aufstieg der Nazis wurde der Grenzbüchereidienst allmählich ins Reich integriert und mutierte zu einem wichtigen Kanal für die Verbreitung der Ideologie vom Volk ohne Raum und der arischen Identität. Dank einer großzügigen staatlichen Unterstützung, die im Vaterland fehlte, funktionierten deutsche Bibliotheken in der Tschechoslowakei (ein Land, dessen Multiethnizität in einer Äußerung des Reiches als »Schande für Europa« bezeichnet wurde) bereits gut, doch in den Händen des Grenzbüchereidienstes wurden sie zu Außenstellen des Nationalsozialismus.

Traurigerweise wurde die Nazi-Ära ein perverses goldenes Zeitalter für die Bibliothekare in Deutschland – jedenfalls für jene, die ihre eigenen ethnischen Überzeugungen mit einer Affinität für den schlechten kulturellen Geschmack der Nazis verbinden konnten. Stieg schreibt dazu:

> [Die Bibliothekare] erreichten eine Neuausrichtung ihres Berufes, indem sie sich die einschlägigen Themen zu Eigen machten und sie in einer für die öffentlichen Bibliotheken spezifischen Weise anwandten. Man unterstrich den politischen Charakter der öffentlichen Bibliothek; die Idee vom Volk wurde integriert … Die nazistische Bibliothekstheorie lehnte demonstrativ Weimar ab, eine Ablehnung, die faktisch einer Verwerfung kultureller Vielfalt gleichkam und direkt zur Verbrennung von Büchersammlungen führte.

Stieg weist darauf hin, in welcher Zwickmühle sich die Bibliothekare in der Nazi-Ära befanden. »Was die Aufmerksamkeit auf diesen kleinen, eher unbedeutenden Berufsstand lenkte« – der in Deutschland noch mehr marginalisiert wurde als anderswo –, war die Tatsache, dass die Bibliothekare die Verwahrer der Büchersammlungen waren. Die Bibliothekare erwarben, ordneten und verbreiteten Bücher und anderen Lesestoff. Der Entschluss der Nazis, den Menschen vorzuschreiben, was sie zu lesen hatten und, noch wichtiger, was sie nicht zu lesen hatten, ließ das Bibliothekswesen von einem peripheren zu einem zentralen Anliegen der Regierung werden.« In dieser Hinsicht hatten die Bibliothekare in den Frühphase des dritten Reichs aktiv »Gleichschaltung« eingefordert.

Letzten Endes aber erwiesen sich die Bibliotheken als nebensächlich für die Nazis, einfach deshalb, weil ihre Benutzung fakultativ war. Wie Stieg zeigt, konnte die Regierung das Volk in Wirklichkeit nicht zwingen, Bibliotheken in dem gleichen Maß zu nutzen, wie dies bei anderen kulturellen Einrichtungen – vor allem im Bildungssystem – möglich war. Und so schwand der Enthusiasmus der Nazis für Bücher als Schwerter des Geistes. Das Dritte Reich verlangte nicht mehr nach Büchern, sondern nach blutigen Schwertern. Am Ende war der Pakt der Bibliothekare mit dem Nazismus faustischer Natur: Sie konnten nur überleben, indem sie gleichzeitig Einverständnis und Marginalität signalisierten.

Während die deutschen Bibliothekare den faustischen Pakt mit den Nazis nur mit knapper Not überlebten, blühten Bibliotheken überall, auch dort, wo die Vernichtung wütete. Wie David Shavit in *Hunger for the Printed World* beschreibt, trugen Bibliotheken zum Überleben in den Ghettos und den Konzentrationslagern bei. In Theresienstadt, der berüchtigten »jüdischen Modellstadt«, die die Nazis in der Nähe von Prag eingerichtet hatten, gab es eine Bibliothek mit ungefähr 100 000 Büchern. Selbst Block 31 in Birkenau besaß eine Bibliothek – eine traurige Sammlung von acht Büchern, die im Raum des Blockältesten eingeschlossen war. Und auch im Ghetto von Wilna errichteten Juden inmitten fürchterlicher Erniedrigung und steter Bedrohung mit Abtransport in die Todeslager eine Bibliothek. Im Oktober 1942 bereitete der Bibliothekar Herman Kruk einen Bericht über das erste Jahr der Bibliothek des Wilnaer Ghettos vor. Dieses außergewöhnliche Dokument befindet sich heute in der Sammlung des YIVO-Institutes in New York. Es ist ein Werk kühler Bibliothekswissenschaft und zugleich ein Schrei, gemischt aus Hoffnung und Verzweiflung. Dina Abramowicz, die für Kruk in der Bibliothek arbeitete, schrieb über ihr erstes Treffen im Ghetto mit ihm:

Eines Abends, als ich aus unserem überfüllten Viertel auf die Ghetto-Straße trat, lief ich Herman Kruk in die Arme. Er war der Kopf der früheren Grosser-Bibliothek in Warschau, eines bedeutenden Zentrums jüdischer säkularer und sozialistischer

Kultur. Kruk war mit dem Strom jüdischer Flüchtlinge aus Warschau gekommen. ... Er blieb ... in der Hoffnung, nach Warschau zurückkehren und seine Frau aus den Fängen der Nazis retten zu können. Doch das war ihm nicht gelungen, und so blieb er in Wilna ...

Kruk erinnerte sich an Abramowicz auf Grund seiner Besuche in der Kinderbibliothek, wo sie arbeitete. Er erzählte ihr, dass er den Judenrat, die jüdische Verwaltung des Ghettos, überzeugt habe, die Einrichtung einer neuen Bibliothek in den Räumen der alten zu unterstützen. Die Bibliotheksmitarbeiter würden vom Judenrat selbst bezahlt werden, berichtete er. Somit würden die Chancen steigen, dass sie eine Arbeitserlaubnis bekämen, die notwendig war, um der Deportation zu entgehen.

Abramowicz suchte Kruks kleinen Mitarbeiterstab in den kühlen Räumen der Bibliothek auf. Sie arbeiteten unablässig, renovierten die Räume, ordneten Bücher ein, katalogisierten die Sammlung und gönnten sich nur im Winter eine Pause, wenn die Temperaturen in dem ungeheizten Gemäuer Minusgrade erreichten. Kruk war unermüdlich, obwohl er selbst Hunger litt und trotz seiner Verzweiflung. Er kümmerte sich nicht nur um die Bibliothek, sondern führte auch ein Tagebuch, in dem er peinlich genau Details des Ghetto-Lebens festhielt. Darin erzählt er von den Konzerten und Theaterstücken, die die nach Kultur hungernden Juden aufführten; er berichtet auch schonungslos von Folterungen und Deportationen der Ghetto-Bewohner und von den qualvollen Erfahrungen derjenigen, die ihren litauischen Mördern in Ponar, dem nahe gelegenen Exekutionsplatz in den Wäldern außerhalb von Wilna, entkommen waren.

Doch wenn Kruk und seine Kollegen sich in den frostigen Räumen der Bibliothek mit ihren Katalogzetteln abmühten, erlebten sie inmitten der Bücher für kurze Augenblicke ein Gefühl des Aufatmens, ja sogar der Freude. Kruk dokumentiert in seinem Bericht diese Momente und die Versuche, sie immer aufs Neue zu erhaschen. Seine Statistiken, die er verwendete, um »das psychologische Profil der Ghetto-Leser herauszuarbeiten«, geben verschiedene Details wieder: die Anzahl der Bücher in der Bibliothek, die Sprachen, in denen sie verfasst waren, wie oft sie ausgeliehen wurden und demografische Angaben zu den Lesern. Diese Daten offenbaren ein Bild davon, welche Bedeutung das Lesen für die Mitglieder einer Gemeinschaft hatte, die zu einem Leben in der Hölle gezwungen war.

Kruk notiert, dass von 1939 an – bevor Juden ins Ghetto getrieben wurden – die zentrale Bibliothek der jüdischen Gemeinschaft von Wilna, die »Mefitse Haskalah«, immerhin 45 000 Bände umfasste. Kruk dazu: »Anfang September 1941 hat die ›Mefitse Haskalah‹ etwa zwanzig Prozent ihres Bestandes« und auch ihren Katalog mit etwa 40 000 Zetteln verloren. Sie wurden von den deutschen Besatzern konfisziert, die 1 500 Bände in Französisch, Englisch und Deutsch abtransportierten. Wie Kruk berichtet, kamen weitere »4 000 der besten Bücher« abhanden, als die Juden ins Ghetto getrieben wurden. Es besteht kein Zweifel daran, dass viele davon zusammen mit ihren Lesern schon vor der fürchterlichen Treibjagd der Deutschen verloren gingen. Der Mitarbeiterstab verschwand in dieser Zeit; der Direktor, Fayvush Krasni, wurde im September 1941 von den Deutschen gefangen genommen und hingerichtet – er war einer der 19 000 Juden, die man in Ponary erschoss, bevor das Ghetto eingerichtet wurde. Zwischen Oktober und Dezember 1941 wurden weitere 33 500 Juden aus dem Ghetto verschleppt und ermordet; gerade einmal 20 000 blieben in Wilna am Leben. Während dieser höllischen Zeit trommelte Kruk eine Mannschaft zusammen, um die Bibliothek wieder zu »besetzen«, ihren Bestand zu katalogisieren und die Leser so gut wie möglich zu bedienen. Eine Zeit lang erweiterten sie die Bibliotheksbestände um zahlreiche Bände. Im Dezember 1942 hielt das Ghetto eine Feierstunde ab, um einer erstaunlichen Tatsache zu gedenken: Seit Kruk die Bibliothek wieder eröffnet hatte, waren 100 000 Bücher im Umlauf gewesen. Doch Kruk hatte gemischte Gefühle angesichts seiner wachsenden Bücherregale: Er notiert in seinem Tagebuch, dass der Einsatzstab Reichsleiter

Rosenberg ihm aussortierte Bücher aus Synagogen und Privathaushalten schickte, die sie geplündert und zerstört hatten, um »jüdische Bücher im Ghetto zusammenzuführen.«

Abramowicz berichtet, dass Kruks Büro auf den Hof hinausging, wo die Mitglieder des Gemeinderates an die Wand gestellt und erschossen worden waren. Ein eisiger Wind wehte durch die danebenliegende große Halle, aus der Kruk einen neuen Lesesaal und ein Museum machen wollte. Dann, schreibt Abramowicz,

> wurden die zerbrochenen Glasscheiben durch neue ersetzt; die Wände wurden mit frischer Farbe geweißt. Glasvitrinen entlang der Wände zeigten Torarollen, silberne Weinpokale, Kerzenhalter und bestickte Vorhänge für die Tora-Schreine. Im Lauf der Zeit stieg die Zahl der Torarollen im Besitz des Museums beträchtlich an. Sie kamen auf mysteriöse Weise aus den umliegenden Ortschaften und waren gleichsam ein deutliches Zeichen für das Verschwinden jüdischer Gemeinschaften. Es war inzwischen nicht mehr ratsam und auch nahezu unmöglich geworden, sie alle zur Schau zu stellen, es sei denn, man hätte zeigen wollen, dass das Museum dabei war, sich in einen Friedhof zu verwandeln. Die Rollen wurden in Betttücher gewickelt, und so lagen sie, still und versteckt, in den Ecken des Ghetto-Archivs.

Kruk berichtet, dass die Bibliothek im September 1942 4700 eingeschriebene Benutzer hatte. Als die Sammlungen wuchsen, richtete die Bibliothek »Zweigstellen« im Gefängnis des Ghettos, im Kinderheim und an anderen Stellen ein. Kruks Mitarbeiter nahmen eine rigorose Neukatalogisierung in Angriff und erstellten in der Zeit, als der Bericht entstand, siebenundzwanzig Themenkataloge.

In Kruks Bericht veranschaulichen herrliche handgezeichnete Tabellen und Diagramme eine Reihe von Fakten: Die Zusammensetzung des Buchbestandes wird in Form eines Bücherregales dargestellt, in dem ein Buch jeweils für tausend Bände steht. Auch die Art und Weise, wie die Bücher ausgeliehen wurden, wird anhand von Bücherreihen gezeigt; ein enormer Band stellt die 78,3 Prozent entliehener Bücher belletristischen Inhalts dar; daneben befindet sich ein kleinerer Band für das Kinder- und Jugendbuch (17,7 Prozent aller Ausleihen) und ein winzig kleines Buch, ein Miniaturbändchen, für Sachliteratur (4 Prozent). Aus diesen und anderen Tabellen leitet Kruk gewisse Tendenzen ab. Seit der Schließung des Ghettos hatte die Anzahl der Bücher in Jiddisch und Hebräisch zugenommen. Gleiches galt für die Leserschaft der Bibliothek: 20 Prozent aller eingeschriebenen Leser entliehen an Wochentagen, an den Sonntagen stieg der Anteil auf 25 Prozent. Die Bücher der Bibliothek waren natürlich nicht so herausgeputzt und frisch wie Kruks optimistische Diagramme. Dina Abramowicz beschreibt den von der Bibliothek betreuten Bücherbestand:

> Dort gab es Bände, in denen am Anfang und am Ende Dutzende von Seiten fehlten, und wahrscheinlich waren es nicht weniger in der Mitte, sie waren wieder und wieder gebunden und neu gebunden, so dass kein Seitenrand vorhanden war und der Beginn der Zeile irgendwo tief im Buchrücken verschwand – kurz und gut, wahrhafte Buch-Invaliden, die es schon vor langer Zeit verdient gehabt hätten, in den Ruhestand entlassen zu werden.

Doch gleichgültig, wie der Zustand der Bücher war – die Ghetto-Bewohner dürsteten nach ihnen. In einem zusammenfassenden Abschnitt des Berichtes mit dem Titel »Das Lese-Wunder« versucht Kruk, die »Psyche des Ghetto-Lesers«« zu analysieren. Bücher, so seine Frage, »wem wäre daran jetzt gelegen?« Er erinnert daran, dass in früheren Tagen, als die Stadt »in jüdischem Blut ertrank«, Lesen nicht nur ein unmöglicher Luxus war, sondern auch eine Flucht vor den ringsum herrschenden Zuständen darstellte. Und doch fanden die Ghetto-Bewohner schon relativ früh, dass sie ohne das »Narkotikum« der Bücher nicht überleben konnten. Selbst inmitten der Deportationen zirkulierten Bücher, doch, wie Kruk schreibt, »brachten es die ›Aktionen‹ auch mit sich, dass mit den verschleppten Lesern die ausgeliehenen Bücher verloren waren: weniger Menschen im Ghetto – weniger Bücher in der Bibliothek.« Kruk berichtet weiter:

> Jeder lebt in ständiger Spannung und kennt nur ein Ideal: dem Ghetto zu entkommen. Dabei ist das wichtigste Problem, sich wenigstens den täglichen Lebensunterhalt zu sichern, um zu überleben. In dieser psychologischen Situation gibt es nur zwei Möglichkeiten: lesen, um sich zu betäuben und nicht zu denken, oder lesen, gerade um nachzudenken, sich für vergleichbare Schicksale zu interessieren und aus solchen Analogien gewisse Schlüsse für sich zu ziehen …
> Der Leser sieht gern im Buch einen Spiegel seiner eigenen Lage und Lebensumstände …
> Analogien: Man hat festgestellt, dass ein hungriger Mensch gern über den Hunger liest, während ein satter Mensch solche Literatur nicht schätzt. Psychologische Situation: Es ist bekannt, dass z. B. Jugendliche auf Abenteuer aus sind und Abenteuer-Literatur bei Lesern dieses Alters sehr gefragt ist.
> Ähnliches lässt sich im Ghetto beobachten: In der Gruppe gesellschaftlich-bewusster Leser steht in allen Sprachen an erster Stelle Tolstois Werk *Krieg und Frieden*.

Zu den anderen begehrten Büchern gehörten der von den Nazis auf den Index gesetzte Roman *Im Westen nichts Neues* von Erich Maria Remarque und Werke zur jüdischen Literatur und Geschichte. Auf großes Interesse stieß auch ein Buch über die Geschichte des Massakers der Türken an den Armeniern. »Wer erinnert sich schon noch an die Armenier?«, fragte Hitler einst in seinem engsten Kreis und versicherte seinen Vertrauten, dass die Geschichte letztendlich auch die Endlösung vergessen werde. Doch die Bewohner des Ghettos erinnerten sich sehr wohl an die Armenier.

Die »Mehrheit« der Leser jedoch begnügte sich mit »Literatur, die ihr die Flucht aus der Wirklichkeit ins Reich der Fantasie ermöglicht ... Der eine findet Vergessen in unterhaltender Lektüre, der andere in der Suche nach Erkenntnis.« Beide Impulse sind letztendlich bloß »Mittel, sich zu berauschen«, wie Kruk später erklärt, und der Ton seiner Zusammenfassung wird mit einem Mal düster und wissend: »Von einer erzieherischen Arbeit der Bibliothek, die den Leser bildet und führt, kann keine Rede sein. Dem steht sowohl die allgemeine Situation im Ghetto wie auch der Büchermangel in der Bibliothek entgegen. Das Magazin enthält nur, was eben übrig geblieben ist, neue Bücher kommen nicht hinzu ... Die Bücher fallen auseinander, jetzt noch vollständigen Ausgaben droht die Ausdünnung ... bald besteht die Bibliothek nur noch aus leeren Regalen.« Im September 1943, einige Wochen vor der endgültigen Liquidierung des Ghettos, wurde Kruk nach Estland deportiert. Ein Jahr später wurde er im Konzentrationslager Klooga ermordet.

Die Liste der im 20. Jahrhundert zerstörten Bibliotheken ist lang. Als die Volksbefreiungsarmee in Tibet einfiel, machte sie die Klöster dem Erdboden gleich; Hunderttausende von Büchern gingen in Flammen auf. Die typische Gestalt des tibetischen gedruckten Buches – lange, schmale Kodizes, die im Holztafeldruck hergestellt, mit karmesinrotem Faden gebunden und in safrangelbe Einbände eingekleidet wurden; eine Gestaltung, die Jahrhunderte älter ist als die Gutenberg-Bibel – hörte beinahe auf zu existieren. Mönche und Flüchtlinge brachten auf Pferden und Maultieren ganze Bibliotheken über die Grenze nach Indien, wo sie nicht nur neue Bibliotheken gründeten, sondern auch neue Druckereien ins Leben riefen. So erhielt man das Handwerk der tibetischen Buchherstellung wie ein Priestergeschlecht des Lamaismus am Leben. In anderen Gebieten Chinas litten die Bücher fürchterlich zu Zeiten der Kulturrevolution. Doch überall dort, wo gelesen wird, brennen auch Bücher: 1981 steckten singhalesische Nationalisten die Tamilen-Bibliothek von Jaffna auf Sri Lanka in Brand. Sie beherbergte Tausende von Handschriften, Palmblätter-Rollen und gedruckten Büchern und war eines der größten Museen für

Kultur und Geschichte in Südasien, eine Art lebendes Testament der multiethnischen, ökumenischen Gesellschaft Sri Lankas. Und drei Jahre, bevor die Taliban die Buddhas in Bamian sprengten, kündigten sie ihre Bereitschaft, Kulturgüter zu zerstören, an, indem sie die 55000 Bücher des Kulturzentrums Hakim Nasser Khosrow Balkhi im Norden Afghanistans vor den Augen des entsetzten Direktors in Flammen aufgehen ließen.

Die Zerstörung einer Bibliothek ist einfach die roheste Form von Meinungsäußerung. Aber auch Bibliotheken, die intakt gelassen werden, können Werkzeuge der Unterdrückung und des Völkermords werden, solange sie Kanones vorschreiben, die den Dünkel eines mystischen Nationalismus und den Willen zur Reinheit vermitteln. In der vielleicht entscheidendsten Szene von *Black Boy*, seiner mitreißenden Autobiografie, berichtet Richard Wright, dass die Bibliotheken der Südstaaten, wo Jim Crow lebte, nicht nur gewisse Bücher als von der Norm abweichend betrachteten; sie waren auch der Meinung, dass manche Menschen nicht dazu geeignet wären, Leser zu sein. Wenn die neue Bibliothek große Hoffnungen auf Fortschritt mit sich brachte, so konnte sie doch auch unerträgliches Leid erzeugen und diese Hoffnung zunichte machen.

Wright berichtet davon, wie sein Interesse für Bücher geweckt wurde. Er war damals siebzehn Jahre alt und arbeitete in einer Fabrik, als er eines Tages auf eine Zeitung stieß, in der ein Buch von H. L. Mencken verrissen wurde. Da er sich bereits eine kritische Meinung über die Unterdrückung im Süden gebildet hatte, war für ihn schnell klar: Wenn eine Zeitung aus dem Süden sich gegen etwas verwehrte, was Mencken geschrieben hatte, so musste dieser offensichtlich etwas Wichtiges zu sagen haben. Er wollte Mencken lesen. Doch die Bibliothek war Schwarzen verschlossen, und Wright wusste, dass die Entwicklungsprogramme, die die Bibliothekare im 19. Jahrhundert befürworteten, keinen Platz für ihn hatten.

Aber vielleicht gab es ja doch einen Weg: In der Vergangenheit durfte er die Bibliothek betreten, um bestellte Bücher für die Weißen, für die er arbeitete, abzuholen. Nun musste er jemanden finden, der bereit war, ihn nach Büchern zu schicken, die in Wirklichkeit aber für ihn selbst bestimmt waren. Diese Wahl musste sehr sorgfältig getroffen werden; denn wandte er sich an den Falschen, konnte das schlecht ausgehen. Schließlich beschloss er, einen Katholiken zu fragen, der, wie er bemerkt hatte, gegen die Bigotterie wetterte, die er selbst von Seiten der Protestanten aus den Südstaaten erfahren hatte. Nach anfänglichem Zögern willigte der Mann schließlich ein: Wright durfte seinen Ausweis benutzen und seinen Namen auf den Bestellzetteln eintragen – doch nur unter der Bedingung, dass er die volle Verantwortung übernahm, wenn man ihm auf die Schliche kam.

Wrights Schilderung der Gefahren seines Beutezugs in der Bibliothek machen deutlich, dass er in einem wahren Polizeistaat lebte, in dem jeder Weiße Macht ausüben konnte. Selbst etwas anscheinend so Harmloses wie das Bestellen von Büchern wurde zu einem Verhör, und sein erster Besuch in der Bibliothek mit dem geborgten Ausweis war eine einzige Qual. Obwohl er die Bibliothek bereits vorher viele Male besucht hatte, fürchtete Wright jetzt, dass ihm bei seinen »Botengängen für Weiße« irgendein Fehler unterlaufen und er sich verraten würde.

Am Schalter nahm er seine Mütze ab, wartete, bis die Weißen in der Schlange bedient worden waren, und versuchte, so »unbuchmäßig« wie möglich auszusehen. Endlich nahm die Bibliothekarin Notiz von ihm. Ohne ein Wort reichte er ihr Falks Bibliotheksausweis und den gefälschten Zettel, auf dem zwei Bücher von Mencken aufgelistet waren. Zuerst war die Bibliothekarin misstrauisch. Wright erinnerte sie daran, dass er schon früher Besorgungen für Mr. Falk in der Bibliothek gemacht hatte, doch sie war noch immer unsicher und fragte ihn, ob er wohl vorhätte, die Bücher selbst zu benutzen. »Oh, nein, Madam«, antwortete Wright. »Ich kann nicht lesen.«

Sie entfernte sich, um die Bücher zu holen, und murmelte dabei etwas von Mencken vor sich hin. »Ich wusste nun, dass ich gewonnen hatte«, berichtet Wright. »Sie dachte an etwas ganz ande-

res, die Rassenfrage war aus ihren Gedanken verschwunden …
Schließlich kam sie mit den Büchern in der Hand zurück.«
Wright hatte die Grenze unbeschadet überschritten. An diesem
Tag ging er mit zwei Büchern nach Hause: Menckens *A Book of
Prefaces* und *Prejudices*.

Wright nutzte den Bibliotheksausweis als Visum für die Welt der
Bücher. Zuerst war es allein die Ausdruckskraft, die ihn begeister-
te – nicht die Wörter, wie er sagt, sondern die Möglichkeit, dass
Menschen den Mut haben, sie überhaupt auszusprechen. Doch
letztendlich waren es die Romane, die seine Sensibilität und Vernunft prägten. Diese Romane waren mehr als nur erholsamer
Lesestoff – in ihnen fand Wright die Mittel, die Welt neu zu
gestalten. Durch Sinclair Lewis verstand er seinen Boss geradeso
wie Elmer Gantry. Mit Dreiser erlebte er noch einmal das Leiden
seiner Mutter; bis dahin war er nicht imstande gewesen, sich damit auseinander zu setzen. »Es wäre mir nicht möglich gewesen,
irgendjemandem zu erzählen, was ich diesen Romanen entnom-
men hatte, denn es war nichts Geringeres als der Sinn des Lebens
selbst.«

Doch es war eine gefährliche Zeit für Wright, denn seine neu
entdeckte Liebe zu den Büchern erregte Misstrauen bei seinen
weißen Arbeitskollegen, die sich ihm gegenüber als Herren auf-
spielten.

»Junge, wozu liest du solche Bücher?«
»Oh, ich weiß nicht, Sir.«
»Das ist schlechtes Zeug, was du da liest, Junge.«
»Ich schlage nur die Zeit tot, Sir.«
»Du wirst dir das Gehirn verderben, wenn du nicht aufpasst.«

Wright fürchtete, dass in einem unbedachten Moment seine neu
gewonnene Sensibilität sich von selbst verraten und einen Weißen
dazu verleiten könnte, ganz einfach kurzen Prozess mit ihm zu
machen. Er hütete jedes Wort und beherrschte seine Gesichts-
züge, um alle Spuren seines neuen Wissens zu verstecken.

Es besteht kein Zweifel daran, dass der Empfang, den man Wright in der Bibliothek bereitete, typisch für seine Zeit war. Schwarze Amerikaner wurden, im Norden wie im Süden, in öffentlichen Bibliotheken herabwürdigend, mit Unverständnis und offener Feindseligkeit behandelt. »In den Nordstaaten«, schrieb Arthur Bostwick im Jahr 1910, »gibt es theoretisch keine Diskriminierung ... Dennoch benutzt der Schwarze im Norden die Bibliothek nicht in dem Maße, wie man es erwarten könnte ... Man könnte meinen, dass die Rasse instinktiv spürt – zu Recht oder nicht –, dass sie nicht erwünscht ist.«

Der Studie *The Southern Negro and the Public Library* (1941) von Eliza Atkins Gleason zufolge gab es im Süden für Schwarze bis ins frühe 20. Jahrhundert hinein keine öffentlichen Bibliotheken. Oft hatten die Colleges der Schwarzen ihre Bücherbestände der Öffentlichkeit zugänglich gemacht, und manchmal bildeten sie Bibliothekare für den Dienst in öffentlichen Bibliotheken aus. Doch selbst in den Staaten, die am reichhaltigsten mit Bibliotheken ausgestattet waren, wurden die Schwarzen fast grundsätzlich nicht in die Versorgung mit Büchern einbezogen.

Georgia hatte 1936 beispielsweise 53 Bibliotheken, von denen nur fünf auch Schwarze bedienten; von 44 öffentlichen Bibliotheken in Florida durften Schwarze vier nutzen. Im gleichen Jahr stand nur eine der 19 Bibliotheken in Arkansas den Schwarzen offen, ein Muster, das sich in nahezu allen Südstaaten wiederholte: von Alabamas 18: zwei; von Kentuckys 64: vierzehn; von Louisianas 16: drei; von Mississippis 22: zwei. West Virginia bildet eine Ausnahme, denn zu dieser Zeit schrieb ein staatliches Gesetz vor, dass Bibliotheken, die öffentliche Gelder erhielten, den Schwarzen uneingeschränkt Zugang gewähren mussten. Doch darüber, welche Art von Service das war, sagt die Studie nichts aus. Nur in Texas ging die Anzahl von öffentlichen Bibliotheken, die Schwarze bedienten, über den Anteil der Schwarzen an der Bevölkerung hinaus; in den meisten Fällen jedoch ist die Differenz erschreckend: In Mississippi zum Beispiel machten die Schwarzen sage und schreibe 50,24 Prozent der Bevölkerung aus, doch nur

8,11 Prozent der Bibliotheken des Staates gestatteten ihnen die Nutzung der Einrichtungen.

Natürlich mussten Afroamerikaner nicht immer Leihzettel fälschen, um an Bücher zu kommen. Im Süden gab es die Bibliotheken der historisch gewachsenen schwarzen Colleges; in der Zeit vor dem Krieg gründeten freigelassene Sklaven im Norden literarische Gesellschaften und Subskriptionsbüchereien – ähnlich denen in der kultivierten weißen Gesellschaft. Mit ihrer Hilfe machten sie die Bücher ihrer ganzen Gemeinschaft zugänglich. Wie die Historikerin Elizabeth McHenry gezeigt hat, entwickelten sich diese sozialen Bibliotheken unabhängig von der häufig paternalistischen Schirmherrschaft weißer Abolitionisten und trugen zu einem afroamerikanischen Identitätsgefühl bei, das schneller wuchs, als das 19. Jahrhundert voranschritt.

Wie es die Ironie des Schicksals wollte, befand sich eines der ersten Beispiele für eine öffentliche Südstaaten-Bibliothek, die den Schwarzen den Zugang zu Büchern ermöglichte, in Wrights Stadt Memphis. Gleason schreibt, dass die »Cossitt-Bibliothek von Memphis, Tennessee, im Jahr 1903 eine Vereinbarung mit dem Lemoyne-Institut, einer Schule für Schwarze, traf, laut der die Schule den Raum stellen und die Cossitt-Bibliothek für die Bibliothekare und die Bücher aufkommen sollte. Diese Schulbibliothek war auch für alle interessierten Schwarzen aus der Stadt Memphis und den umliegenden Bezirken zugänglich.«

Sarajevos Rathaus ist ein verblüffendes Beispiel für die Renaissance des maurischen Architekturstils. Es ist bekannt unter dem Namen Vijećnica und öffnete 1896 am Ufer des Flusses Miljacka seine Pforten. Kurt Schork schrieb in der *New York Times:* »Die Mischung aus imposantem Mauerwerk und architektonischer Verspieltheit fing den Charakter der Stadt in der Nachkriegszeit ein.« 1914 traten der österreichisch-ungarische Thronfolger Franz Ferdinand und seine Gemahlin Sophie ihre schicksalhafte Autofahrt zur Vijećnica an; wenige Minuten später tauchte Gavrilo Princip aus der Menge auf und feuerte die beiden Schüsse ab, mit denen der Erste Weltkrieg begann. Doch Bedeutung erlangte das Gebäude vor allem durch seine Funktion in der Nachkriegszeit: indem es die 1,5 Millionen Bücher der bosnischen National- und Universitätsbibliothek beherbergte.

In der Nacht zum 25. August 1992 gegen 22:30 Uhr eröffnete, nördlich der Straße Sarajevo–Pale auf den Höhen des Berges Trebevic, der serbische Nationalist Ratko Mladic das Feuer auf die bosnische National- und Universitätsbibliothek am gegenüberliegenden Ufer des Flusses. Anwohner in der Nachbarschaft der Vijećnica berichteten, dass das allgemeine Bombardement der Stadt am Abend plötzlich dem gezielten Beschuss der Bibliothek wich. Eine Reihe von Explosionen erschütterte die Stadt, als Brandgeschosse in das Dach der Bibliothek einschlugen, in das Innere des Gebäudes fielen und die Bücherregale in Brand setzten.

Viele Einwohner von Sarajevo strömten zur Bibliothek, wo sie mit wütendem Eifer begannen, die Bücher aus den um sich greifenden Flammen zu retten und Überlebende aus dem Gebäude herauszuführen. Eine Mitarbeiterin, Aida Buturovic, kam bei dem Brand ums Leben. Filmaufnahmen, die in der brennenden Bibliothek gemacht wurden, zeugen von dem Inferno, das in der weiträumigen Haupthalle herrschte: In der rauchgeschwängerten Luft geht ein Schneeregen aus schwebenden, verkohlten Buchseiten nieder. Als die Feuerwehrleute eintrafen, gerieten sie unter Beschuss; Soldaten auf den Hügeln feuerten Flugzeugabwehrgeschosse und Maschinengewehre ab; beides richtete an dem Gebäude selbst nicht viel Schaden an, doch es zerfetzte Feuerwehrleute und ihr Gerät. Während der Nacht brachten bosnische Soldaten unter dem vernichtenden Feuer der serbischen Nationalisten Bücher aus der Bibliothek heraus. Die Rettungsversuche dauerten noch einige Tage an; der Kommandeur einer Löschbrigade erinnerte sich später an den Anblick von Büchern, die über der Bibliothek durch die Luft flogen. Augenzeugen beschrieben, dass sich Asche und Papier vom Brand der Bibliothek in den Höfen ihrer Häuser sammelten. Ein Bewohner Sarajevos äußerte gegenüber dem Reporter Kurt Schork, das Gebäude sei sogar dann

Aufräumarbeiten im August 1996 in der ausgebrannten bosnischen Nationalbibliothek, Sarajevo. Mehrere Millionen Bücher wurden bei dem Angriff auf die
Bibliothek vernichtet. Foto: Dragan Fiipovic.

noch wunderschön, wenn es in Flammen stehe. Der bosnische Dichter Goran Simic sammelte Stücke des brennenden herabfallenden Papiers ein und schrieb später das Gedicht »Lamento für Vijećnica«, in dem er die tragische Absurdität der Zerstörung der Bücher in Worte fasst. Darin heißt es: »Freigesetzt aus den Regalen / irrten Buchstaben durch die Straßen / verschmolzen mit Vorübergehenden / und den Seelen toter Soldaten.«

Die Geschichte von Nikola Koljevic, einem ehemaligen Gelehrten, der in die nationalistischen serbischen Regierungskreise aufstieg, verrät viel über die verworrenen Motive und Ressentiments, von denen die Zerstörer der Bibliothek getrieben waren. Vor dem Krieg war Koljevic ein bekannter Shakespeare-Experte gewesen. Neben seinen wissenschaftlichen Werken schrieb er Gedichte und Kritiken und bewegte sich wie ein Fisch im Wasser des kosmopolitischen Milieus von Sarajevo. In einem Artikel, den sie im März 1997 für den *Manchester Guardian* verfasst hat, beschreibt die Journalistin Janine Di Giovanni, wie Koljevic sich von der Wissenschaft ab- und dem serbischen Nationalismus zuwandte und wie er schließlich zum Vizepräsidenten der bosnischen Serben aufstieg – zum »Jago des Othello, der in [Radovan] Karadzics Ohr flüsterte.«

Nikola war nicht der einzige berühmte Koljevic in Sarajevo. Sein Bruder Svetozar, eine Koryphäe auf dem Gebiet der amerikanischen Literatur, war beliebt bei seinen Studenten und bekannter als Nikola. Außerdem war Svetozar, dessen Frau Bosnierin muslimischer Abstammung war, mehr in der multikulturellen Szene der jugoslawischen Intellektuellen zu Hause. Als Nikolas Sohn Ende der siebziger Jahre bei einem Skiunfall ums Leben kam, fiel Koljevic in eine Depression, die dazu führte, dass er sich dem serbischen Nationalismus und orthodoxen Mystizismus zuwandte. Er wurde einer der ersten Anhänger des bosnischen Serben-Führers Radovan Karadzic (der seinerseits poetische Ambitionen hatte); mit seinen gepflegten Manieren und seinem fließenden Englisch brachte er es zu einem wichtigen Sprecher der Bewegung und erlangte schnell großen Einfluss. 1992 floh er mit Karadzic in den nahe gelegenen Erholungsort Pale, um dort eine bosnisch-serbische Hauptstadt zu gründen, und leitete die Belagerung Sarajevos. Für ihn verkörperte die Vijećnica all das, was er an der Stadt hasste: Sie umfasste ihre gesamte Geschichte und ihr osmanisches Erbe; innerhalb ihrer Mauern blühte das wissenschaftliche Leben, das letzten Endes auf Svetozar anziehend gewirkt, aber zu seiner eigenen Entfremdung geführt hatte. Di Giovanni zufolge unterzeichnete am Ende Nikola – der als ehemaliger Gelehrter über viele Jahre hinweg die bosnische Nationalbibliothek und die Universitätsbibliothek intensiv genutzt hatte – den Befehl, dass Ratko Mladic die Vijećnica beschießen und die Bibliothek zerstören sollte.

Di Giovanni beendete ihre Geschichte ungefähr sechs Wochen, nachdem Nikola Koljevic sich erschossen hatte. Der frühere Vizepräsident hatte seine Gründe dafür: Er war endgültig von der politischen Macht ausgeschlossen worden und fühlte sich durch die Dayton-Verträge erniedrigt, die sowohl dem Krieg als auch den nationalistischen Bestrebungen der bosnischen Serben ein Ende setzten. Während er seine Anklage als Kriegsverbrecher erwartete, passte er einen günstigen Augenblick ab. Bekannte und Kollegen von Koljevic, mit denen Di Giovanni gesprochen hatte, betrachteten seine Zerstörung der Bibliothek als einen weiteren Grund für den Selbstmord. Ein Bekannter, ein Wissenschaftler, der während der langen Belagerung Sarajevos gezwungen war, die eigenen Bücher als Heizmaterial zu benutzen, erzählte Di Giovanni von einem Essay über Macbeth, den Koljevic geschrieben hatte. »Bei dem Versuch, mehr zu werden, als er ist, zerstört Macbeth sich praktisch selbst«, hatte Nikola beobachtet. Der Wissenschaftler hielt inne und dachte nach. »Dieser Satz«, fuhr er fort, »würde sich wunderbar als Inschrift auf Nikolas Grab eignen.«

Die Vijećnica war nicht die einzige Bibliothek, die von den Serben angegriffen wurde; ihre Zerstörung war nur ein Beispiel für die gezielte Kampagne, die gegen die bosnische Kultur geführt wurde. Drei Monate zuvor hatten serbische Nationalisten das Orient-Institut mit Brandbomben attackiert; laut András Riedlmayer, einem Bibliothekar, Wissenschaftler und Aktivisten, waren 5 263 gebundene Manuskripte in Arabisch, Persisch, Hebräisch und Adzamijski (bosnisches Slawisch in arabischer Schrift) als Verlust zu beklagen; darüber hinaus 7 000 Schriftstücke aus osmanischer Zeit – Primärquellen für fünf Jahrhunderte bosnischer Geschichte; eine Sammlung von Grundbuchregistern aus dem 19. Jahrhundert und weitere 200 000 Dokumente aus der osmanischen Zeit. Auch das bosnische Nationalmuseum und das Nationalarchiv von Herzegowina wurden unter Beschuss genommen, ebenso die Universitätsbibliothek von Mostar, das Museum von Herzegowina, die Bibliothek der römisch-katholischen Diözese in Mostar (Verlust von 50 000 Büchern) und, wie Riedlmayer belegt hat, Hunderte von weiteren Bibliotheken, Museen und architektonischen Schätzen in ganz Kroatien, Bosnien, Herzegowina und in letzter Zeit auch im Kosovo. In diesem Register der Zerstörung aber hat die bosnische National- und Universitätsbibliothek wohl die größten Verluste zu verzeichnen: Von ihren 1,5 Millionen Bänden wurden nahezu alle zerstört, darunter auch über 150 000 antiquarische Bücher. Jeffrey Spurr, ein Kollege von Riedlmayer und Koordinator der multinationalen Bemühungen zum Wiederaufbau der unersetzlichen Sammlungen Bosniens, bezeichnet das Zerstörungswerk als »wahrscheinlich schlimmsten Einzelfall vorsätzlicher Bücherverbrennung in der Geschichte überhaupt«. Spurr unterstreicht, dass die Bibliothek »die Anstrengungen ganzer Generationen beherbergte«. Die Werke, die sie enthielt, zeigen, dass sich, entgegen der Polemik serbischer Nationalisten und gleichermaßen westlicher Kritiker, »das multikonfessionelle Bosnien in Jahrhunderten osmanischer und später in Jahrzehnten österreichischer und jugoslawischer Herrschaft erfolgreich entwickelt hatte und seine Bewohner, welcher Herkunft auch immer, fähig waren, nicht nur nebeneinander her, sondern auch miteinander zu leben.« Und genau aus diesem Grund wurde die Stadt zur Zielscheibe der Gewehre der Nationalisten.

Auch für Riedlmayer sind die Motive der Nationalisten nur allzu offensichtlich. »In ganz Bosnien«, so schrieb er, »zielte man darauf ab, Bibliotheken, Archive, Museen und kulturelle Einrichtungen zu zerstören. Man versuchte, Bücher, Dokumente und künstlerische Werke zu vernichten, denn sie waren materielle Beweise, die zukünftige Generationen daran hätten erinnern können, dass Menschen verschiedener ethnischer und religiöser Gruppierungen einst ein gemeinsames Erbe teilten«. Riedlmayer hat beredt über die *Convivencia* geschrieben, die mit Leben erfüllte Vorstellung von der Kultur des maurischen Spaniens: Hier wurden die Traditionen von Muslimen, Juden und Christen als Beiträge zu einer Zivilisation betrachtet, die größer als die Summe ihrer Teile war. Ähnliche Überzeugungen, stellt Riedlmayer fest, beflügelten einst das intellektuelle und kulturelle Leben auf dem Balkan in der osmanischen Zeit. Doch die serbischen Nationalisten, die im August 1992 Sarajevo besetzten, konnten eine so direkte Bestreitung der von ihnen hochgehaltenen Ideale ethnischer Reinheit schlecht dulden. »Sonderbar bei all dem ist, dass es zu einer Umkehrung der Perspektive kam – die ›ethnischen Säuberer‹ bewiesen eine profunde Kenntnis der kulturellen und religiösen Faktoren: Diese waren die wichtigsten Kriterien für die Auswahl ihrer Ziele.« Ihr Versuch, die bosnischen Bibliotheken zu zerstören, ist auf grausame Weise ironisch, denn er bestätigt die westlichen Vorurteile über den unausrottbaren Hass der Balkanvölker aufeinander, auch wenn er gerade die Beweise für das Gegenteil auslöscht: die reichen und vielfältigen Erzeugnisse eines Jahrtausends des kulturellen und intellektuellen Zusammenlebens in der Region. Westliche Kräfte, die sich für den Frieden engagieren, Aufbauhelfer und Bürokraten versäumen es allerdings, die Zerstörung von Kulturgütern als Vorboten für einen Genozid zu erkennen, was sie jedoch ohne Zweifel ist.

Als Kind flüchtete András Riedlmayer mit seiner Familie vor der Machtergreifung der Kommunisten aus Ungarn. Heute ist er Bibliothekar und Historiker, dessen Spezialgebiet das islamische Südeuropa ist. Sein Büro in der Fine Arts Library in Harvard ist ein ruhiger, heller und freundlicher Raum voller Bücher, Ordner und überquellender Zettelkästen. In diesem Büro verfolgten

Riedlmayer und Jeffrey Spurr zahlreiche Initiativen zur Bewahrung der Kultur des Balkan und zur Auslieferung derjenigen, die sie zerstören wollten, an die Justiz. Von Riedlmayer zusammengetragene Dokumente – Fotografien, Zeugenaussagen, Aufzeichnungen von den Schauplätzen des Geschehens und Berichte, die die Zerstörung von Kulturdenkmälern von Bosnien bis in den Kosovo dokumentieren – lieferten Beweise für Kriegsverbrechen. Ganz oben in einer Vitrine stehen einige abgedeckte Petrischalen, die ebenfalls Beweismaterial enthalten: verkohlte Überreste von verbrannten Büchern, die András persönlich in seine Obhut genommen hat. Als ich András zum ersten Mal in seinem Büro besuchte, kam mir der Gedanke, dass er im Grunde ein Bibliothekar der verbrannten Bücher ist.

Wie die Fragmente der Villa der Papyri in Herculaneum tragen die verkohlten Stücke hier fragmentarische Zeichen ihrer Herkunft: Auf manchen sind Spuren von Buchstaben zu erkennen, schwärzer als das verkohlte Papier. Größere Brocken bestehen oft aus verschmolzenen Seiten, deren Ränder nur leicht verkohlt sind, wie es für die Kanten eines Buches typisch ist. »Man sieht daran, dass es eigentlich sehr schwer ist, Bücher zu verbrennen«, erklärt mir András mit einem Lächeln und wiederholt somit die bittere Lektion, die die schockierten deutschen Bücherliebhaber lernen mussten, als die Nazis an die Macht kamen. Er zeigt mir Aufnahmen aus dem Inneren von zertrümmerten Moscheen im Kosovo: Verkohlte Bücher stapelten sich hüfthoch in den Ecken, wo sie mit Benzin übergossen und angezündet worden waren. »Die Seiten eines Buches sind fest aneinander gepresst, so dass der Sauerstoff das Feuer schlecht nähren kann«, führt András aus. »Die Angreifer hatten sich das nicht klar gemacht.« Viele Bücher auf diesen Fotos sind nicht mehr zu reparieren, und doch ist ihre Form erhalten geblieben und ganze Absätze in diesem Wirrwarr sind noch vollständig sichtbar. Mehr noch: Obwohl beschädigt, könnten sie gereinigt und wieder lesbar gemacht werden.

Das Projekt »Sammlung bosnischer Manuskripte« forscht in Bibliotheken rund um die Welt nach Kopien des Materials, das während des Bosnien-Krieges verloren gegangen ist, während die bosnische bibliografische Datenbank, die von einem breiten Konsortium von Universitätsbibliotheken aufgebaut wurde, als ersten Schritt zur Wiederherstellung einer Nationalsammlung eine Bibliografie dieses Materials erstellt. Gleichzeitig arbeitet Riedlmayer an einer Datenbank, die die Zerstörung von Bibliotheken und Kulturdenkmälern auf dem Balkan als Beweismittel für künftige Kriegsverbrecherprozesse dokumentieren soll. Vor kurzem reiste er nach Den Haag, um als Zeuge im Verfahren gegen den ehemaligen serbischen Präsidenten Slobodan Milosevic auszusagen.

Beim Kaffeetrinken an einem Nachmittag im Sommer 2001 berichtete mir András von einer weiteren Methode, Bücher zu verbrennen, von der ihm ein Kollege, der die Belagerung von Sarajevo überlebt hatte, erzählte. Im Winter war dem Wissenschaftler und seiner Frau das Feuerholz ausgegangen, und so begannen sie, ihre Bücher anzuzünden, um heizen und kochen zu können. András erinnert sich an die Worte seines Freundes: »So etwas zwingt einen, genau zu überlegen. Man muss Prioritäten setzen. Zuerst verbrennst du deine alten College-Lehrbücher, die du in den letzten dreißig Jahren nicht angerührt hast. Dann kommen die dran, die du doppelt hast. Doch schließlich bist du auch gezwungen, schwerere Entscheidungen zu treffen. Wer soll heute brennen: Dostojewski oder Proust?« Ich fragte András, ob sein Freund noch Bücher besaß, als der Krieg vorüber war. »Oh ja«, antwortete er mir, wobei ein Lächeln über sein Gesicht huschte. »Er hatte immer noch viele Bücher. Manchmal, so sagte er mir, betrachtest du deine Bücher und entscheidest dich für den Hunger.«

Verloren in den Regalen

Es war einmal ein Junge, der kletterte eine Leiter hinauf und starrte durch ein Fenster, das auf die weit außerhalb von Kairo gelegene Wüste hinausging. Er schaute nach oben: Am äußersten Ende der Leiter befand sich in der Wand ein kleines Loch. Er schaute nach unten: Das Papier, das er mit seiner Hand umklammerte, war zerknittert und schweißnass. Es waren Seiten von Schulheften, wahllose Notizen und Briefe, Abfall: Man hatte ihm aufgetragen, die lange Leiter hochzusteigen und das Papierknäuel durch das Loch zu stoßen.

Endlich langte er oben an, zitternd und außer Atem. Er starrte auf das Loch, das dunkel war wie ein Mund. Es war die Genisa, das Grab alles Geschriebenen – jede Seite davon, so hatte ihm der Rabbi erklärt, kann den Namen Gottes enthalten. Das ist der Ort, wo die Bücher hingehen, wenn sie sterben. Mit angespanntem Gesicht schluckte der Junge die plötzlich aufkeimende Furcht hinunter und quetschte die zusammengeknüllten Blätter in das Loch. Am Ende presste er sie sogar noch mit einem einzelnen Finger hinein, um ja schnell dem Dunkel zu entrinnen. Das Papier verschwand mit einem schwachen Rascheln irgendwo in der Tiefe. Der Junge stieg die klapprige Leiter wieder hinab, bis er festen Boden unter den Füßen hatte, weit weg von diesem Friedhof in den Lüften auf dem sicheren Terrain unaufgeschnittener Gebetbücher und frischer, unbeschriebener Papyrusblätter.

Genisa kommt aus dem Hebräischen und bedeutet so viel wie »Behälter«. In der Tradition der Rabbiner bezeichnet es eine Art Büchergrab, einen Platz in der Synagoge, an dem man Schriftstücke aller Art ablegt, wenn sie ausgedient haben. All diese zerrissenen Seiten – ob liturgische Dichtungen, alte Haggadahs oder Schreibhefte von Kindern – werden gesammelt und in einer Genisa aufbewahrt, bis man ihnen ein eigenes Begräbnis bereiten kann. Wenn, wie Benjamin meinte, jedes Buch seelische Eigenschaften haben kann, dann behalten auch seine in alle Winde verstreuten Fragmente eine heilige Aura. Der große rabbinische Gelehrte Solomon Schechter drückte es so aus: »Ist der Geist einmal aus ihm gewichen, dann bringen wir den Leichnam außer Sichtweite, um ihn vor Missbrauch zu bewahren. In ähnlicher Weise schützen wir auch Schriften, die ausgedient haben, vor Profanierung, indem wir sie verstecken. Der Inhalt der Bücher fährt auf zum Himmel wie die Seele.«

Die Verehrung des geschriebenen Wortes ist allen Völkern des Buches gemeinsam. Der Koran und die Torah sind zu heilig, um einfach beseitigt zu werden. Das Buch Allahs ist ein Teil seines Wesens. Das Chiltan-Gebirge in der Nähe von Quetta in Pakistan ist durchzogen von Höhlen, die ungefähr 50 000 begrabene Exemplare des Koran enthalten. Jedes einzelne ist wie ein Leichnam in ein weißes Tuch gehüllt. Der Berg ist ein Pilgerort der Muslime aus ganz Asien; viele dieser Höhlen sind heute Gebetsräume, in denen die Gläubigen zwischen gestapelten und umhüllten Büchern Wache halten. Man erzählt sich, dass den Menschen, die in der Nähe des Berges (den man den Berg der Heiligen Korane nennt) beerdigt werden, alle Sünden vergeben sind.

Dieser islamische Brauch ist nicht neu. 1972 entdeckten Arbeiter, die Jemens große Moschee in Sana restaurierten, einen riesigen Haufen vermoderter Manuskripte, die sie in Säcke verstauten und in Sicherheit brachten. Zwischen den zerrissenen Blättern fanden Gelehrte später Seiten mit Texten aus dem Koran, die aus den ersten zweihundert Jahren des Islam stammten. Das Faszinierende war, dass einige davon Varianten der heute anerkannten Standardversion enthielten und somit entscheidende Anhaltspunkte hinsichtlich der Textgeschichte des heiligen Buches des Islam liefern.

Die jüdische Genisa aber bewertet nicht die sakrale Qualität eines einzelnen Buches (ob in Einzelteilen oder als Ganzes), sondern verehrt das geschriebene Wort im Allgemeinen. Aus diesem Grund waren verlassene und in Vergessenheit geratene Genisas lange Zeit wichtige Quellen für jüdische Schriftzeugnisse. Dabei war der Genisa der Synagoge von Kairo eine besonders lange Lebensdauer beschieden: Abgelegen und nur über eine Leiter erreichbar, häuften sich in ihr Bücher, Briefe und allerhand Papiere an, vermengten sich und moderten über einen Zeitraum von tausend Jahren, vom 9. bis zum 19. Jahrhundert, langsam vor sich hin.

Im Jahr 1890 wurde die Synagoge restauriert, und große Bestände fanden ihren Weg aus der Genisa und auf die Marktplätze, wo sie in die Hände zahlungskräftiger europäischer Reisender gelangten. 1896 hatten die beiden Schottinnen Agnes Lewis Smith und Margaret Dunlop Gibson bei ihren Streifzügen durch Kairo Teile kurioser Manuskripte erstanden. Wieder in England, übergaben sie Solomon Schechter, der damals Professor in Cambridge war, zwei Fragmente von hebräischen Schriftstücken. Schechter stellte fest, dass eines der Fragmente zum Buch des Ben Sira (Ecclesiasticus) gehörte, dessen Text bis dahin nur in Griechisch bekannt war. Das Buch wurde ungefähr im Jahr 200 v. Chr. geschrieben; das hebräische Original galt seit tausend Jahren als verloren.

Angespornt durch diese Entdeckung, unternahm Schechter eine Reise nach Kairo, wo er die Erlaubnis erhielt, alles, was er nur wünschte, aus der Genisa mitzunehmen. Schechters Beschreibung des Zustandes der Genisa ist äußerst beziehungsreich und verdient es, ausführlich wiedergegeben zu werden:

> Dieses Durcheinander kann man sich nur schwerlich vorstellen ... bis man es einmal mit eigenen Augen gesehen hat. Es ist ein Schlachtfeld der Bücher, und an dieser Schlacht waren die literarischen Werke vieler Jahrhunderte beteiligt. Nun liegen hier ihre *disjecta membra* herum, verstreut über das gesamte Areal. Ein paar von den Krieg Führenden sind vollständig ausgelöscht worden, sind buchstäblich zu Staub zerfallen in diesem fürchterlichen Stellungskrieg, während andere, als wären sie im allgemeinen Gedränge überrannt worden, zu großen, unförmi-

gen Klumpen zusammengepresst sind, die selbst mit Hilfe chemischer Verfahren nicht mehr ohne erhebliche Schädigung ihrer Substanz getrennt werden können. In ihrem gegenwärtigen Zustand bieten diese Klumpen manchmal merkwürdig suggestive Kombinationen; so kann es zum Beispiel passieren, dass man ein Stück aus einem rationalistischen Werk findet, in dem die Existenz von Engeln oder Teufeln abgestritten wird, das sich an ein Amulett klammert, mit dem genau diese Wesen (meistens Letztere) gebannt wurden, um sich gut zu benehmen und nicht Miss Jairs Liebe zu irgendjemandem in die Quere zu kommen. Die Entwicklung der Romanze wird vereitelt durch die Tatsache, dass die letzten Zeilen des Amuletts auf einen Leihvertrag montiert sind, und dieser ist seinerseits zwischen die Seiten eines alten Moralisten gepresst, der voller Zorn und Verachtung seine ganze Aufmerksamkeit Geldgeschäften widmet. All diese widersprüchlichen Teile wiederum kleben an den Seiten einer sehr alten Bibel fest. Sie sollte eigentlich der letzte Schiedsrichter zwischen ihnen sein; doch sie ist schwer zu lesen, wenn man nicht von ihrer Oberfläche die Fragmente irgendeines gedruckten Werkes abreißt, das mit all der Hartnäckigkeit und Aufdringlichkeit des Emporkömmlings am alten Adel festklebt.

Überwältigt von dieser Pracht und diesem Verfall beschließt Schechter, seine Erwerbungen auf Handschriften zu beschränken und gedruckte Kostbarkeiten aus vier Jahrhunderten außer Acht zu lassen. Heute verwünschen die Wissenschaftler diese Entscheidung; seit Schechters Zeiten hat das Interesse an der Geschichte gedruckter Hebraica stark zugenommen. Auf jeden Fall ist Schechters Sammlung außerordentlich; sie umfasst insgesamt ca. 100 000 Fragmente, darunter biblische Texte, Gebetsriemen, Apokryphen und Pseudepigrafen, Texte der Mischna und des Talmud von Maimonides und anderen, liturgische Dichtung, Briefe, Rechnungen, Listen, Amulette, Kalender, Kataloge, Schreibhefte von Kindern und Reader, Wörterbücher, Buchmalereien, Talismane, kabbalistische Texte, medizinische Texte, Namen, Polemiken, Poesie, arabische Schriftstücke von Kindern, arabische Grammatiken, Geschichten, wissenschaftliche Texte und arabische Judaica.

In den Jahren, nachdem Schechter erstmalig den Inhalt der Genisa von Kairo beschrieben hatte, sind die Fragmente nach und nach auf beide Seiten des Atlantiks verstreut worden. Ein Großteil von ihnen ist heute in New York im Jüdischen Theologischen Seminar und in der Universität von Cambridge untergebracht. Wieder zusammengeführt wurden sie von S. D. Gotein in seiner von profunder Fachkenntnis zeugenden sechsbändigen Studie mit dem Titel *A Mediterranean Society*. Es ist eine außergewöhnliche Darstellung des jüdischen Lebens im Mittelalter, die Verbindungen zwischen den wirtschaftlichen, politischen, ethnischen, intellektuellen und persönlichen Sphären der jüdisch-islamischen Welt aufzeigt.

Ist die Genisa also eine Bibliothek? In der strengen Bedeutung des Wortes natürlich nicht. Bibliotheken ermöglichen den Zugang zu Büchern, während die Genisa viele Jahrhunderte lang unzugänglich war. Zudem werden die Bücher in einer Bibliothek bewusst ausgewählt und nur aufgenommen, wenn sie als bewahrenswert betrachtet werden. In diesem Sinn ist die Genisa natürlich das genaue Gegenteil einer Bibliothek: Ihr Inhalt setzt sich aus den Dingen zusammen, die ausgesondert, die gerade wegen ihrer Nutzlosigkeit beiseite gelegt wurden. In einem allgemeineren Sinne jedoch *ist* die Genisa eine Bibliothek – denn Bibliotheken sammeln und bewahren ja Bücher für den zukünftigen Gebrauch, und das hat die Genisa ganz sicher getan. Der Umstand, dass sie einzigartige kulturelle Artefakte sammelt und verwahrt, sichert ihr eine Alleinstellung unter den Bibliotheken der Welt. Man könnte beinahe sagen, dass die Genisa ihre Dinge besser aufbewahrt hat als jede Bibliothek. Zweifelsohne wurden die in ihr enthaltenen Fragmente gerade dadurch geschädigt, dass man ihnen keine Beachtung schenkte. Doch letzten Endes überstanden sie die lange Gefangenschaft besser als manche Bücher selbst in den am sorgfältigsten auf Erhaltung bedachten Bibliotheken, die dort

Gebrauch, Bewegung, Verlust, Angriffen und Diebstahl ausgesetzt sind. Interessanterweise ist gerade aus der Tatsache, dass die Fragmente einst als wertlos eingestuft wurden, ihr unschätzbarer Wert für uns erwachsen. Sie vermitteln ein weitaus verständlicheres Bild von ihrer Zeit als jede genau konzipierte und autorisierte Büchersammlung es jemals könnte. Der Umstand, dass das Wegwerfen an der Tagesordnung war, macht aus ihnen aussagekräftige Zeugnisse menschlicher Schönheit, die sonst in Vergessenheit geraten wären.

Die Genisa verfolgt keine eigennützigen Zwecke – sowohl in ideologischer als auch jeder anderen Hinsicht. Das ist es vor allem, was sie zum genauen Gegenteil der Bibliothek macht; denn ungeachtet der an eine Bibliothek geknüpften politischen Neutralität, ihrer Transparenz und ihres scheinbaren Fehlens von Wurzeln enthält sie die vergessenen und oft widersprüchlichen Beweggründe der Herrscher, Philanthropen und Akademiker, die sie einst ins Leben gerufen hatten. Schließlich beabsichtigte Alexander, mittels seiner Bibliothek den antiken Markt in intellektuelles Kapital zu verwandeln; Dewey wollte eine Bibliothek, die nicht nur effizient arbeitete, sondern auch dem Leben der Leser zu Effizienz verhalf. Anders als diese Bibliotheken – mit ihren Bedingungen, Ideologien und Argumenten – ist die Genisa einfach eine Art Müllhalde, ohne Angst um ihre eigenen gesammelten Widersprüche.

Jahrhunderte, nachdem die Leiter, die zur Genisa von Kairo führte, ins Wanken geriet, sehen wir uns in einem Farmerhaus in Wisconsin um. In dem getäfelten, lichtdurchfluteten Korridor entdecken wir auf einem mit einer Spitzendecke geschmückten Tisch eine kleine Büchersammlung. Etwa zwanzig Bände sind es, die hier traulich vereint sind in einem tragbaren, auf dem Tisch stehenden Bücherschränkchen. Seine weit aufgerissenen Türen geben den Blick auf die beiden Fächer frei, die – ähnlich wie die *armaria* im alten Rom – jeweils durch ein Bücherbord auf halber Höhe geteilt sind. Zwanzig Bücher in einem kleinen Schränkchen – das ist alles. Und doch kann die ganze Aura der Bibliotheken schon in einer Hand voll gesammelter Bände enthalten sein. Diese Bücher bilden jene für das Ende des Jahrhunderts typischen Einrichtungen, die die Bibliothekare als »Heimbücherei« bezeichneten – nicht etwa private Sammlungen, sondern eine Reihe von Büchern, die man zusammengetragen hatte und zu Lesern auf dem Land schickte. Als frühe Variante der Autobücherei reiste die Heimbücherei in einem von Pferden gezogenen und vom Bibliothekar gelenkten Karren zu den Gehöften des ländlichen Wisconsin. Bescheiden und fast unscheinbar mutet diese Bibliothek an, dort an ihrem Platz unter dem obskuren Bild und eingerahmt von zwei einfachen schwarzen Stühlen. Und doch enthält dieses Bücherschränkchen auch etwas von Alexandria – einen Hauch vom Vatikan, der Sorbonne, dem Rundlesesaal, der granitenen Ehrwürdigkeit der Boston Public Library. Die robusten Bucheinbände der Heimbücherei scheinen Licht in das Farmerhaus zu werfen. So, wie sie in den Fächern des Bücherschrankes angeordnet sind, bilden sie ein Diptychon, einen Altar, der den Raum mit dem Glanz der Bücher erfüllt.

Zusätzlich zu den Sammlungen, die unter den Lesern auf dem Land die Runde machten, wurde auf städtischem Gebiet eine andere Art von Mini-Bücherei angeboten, die speziell für die Kinder der Immigranten gedacht war. In dem Buch *The American Public Library* berichtet Arthur Bostwick, dass ein Bibliothekar oder freiwillige Helfer mit diesen Büchersammlungen in die Wohnviertel gingen und ein Kind aussuchten, dem sie sie guten Gewissens anvertrauen konnten. Man hatte die Hoffnung, dass das Kind nicht nur die Bücher lesen, sondern sie auch mit Familie und Freunden teilen würde. Nach ungefähr einer Woche kehrte der Bibliothekar in die Häuser zurück, um die Bücher wieder einzusammeln, mit den Kindern darüber zu sprechen und ihnen eine andere Kollektion zur Ausleihe anzubieten.

Die Kombination aus sozialem Hilfswerk und Bibliothekarstätigkeit war eine Erfindung des 20. Jahrhunderts, um Anliegen des 19. Jahrhunderts weiterzuführen: die ungebildeten Massen in den Kreis der Leser aufzunehmen und sie in Sachen Lektüre auf den rechten Weg zu bringen, der von Abenteuergeschichten und Reise-erzählungen zu Geografie, Geschichte und zum Handelswesen führte. Man erhoffte sich davon, dass die Freude an der Heim-bücherei junge Leser in die Kinder- und Jugendbuchabteilungen der örtlichen Zweigstellen locken würde, wo sie sich nach und nach mit den Werten ihrer Gesellschaft vertraut machen konnten. Und tatsächlich nahmen die Immigranten-Kinder in manchen Fällen die Bibliotheksbücher, die ihnen angeboten wurden, gern an und nutzten sie, um für sich eine neue Welt zu gestalten – ein neues Amerika ganz nach ihrem Geschmack. Für sie war die Ent-spannungslektüre, die die Bibliothekare des 19. Jahrhunderts ver-ächtlich abgetan hatten – vor allem das Lesen von Romanen –, das eigentliche gute Werk der Bibliotheken. Bibliotheken tauchen an prominenter Stelle im Werk von Mary Antin und Alfred Kazin auf – beider Familien waren um die Zeit der Jahrhundertwende aus dem Ghetto in Weißrussland emigriert, dem einzigen Land-strich, in dem die Zaren den Juden Wohnrecht gewährten. Beide Autoren begreifen die Bibliothek als eine Methode, die Ideale einer früheren Generation aufrecht zu erhalten und sie gleichzei-tig zu untergraben.

Es ist das Gemeineigentum der öffentlichen Bibliothek, das für Antin am anschaulichsten symbolisiert, welche Rechte die neue Gesellschaft ihr einräumt. In ihren oft atemlosen Memoiren *The Promised Land* erwähnt sie die Boston Public Library als »einen meiner liebsten Plätze«. Sie beobachtet die Besucher, die in die Bibliothek drängen: »Kinder, [die] am Eingang ihr Schwatzen dämpfen, ... die die großen Steinlöwen am Ende der langen Trep-pe tätscheln«. Sie betrachtet »bebrillte Gelehrte ..., beladen mit Büchern«, die nicht mehr auf das Geräusch ihrer eigenen hallen-den Schritte Acht geben. Und auch Touristen, die »in der Ein-gangshalle herumschleichen, die die Inschriften und Symbole stu-dieren ... All diese eifrigen Kinder, all diese Frauen mit dem feinsinnigen Gesichtsausdruck, all diese Gelehrten, die nach Hau-se gehen, um gelehrte Bücher zu schreiben – sie und ich, wir teil-ten uns diese ruhmreiche Sache, diese edle Schatzkammer der Gelehrsamkeit. Es war wundervoll zu sagen, *das gehört mir*, es war berauschend zu sagen, *das gehört uns*.« In einer Ecke des großen Lesesaals sitzend empfand Antin die weitläufigen Räume unter den aufstrebenden Bögen der Bates Hall als »festen Bestandteil ihres persönlichen Daseins.« Die Bibliothek ist für Antin mehr als eine geheiligte Aufbewahrungsstätte der Kultur; in ihr vereinen sich all die Kräfte, die ihr das Gefühl gaben, sie mit Fug und Recht als ihre neue Heimat bezeichnen zu können – ohne Vorbehalte oder Rechtfertigungen, sondern erfüllt von Dankbarkeit. »Dass ich, die bis zu ihrem zehnten Lebensjahr fast völlig ohne Bücher aufgewachsen war, mich nun inmitten all der Bücher befand, die je geschrieben wurden, war das größte Wunder, das ich je erlebt hatte …«

Natürlich zählte Assimilierung zu den Zielen der Bibliothek, doch Antins stürmischer Geist des gemeinschaftlichen Besitzes und der Einbeziehung übertraf alles, was die Wegbereiter der Bibliothek je im Blick gehabt hatten. (Ganz sicher ging es über die Wünsche von Melvil Dewey hinaus – einem Frömmler, der seinen Antisemitismus unter dem Deckmantel eines nüchternen Verwaltungsdenkens verbarg und Juden keinen Zutritt zu dem Sommerkurort gewährte, den er in der nördlichen Provinz des Bundesstaates New York gegründet hatte.) Für die Bibliotheksleiter des 19. Jahrhunderts war die Bibliothek ein Motor bzw. eine Fabrik zur Hervorbringung *effizienter* Leser – Menschen, die sinnvoll lasen, die die Oberflächlichkeit und die Frivolitäten der Literatur ignorierten und Bücher dazu benutzten, sich selbst und ihre Gesellschaft voranzubringen. Solche praktischen Auffassungen wichen entschieden vom Ideal früherer Generationen ab, für die die Bibliothek eine Schatzkammer, ein Wunderkabinett, ein Musentempel war. Die Bibliothek und das reformorientierte Denken sollten progressiv, problemorientiert und proletarisch sein. Die Massen sollten die Bibliothek mit den nötigen Voraussetzungen dafür verlassen, Handel treiben zu können, Geld zu sparen und sich gesittet zu benehmen. Emanzipation oder die Aufklärung des Einzelnen war meistens ein untergeordnetes Ziel. Doch die Bücherei, und vor allem die große öffentliche Bibliothek, die Bücher in endloser Zahl zur Verfügung stellte, bot mehr Möglichkeiten, als die Philanthropen und Verwalter sich träumen ließen.

Genau wie Antin war Alfred Kazin selig in seiner Ahnungslosigkeit, denn er wusste nicht, dass die Begründer der öffentlichen Bibliotheken für ihn eigentlich einen bescheidenen, rein praktischen Gebrauch der Bücher vorgesehen hatten. Während der großen Depressions-Zeit mauserte Kazin sich inmitten des Gewusels und Geraschels der New York Public Library zu einem Intellektuellen. »Fast fünf Jahre lang«, schreibt er in *New York Jew*,

> hatte ich in dem großen, offenen Lesesaal 315 der New York Public Library gearbeitet, oft in langen, ganztägigen Lektüre-Sitzungen ... Jahr für Jahr hatte ich das Gefühl, dass ich nichts lieber tat, als die meiste Zeit des Tages und auch viele Abende an einem der großen goldenen Tische zu sitzen und mich mit allen Aspekten meines Themas vertraut zu machen. Wann immer ich freie Zeit zum Lesen hatte, schien die große Bibliothek bereit, mich zu empfangen.

In der Passage, die sich anschließt, bildet Kazin eine Metapher: Die Bibliothek steht für Amerika, für *sein* Amerika der Träumer und Macher. In Raum 315 trifft er (in Gestalt ihrer Bücher und Kolumnen) die Verleger, Zeitungsleute und Schriftsteller, die dem literarischen Modernismus den Weg aus den Wirren des 19. Jahrhunderts gebahnt hatten. Ihre bunten Schatten ziehen an ihm vorbei, als wären sie lebendig: Eugene Debs, Max Eastman, Upton Sinclair, H. L. Mencken, Edmund Wilson, Theodore Dreiser, Allen Tate und all die namenlosen Texter und Nachteulen von Chicago. Es ist ein Haufen von Emporkömmlingen, die Hände in den Hosentaschen, die Hüte tief ins Gesicht gezogen – und Kazin streift an ihnen entlang als ein Flaneur der Gedanken.

Kazin ist ein Müßiggänger, doch die Bibliothek schert sich nicht darum. »Ich war ein Forscher in Eigenregie, ein völlig außenstehender freischaffender und Gelegenheits-Abendschullehrer, der

sich durch Schreiben im Geist des modernen Amerika bildete …«
Hier ist er, der Inbegriff des selbständigen amerikanischen Lesers:

> Nicht einer von denen, die am Empfangstisch saßen, fragte
> mich je, *warum* ich mir unbedingt das vergilbte, krümelnde,
> schnell zerfallende Material über aufrührerische junge Verlage in
> Chicago und San Francisco 1897 anschauen wollte. Niemand
> machte mich darauf aufmerksam, dass ich das, was immer ich
> da auch tat, mit etwas schneller Verfügbarem als der allerersten
> Ausgabe von *Poetry* aus dem Jahr 1912, der *New Republic* von
> 1914 und dem skandalträchtigen *Collier's* aus der Theodor-
> Roosevelt-Ära hätte zuwege bringen können.

Kazin verfällt dem Traum von der Forschungsbibliothek, einem
Traum, der den Fantasien in den Groschenromanen nicht unähn-
lich ist, wo arme Schlucker sich zu Millionären hocharbeiten –
dem Traum vom persönlichen Erfolg ohne Unterstützung von ir-
gendwelchen anderen, nicht namentlich Genannten. Wie die
meisten Leser glaubt Kazin, dass die Schriften, die er sucht, hier
verloren, begraben und abgelegt sein müssen – dass die Bibliothek
also eine Genisa sei, die ihre Geheimnisse ausschließlich den be-
harrlichsten Gelehrten preisgibt. Natürlich erwarb irgendjemand
dieses vergilbte, verschlissene Zeug; natürlich katalogisierte jemand es; natürlich entnahm jemand es den Regalen und wird es
wieder zurückstellen, wenn der Leser fertig ist. Doch in der Bibliothek verstecken sich diese Assistenten hinter den Vorhängen;
die Bibliothek wird zur Bühne mit einem Spiegel als Prospekt, der
nur den Leser reflektiert und die vielfältigen Ursprünge der Bücher
im Dunkeln lässt.
Ohne Kenntnis der Ziele einer effizienten Verwaltung arrangieren
Leser wie Kazin sowohl sich selbst als auch die Bücher, die sie
lesen, so lange um, bis sie das Gefühl haben, es passt. »Jahre, bevor ich Chicago sah«, schreibt Kazin, »bekam ich mit, welch eine
Hoffnung, welch ein Elan und welche intellektuelle Frische mit
diesen Pionieren des Realismus aus dem Mittelwesten kam …«

Kazin findet den Mittelwesten auch in der Bibliothek – einen idealisierten »Mittelwesten« von klarsichtigen Machern, Verrückten in Hemdsärmeln, Visionären mit Schirmmützen, »die behaupteten, es gäbe keine amerikanische Literatur, außer der einen, die sie gerade in aller Eile schufen.« Die Bibliothek umfasst all dies: die kreative Anonymität der Stadt, die Verstaubtheit und Pracht der »Goldenen Zwanziger«, die Archäologie und Geografie von Manhattan und, vor allem, die amerikanischen Menschen selbst. Sie alle sind vereint in dem, was Kazin als »Asyl und Kirche der Erwerbslosen« bezeichnet; Asyl und Kirche »der verrückten Ideologen und von ebenso verrückten Bibelforschern, die in die Nachschlagewerke auf den zugänglichen Regalen hartnäckig ›Ihr lügt!‹ schreiben; von Puzzle-Fans, die jede Enzyklopädie durchsuchen; von Kommissionsverkäufern, die heimlich Anschriftenlisten aus den städtischen Adressbüchern herausreißen.« Jeder in Kazins Bibliothek ist gehetzt und genauso verzweifelt wie Enoch Soames, der sich in seiner eigenen diabolischen Zukunft verlor. Dies ist ein neuer Archetyp für die Bibliothek, einer, der sich weit entfernt hat von seinen früheren Leitbildern: den Bücherwürmern, die im Käfig der Musen herumkreuchen; dem einsamen heiligen Hieronymus im Gesäus mit seinem Löwen und seinem Totenschädel; der Fabrik oder dem Marktplatz allgemein anerkannter Ideale. Und doch knüpft Kazins Vorstellung von der Bibliothek bei all ihrer Neuartigkeit unmerklich an ihre Vorgänger an. Für Kazin, der am Vorabend des Krieges schrieb, in dem hundert Millionen Bücher brennen sollten, ist die Bibliothek die Feuerprobe der urbanen Zivilisation, ihre Quintessenz.

Für Kazins Eltern war das »Buch« genannte Objekt heilig, einzigartig und selten. Seine Buchstaben sind von Gott gesetzt, man könnte es (in der Erscheinungsform der Thora) als den wichtigsten Gegenstand der Welt bezeichnen. Und es war unglaublich teuer. Das war die Haltung zum Buch in der Generation der Altvorderen – sie stammte aus dem 17. Jahrhundert, doch hielt sie sich im gesamten Westen bis ins 20. Jahrhundert hinein. Eines Tages jedoch entdeckten Kazin und seine Zeitgenossen, dass sie eintauchen konnten in die Büchermagazine, dass sie unendlich viele Bücher haben konnten, wenn sie nur »danach fragten«. Genau wie Antin vor ihm, malte sich auch Kazin lebhaft die Erneuerung der Bibliothek als Institution aus. Wenn die Heimbücherei ein winziger Altar mit riesiger Wirkung für die Zivilisation sein kann, wenn ein hölzernes Schränkchen mit einer Hand voll Bücher in einer Farm in Wisconsin imstande war, sich gleich dem Thoraschrein zu öffnen, was konnten dann wohl Millionen von Büchern – die alle dort ausharrten und warteten – für die Immigranten und ihre Kinder tun, die inmitten der sich ständig verändernden Menschenmassen von New York, Boston und Chicago verloren waren?

Andere wieder haben mit ihren Büchern dem Hunger und der Kälte getrotzt. So setzte Walter Benjamin sein Leben für ein einziges Buch aufs Spiel – ein unvollendetes noch dazu. Doch lange Zeit, bevor er sich das Manuskript seines monumentalen *Passagen-Werks* unter den Arm klemmte und über die Pyrenäen floh, um den näher rückenden Faschisten zu entkommen, sinnt Benjamin über die Idiosynkrasien nach, die jeder Leser in seiner persönlichen Büchersammlung zum Ausdruck bringt. In seinem Essay »Ich packe meine Bibliothek aus« ergötzt sich Benjamin an seinen Büchern als Objekten. Indem er sie aus den Kartons nimmt und Platz für sie schafft auf den Regalen, wird ihm ihr wahres Leben als das materieller Gegenstände bewußt – der Punkt, an dem sie frei sind, an dem sie selbst zum Leben erwachen. »Für den Büchersammler«, so schreibt er, »ist nämlich die wahre Freiheit aller Bücher irgendwo auf seinen Regalen.« Die Universalität der Bücher bleibt im Dunkeln; ihre individuelle Existenz rückt in den Vordergrund.

Leser haben sich immer den manischen Energien der Universalbibliothek entgegengestellt – in der Hoffnung, dass ein Buch alles erklären könne. Die Sehnsucht nach einem solchen Buch, die mit der Bibel ihren Anfang nimmt, ist immer ein Bestandteil der Schriftkultur gewesen. Doch Benjamins Auffassung nach kann auch das bescheidenste Buch durch das Verhältnis, das sein Besitzer zu ihm entwickelt, ein »Buch des Schicksals« werden. Deshalb trägt jede persönliche Bibliothek ein Potenzial in sich, das durch die Bibliothek im öffentlichen oder universitären Besitz meist verborgen bleibt. So wie die Bibliothek den Zugang zu dem Universum möglicher Vorstellungen bietet, offenbart das Buch als geliebter Gegenstand seinem Besitzer die Verbindungen, die einzelne Bücher durch Zeiten und Orte hindurch herstellen können und die sich in ihren vormaligen Besitzern, der Geschichte ihres Einbandes, ihren nicht aufgeschnittenen Seiten widerspiegeln. Das Buch ist ein Werkzeug, und wie alle Werkzeuge erzählt es die Geschichte seiner Herstellung. Es ist die Tür und der Schlüssel, der Reisepass und das Verkehrsmittel. Umso tragischer ist es, dass Benjamin sein eigenes Leben beendete, als er sein unvollendetes Buch bei sich trug, um es in Sicherheit und Freiheit zu bringen – das Manuskript vom *Passagen-Werk*, das in Wirklichkeit eine Bibliothek in sich und von sich selbst war. In Benjamins letzten Tagen wurde das Buch für ihn zur Zuflucht, ein Findling, den er die steilen Berghänge hinaufschob, eine Welt, die er auf seinen von der Lektüre gebeugten Schultern trug. Wenn es je eine Last für ihn war, dann trug er sie jedenfalls frohen Mutes. Letztendlich war das Objekt, dessen Aura am hellsten strahlte, Benjamin selbst. »Dieses Buch ist wichtiger als ich«, sagte er zu seinen Freunden bei seiner letzten, missglückten Reise über die Pyrenäen.

Vieles hat sich verändert hinsichtlich der Millionen von Büchern in der Widener Library, seit ich mich zum ersten Mal in ihren Regalen verlor. Wie die aller Freunde der Bibliotheken reichen auch meine bibliografischen Träumereien nicht aus, um die Zeit anzuhalten. Heute befindet sich die Widener Library in der Endphase einer grundlegenden Renovierung; die Treppe, die ich hinabsteige, ist frisch gestrichen und neu, sie riecht leicht nach Pilzen. Die grünen, röhrenförmigen Handläufe klingen, wenn ich mit meinem Ringfinger daran entlangstreiche. Das *Lingo Language Game* mit seinem brüchigen Papier aus dem »X-Cage« ist schon längst nicht mehr da und ins Magazin ausgelagert worden. Es ist nun schwieriger, ältere Bücher in den Regalen zu finden: Die neu eingebundenen Inkunabeln und die in Pergament gekleideten Foliobände aus dem 18. Jahrhundert sind an sichere Orte gebracht worden. Wo werde ich das Buch finden, das Sie gerade lesen? Sein Platz in der Bibliothek wird von anderen, anonymen Personen bestimmt: zunächt die Bibliothekare, die die Systematik der Library of Congress erdacht haben. Das Verfahren ist verwirrend in seiner Einteilung und bietet unendliche Möglichkeiten für die verschiedensten Interpretationen und Irrtümer. Die Sachgruppen der Library of Congress – jene eingebürgerten Rubriken voller Querverweise (»Vereinigte Staaten – Soziale Verhältnisse – bis 1865«), die einst die Sachkataloge unterteilten, bilden ein epistemologisches Labyrinth für sich.

Und nicht jeder ist glücklich damit. Bei dem ehrgeizigen Anliegen, einen überlegenen gemeinsamen Nenner zu finden, der in Bibliotheken jeder Größe und jedes Spezialgebietes anwendbar ist, schlagen die Sachgruppen der Library of Congress oft einen Ton bürokratischer Arroganz an. Sanford Berman, seit 1973 Bibliothekar der Minnesota Hennepin County Library, hat den Sachregistern den Kampf angesagt, die er für rassistisch, reaktionär, eine Beleidigung der Menschenwürde und für schlichtweg verwirrend hält. Im Lauf dieses Prozesses machten er und ein Grüppchen von Bibliothekaren, die zu seinen Studenten zählten, den Katalog der Hennepin County Library zu einem beispielhaften Arbeitsmittel für die Leser.

Selbst eine partielle Liste der Ersetzungen, die Berman und Kollegen vorgenommen haben, ist gleichzeitig komisch und vielsagend: Wo die Library of Congress das ausweichende, aber etymologisch korrekte »amicide« hat, verwendet Berman den einfacheren Begriff »friendly fire casualties« (versehentliche Tötung von Truppenangehörigen); er würde das beeindruckende »Dysmenorrhea« durch ein klares »Menstruationskrämpfe« ersetzen. Doch der Unterschied zwischen Bermans Katalogisierstil und dem der Library of Congress ist nicht nur ideologischer Art: Seine Vorgehensweise zeugt von handwerklichem Können. Wo Bibliothekare im Allgemeinen dazu gezwungen sind, bereits fertig gestellte Register zu akzeptieren, besteht Berman darauf, seine eigene Intelligenz einzusetzen, um jedes Buch zu beschreiben, das die Bibliothek erwirbt. So enthalten seine Einträge oft zusätzliche Informationen, wie zum Beispiel Inhaltsverzeichnisse und Erläuterungen, die unglaublich hilfreich sind für den Leser, der beispielsweise herauszufinden versucht, ob *Whitewash* von Ntozake Shange ein Werk ist, das die Auswirkungen eines rassistischen Verbrechens beschreibt, oder ob es sich um einen Ratgeber für das Weißen eines Hauses handelt.

Bibliotheksverwalter von Melvil Dewey bis zur Gegenwart waren der Meinung, dass solche Kleinarbeit den Fortschritt der hauptsächlichen Mission der Bibliothek verlangsamt – den Lesern Bücher an die Hand zu geben. Doch für Berman, der top-down vorgeht, scheitert die vernetzte Bibliothek an ihren eigenen Kategorien. Der Leser wird eben nicht auf effiziente Weise zur richtigen Quelle geleitet; stattdessen wird er abgelenkt und verwirrt durch Sachgruppen, die professionelles Wissen erforderlich machen. Die so entstehende Effizienz kommt im Grunde nur den Verwaltern der umfassenden Bibliotheksnetzwerke zugute.

Dieser Typ von Effizienz scheint jedoch mittlerweile die Oberhand zu gewinnen. Berman war gezwungen, sich vorzeitig in den Ruhestand zu begeben – ein Schicksal, das sein Katalog teilen sollte; denn es war geplant, ihn durch eine stromlinienförmige, standardisierte Datenbank zu ersetzen. Doch als Bibliothekare im ganzen Land gegen die Aufgabe des Berman'schen Kataloges protestierten, kamen die Verwalter ins Grübeln. Nun sieht es so aus, als würde der Katalog eine Heimat finden, womöglich in den Archiven einer Bibliothekarsschule oder der American Library Association selbst. Das sind gute Nachrichten für Spezialisten, doch ein schwacher Trost für die Leser von Hennepin County.

Mein Buch benötigt vielleicht keine ausgearbeiteten oder umstrittenen Sachregister. Und doch frage ich mich: Werden Bibliothekare mein Buch dem Gebiet Geschichte, Memoiren oder

Belletristik zuordnen? Werden sie es zur Gruppe GT stecken, die Werke über »Sitten und Gebräuche, einschließlich Essen und Trinken« enthält? Wahrscheinlicher ist es, dass ich es in den Ps finden werde, die Sprache und Literatur vorbehalten sind. Doch was ist mit der C-Gruppe, die die »Historischen Hilfswissenschaften« enthält – insbesondere CD für Embleme, Siegel und Archive? Obwohl diese Klassifizierungsvarianten durchaus vertretbar wären, bin ich mir ziemlich sicher, dass ich mein Buch in der Gruppe der Bibliografien finden werde, die die Bibliothekare in ihrer Bescheidenheit am Ende des Alphabets versteckt haben: in der Gruppe Z, die Folgendes enthält: »Bücher (Allgemein). Schreiben. Handschriftenkunde. Buchwesen und -handel. Bibliotheken. Bibliografie.« Jawohl, eindeutig die Zs. Und so halte ich, fast ganz am Ende des östlichen Widener-Magazins bei Niveau C an, wo die Z-Gruppe beheimatet ist. »Kein Zugang zum Dach«, warnt mich ein Zeichen an der Tür.

An Differenzierungen kein Mangel. Die Z-Gruppe ist, wie alle übrigen, unterteilt mit Hilfe einer Mischung aus Verstand, Vorurteil und Launenhaftigkeit. Wohin soll ich mich also wenden? Ich habe ein recht harmloses Buch geschrieben, denke ich – unwahrscheinlich, dass es unter Z 1019-1033 steht, wo die »verbotenen Bücher« eingeordnet sind. Und obwohl es die Spuren meiner gesamten Lektüre enthält, ist es keine Personalbibliografie, die ganz am Ende unter Z 8001-8999 zu finden wäre. Des weiteren befinden sich dort »Bibliotheken zu speziellen Themen«, Z 716.2-718.8; Z 702, »Diebstahl und Verlust von Büchern«; Z 102-104.5, »Kryptografie. Geheimschriften. Unsichtbare Schriften«. Mir gefiele natürlich die Vorstellung, es würde den Weg in jenen Teil finden, der für »Beste Bücher« reserviert ist. Doch das ist die Z 1035-1035.9 – und die nimmt gerade mal ein Neunzehntel des verfügbaren Raums ein. Wahrscheinlich ein Platzproblem.

In der geräumigen Abteilung für Bücher über »Bibliotheken (Allgemein)« befindet sich die Signatur Z 719-725. Ich gehe an der Regalreihe entlang. Die schimmernden Glühbirnen, die einst diese

Reihen in ein mattes ockerfarbenes Licht tauchten, sind verschwunden und durch Leuchtstoffröhren ersetzt worden, die diffuses, sauberes Licht geben. Rohre an der Decke befördern Wasser unter hohem Druck, das beim ersten Anzeichen von Rauch oder Hitze die entflammten Bücher besprengt. Heute gibt es zum Glück keine Flammen, obwohl sonst Woche für Woche Feueralarm Leser und Mitarbeiter aufrüttelt, denn der Staub von den Bau- und Renovierungsarbeiten löst regelmäßig Alarm aus. Die Z-Gruppe und ihre Nachbarn gehören zu denjenigen, die am seltensten von Lesern aufgesucht werden, und der Klang meiner Schritte auf dem Marmor wird nur noch von dem leisen Surren der Leuchten über mir begleitet.

Und da bin ich auch schon: die Z 721er. Was ist sonst noch hier zu finden? Ich sehe ein paar verheißungsvolle Titel: *Die glücklichen Buchmenschen: Eine muntere Geschichte der Bibliothekare und ihrer Welt von der Steinzeit bis in die ferne Zukunft* von Richard Armou; *Die Pflege der Bücher: Ein Essay über die Entwicklung der Bibliotheken und ihrer Einrichtungen von frühester Zeit bis zum Ende des 18. Jahrhunderts* von John Willis Clark; *Grundzüge der Bibliotheksgeschichte* von einem gewissen Joris Vorstius; *Die ersten 350 Jahre der Universitätsbibliothek Harvard* von meinem Mentor Kenneth Carpenter. Es gibt Myriaden von Einbänden, unendlich viele aus Buchbinderleinwand gefertigte Varianten. Ich lasse meinen Finger darüber gleiten, der beim Berühren der Fasern des festen Stoffs ein trockenes rhythmisches Geräusch verursacht. Doch mein eigenes Buch ist nicht zu sehen. Ich bücke mich hinunter bis auf Knöchelhöhe, wo es eingeordnet sein müsste. Alles, was ich finde, ist ein kleines Zelt aus Dunkelheit – ein leerer Raum, eine Genisa-Höhle –, dort, wo das folgende Buch sich zum Ausruhen an seinen Nachbarn lehnt. Mein Buch ist nicht hier; ich tröste mich mit dem Gedanken, dass jemand es gerade entliehen hat.

Genisa, Heimbücherei, Volkspalast, Schatzkammer und Musentempel: Meine ursprünglichen Kategorien, die Parnassische und die Universalbibliothek, zerlegen sich in ein Gewirr einander überschneidender Möglichkeiten. Ganz so wie Borges' Bibliothek von Babel enthält jede Sammlung von Büchern die Saat für nahezu unzählige Alternativen und Widersprüche. Obwohl ein Kanon etwas Konstruiertes ist, sind die universalistischen Tendenzen, die sich der Kanonisierung entgegenstellen, selbst nicht weniger konstruiert. Schließlich ist sogar die Universalbibliothek weniger ein wahres Kompendium der Gesamtheit des menschlichen Wissens – und weniger ein Modell *vom* Universum – als vielmehr einfach eine andere Art der rituellen Darstellung kollektiven Wissens. Die Library of Congress enthält über 100 Millionen Bücher in 450 Sprachen – eine Art spätes Babel, sicherlich, doch nur ein Bruchstück der vielen hundert natürlichen Sprachen und Dialekte, in denen die Menschen rund um die Welt sprechen und handeln. Mit ihrem ganzen fruchtbaren Überfluss ist die Universalbibliothek, wie die dem Kanon dienende Parnassische Bibliothek, genauso gut ein Modell *für* wie *von* etwas. Alles existiert, um dort zu münden.

Bibliotheken sehen wir überall. Wenn wir uns an die Erkenntnisse der großen Denker von Spinoza bis Alan Turing halten, können wir uns das Universum als die Form vorstellen, die Information annimmt, wenn sie fließt und gerinnt, auseinander fällt und sich wieder zusammensetzt. In letzter Zeit wurde die These aufgestellt, dass das Universum selbst eine Art Computer ist, der alle Daten in endlosen Variationen speichert. Sämtliche Phänomene, von der Verstreuung subatomarer Partikel nach dem Urknall bis zu den sich überschlagenden Wellen des Pazifik und den Flügelschlägen eines Chrysippusfalters auf Wanderflug, sind Kalkulationen. Lektüren.

Der Bibliograf im digitalen Zeitalter kehrt zurück zur Praxis der Offenbarung seines mittelalterlichen Vorgängers. Wie jene Schreiber des Mittelalters bewahren und klassifizieren Bibliothekare nicht nur; sie schaffen auch neue Texte in Form von Online-Suchhilfen, CD-ROM-Verzeichnissen und anderen elektronischen Texten, ganz zu schweigen von den papierenen Studienführern und publizierten Bibliografien. Digitale Texte sind dem gleichen ausgetretenen Pfad gefolgt wie andere Formen des Schreibens. Die Keilschrift hatte ihren Ursprung im alten Mesopotamien, wo man zunächst primitive, ungeordnete Zeichen in den feuchten Ton ritzte, um Vieh- und Kornbestände zu registrieren. In ganz ähnlicher Weise wurden die binären Texte des Computerzeitalters zuerst von rechenkundigen Angestellten und Priestern der Ökonomie eingegeben. Doch mit der Zeit wurden diese primitiven Zeichen, diese Graffiti, von den Musensöhnen gestohlen. Schon jetzt nennen wir unsere Datenbanken und Online-Kataloge »digitale Objekte« – vielleicht ein Ausdruck unserer Nostalgie für die staubige Materialität unserer Bücher (ein Luxus, den wir noch einige Generationen lang weiter kultivieren werden). Vielleicht werden die heutzutage geschriebenen Texte, die unmittelbar in diese flüchtigen digitalen Medien übersetzt werden, für zukünftige Generationen aufbewahrt. Doch werden jene Generationen ebenso daran interessiert sein, die Bilddaten aufzubewahren, die ihnen Glanz verleihen und sie »illuminieren«? Werden sie nicht nach Schönheit und Wahrheit in den Codes suchen, die unsere Programmierer glauben unsichtbar zu machen? Ganz sicher werden sie das tun. Diese digitalen Texte, diese »Objekte«, werden klassifiziert, beschrieben und kommentiert werden. Zweifelsohne wird es sich dabei um einen unentgeltlichen Liebesdienst handeln. Die digitalen Objekte von heute sind die Inkunabeln eines nicht allzu fernen Morgen – unsere Palimpseste, unsere Genisa-Bytes, der Abfall, den unser ruheloses und unstillbares Verlangen nach Veränderung und Unsterblichkeit erzeugt.

Die Bibliothek im digitalen Zeitalter befindet sich in einem Zustand ewigen Fließens, der nicht zu unterscheiden ist von einem Krisenzustand – nicht nur für die Institutionen, sondern auch für die Bücher, die sie enthalten, bewahren und verbreiten, eine Krise für die Schriftkultur, deren Wurzeln fest in der Bibliothek verankert sind. Die Universalbibliothek hatte den Anspruch, die Frage zu beantworten: »Was gehört in eine Bibliothek?« – eine Frage, die auch in einer Welt, die der Information immer mehr Platz einzuräumen scheint, nichts von ihrer alten Brisanz verliert. Jonathan

Swift fürchtete, dass die Aufnahme moderner Bücher die kanonische Kraft der Bibliothek ruinieren würde; auch die Bibliothekare in neueren, angeblich liberaleren Zeiten haben das Material für ihre wachsenden Sammlungen peinlich genau und voreingenommen ausgewählt und maßten sich an, auf diese Weise die Spreu vom Weizen und das Wertvolle vom Wertlosen zu trennen. Größere Bibliotheken horten überall Bücher in riesigen Mengen, verkaufen sie, stampfen sie ein oder bringen sie zu Millionen in abgelegenen Magazinen unter. Die Probleme, denen sich Bibliotheken stellen müssen – Platzmangel und fehlende finanzielle Mittel – sind ganz real und sehr ernst zu nehmen. Und die Entscheidungen, die sie treffen müssen, sind wegen der zahlreichen Risiken geradezu faustisch. In seinem jüngsten Buch *Double Fold: Libraries and the Assault on Paper* brachte Nicholson Baker seinen gerechten Zorn über manche Bibliotheksverwalter zum Ausdruck, die Tageszeitungen als Eintagsfliegen einschätzten, die es nicht wert seien, systematisch gesammelt zu werden. Ihr säurehaltiges Papier bezeichneten sie als zu anfällig, um gelagert und erhalten zu werden, ihren Inhalt als zu reißerisch und tagesbezogen, als dass er verdient hätte, aufbewahrt zu werden. Doch schon seit den Zeiten, als John Dunton seinen *Athenian Mercury* als Erziehungsmittel für die Mittelklasse anpries, waren Zeitungen der Boden, aus dem der Zeitgeist spross, und ihre Autoren oft diejenigen, die anonym die öffentliche Meinung beeinflussten. Wie Baker berichtet, haben die Zeitungen einen gewaltigen Aufschwung in der Drucktechnik herbeigeführt und Standards für typografische Eleganz und grafische Schönheit gesetzt, denen die Buchdrucker lange Zeit nachzueifern versuchten. Der Verlust von Zeitungen, ihre Entfernung aus solchen angeblich universalen Sammlungen wie der British Library, der Library of Congress, der New York Public Library und zahlloser anderer Bibliotheken ist ein Verlust historischen Ausmaßes.

In der idealen öffentlichen Bibliothek sind wir alle Mittelklasse-Leser. Was auch immer wir zu lesen wünschen, in der Bewahrung des heiligen Raumes der Gedankenwelt als unseres unveräußerlichen Rechts erfüllen wir eine öffentliche Funktion. Anschläge auf dieses Recht in der Gestalt von Gesetzen, Überwachung und schließlich Zensur sind gerade so gefährlich wie unsere Duldung solcher Übergriffe.

Wir stehen heute nicht einem Verlust der Bücher, sondern dem Verlust einer Welt gegenüber. So wie in Alexandria in der Zeit nach Aristoteles, in den Universitäten und Klöstern der frühen Renaissance oder den vollgestopften Forschungsbibliotheken des 19. Jahrhunderts ist das Wort wieder einmal in die Fänge der Technik geraten. Und einmal mehr wandelt sich das Wort, verändert seine Erscheinungsformen, neigt sogar immer mehr dazu, sich in Gestalt von Pixeln und Bits statt von Papier und Druckerschwärze zu zeigen, und scheint uns dabei fast ganz zu entschwinden. So muss es wohl auch auf die alten Peripatetiker gewirkt haben, die das Schreiben als geisterhaftes Shibboleth des lebendigen Sprechens ansahen, oder auf die fürstlichen Sammler von Handschriften in der Renaissance, die die wieder entdeckte Welt der Antike in Gefahr gebracht sahen von der ungezügelten Macht des Buchdrucks. Ähnliches empfanden wohl auch die Liebhaber handgemachter Bücher im frühen 19. Jahrhundert, für die die Erscheinung der Groschenromane die endgültige Verwässerung der einstigen Macht der Literatur bedeutete. Und doch scheint allein die Tatsache, dass die Bibliothek diese Zyklen überdauert hat, Grund zur Hoffnung zu geben. Indem sie die Bücher und die in ihnen enthaltenen Worte beschützte, hat die Bibliothek sich immer aufs Neue gegen die Technik und die Kräfte der Veränderung behauptet und es geschafft, die Macht der Herrscher im Zaum zu halten.

Solche Veränderungen sind Teil jenes endlosen Zyklus der Erneuerung, für den die Bibliothek ihren Lesern danken muss. Denken Sie an Richard Wright, bei dem die Bibliothek, die Jim Crow ausschließen wollte, letztendlich zu einem Instrument der Selbstfindung des Helden wird. Denken Sie auch an Walter Benjamin, der bei all seiner Distanz und Andersartigkeit in genau der gleichen Welt lebte, die Wright entdeckte: in der Welt der Bücher. Benjamin wurde an einer geografischen Grenze aufgehalten mit einem unvollendeten Buch in der Tasche. Wright benutzte einen geborgten Leserausweis als Reisepass, um in eben jene Welt zu gelangen, wo seine eigenen, noch ungeschriebenen Bücher auf ihn warteten.

Hier zwischen all den Regalen mag uns die Bibliothek wie ein Ort erscheinen, wohin die Bücher gehen, um zu sterben. In ihrer Gesamtheit verschwinden sie inmitten ihrer eigenen herrlichen Mystifikationen. Bibliotheken wachsen von Epoche zu Epoche und verändern sich, florieren und gehen ein, blühen auf und verblühen wieder. Doch ungeachtet dessen versuchen wir alle, in ihnen ein Stück von Alexandria zu erhaschen, oder wollen auf dem Parnassus verweilen und sind dabei getrieben vom Mythos des Wissens und der Vollständigkeit, den Bücher erzeugen, wenn sie zu Millionen angehäuft werden. Die göttliche Ironie, die Borges bemerkte, während er sich seinen Weg durch die Bücherregale bahnte, trifft mit der gleichen Vehemenz auch den sehenden Bibliothekar: In dem Maß, wie wir die Bücher bewahren und schützen, entziehen sie sich uns. Und doch ist es genau das, was uns zu immer mehr Büchern verleitet, was uns anspornt, sie bis zum Ende zu lesen, ihre Reihe zu vervollständigen und unserer Sammlung noch ein weiteres Buch hinzuzufügen.

Danksagung

Wenn es eines ganzen Dorfes bedarf, um ein Kind großzuziehen, so braucht es eine Stadt, um ein Buch zu schreiben, oder – in meinem Fall – vier Städte und ein halbes Dutzend Bibliotheken.

Meine Danksagung allein verrät schon viel über die Entstehung dieses Buches: Zuallererst stehe ich bei Donovan Hohn, dem begabten Schriftsteller, genialen Verleger und guten Freund in tiefer Schuld, dem es während seiner Zeit bei *Harper's* gelungen ist, aus den hundert oder mehr wild wuchernden E-Mails, die ich ihm gesendet habe, einen brauchbaren Zeitungsartikel zurechtzustutzen. Ich bin ihm dankbar für seine Ausdauer, seinen sicheren Geschmack und das Vertrauen, das er in mich gesetzt hat. Susan Barry, meine Agentin, überzeugte mich davon, dass mein oben genannter gedanklicher Wildwuchs über das Leben von Bibliotheken den Anfang eines Buches bilden könnte. Sie ebnete mir auch den Weg zu W. W. Norton und dem Lektor Alane Salierno Mason, ohne deren Führung und Urteilskraft dieses Buch an vielen Stellen während seiner Entstehung wohl vom Kurs abgekommen wäre. Auch meinem Lektor bei Heinemann in Großbritannien, Ravi Mirchandani, bin ich zu Dank verpflichtet, denn er stand mir, schon lange, bevor wir begannen, an der britischen Ausgabe zu arbeiten, mit seinem sicheren Gespür für Bücher stets zur Seite. Mein Dank gilt auch Nancy Fish vom Harvard Bookstore, die ihr Wissen über das Auf und Ab des Büchermarktes mit mir teilte.

Ich bin sehr dankbar dafür, dass ich die Möglichkeit hatte, in der American Academy in Rom zu wohnen, wo ich sowohl die außerordentlich angenehme Gesellschaft der Kollegen als auch die Nähe zum Vatikan genoss. Massimo Ceresa, mein Ansprechpartner in der Vatikanischen Bibliothek, stellte mir nicht nur sein bibliothekarisches Fachwissen, sondern auch seine Gastfreundschaft zur Verfügung, und seine Studenten an der Bibliotheksschule gingen mir gegenüber außerordentlich freigebig mit ihrer Zeit und ihren Ansichten über die Welt der Bibliotheken in Europa um. In London übernahmen die Cousine meiner Frau, Althea Greenan, ihr Lebensgefährte Gavin und ihre Töchter Zoë und Sophia (so voller Leben und Weisheit) während einer wunderbaren Woche in ihrer Wohnung in East Dulwich die Rolle der Gastgeber für mich und meine Familie. James Parker und Joshua Glenn, gute Freunde und großartige Schriftsteller, lasen viele meiner frühen Entwürfe; ihre Geduld und ihre Sachkenntnis waren unentbehrlich für mich.

Mein besonderer Dank gilt allen meinen Kollegen und Freunden in Harvard, ohne deren unermüdlichen Fleiß die Bibliotheken dieser Universität nicht so funktionieren würden, wie sie es tun. Diese Bibliothekare und ihre Mitarbeiter bildeten die eigentliche Fakultät für meinen ganz persönlichen Postgraduiertenkurs in Bibliothekswissenschaften. Zu besonderem Dank bin ich Peter Accardo, Anna Arthur und Marek Kornilowicz verpflichtet für ihre Freundschaft und ihr Verständnis; András Riedlmayer für seine geduldige und großzügige Intelligenz, dem Bibliothekar der Houghton-Bibliothek, William P. Stoneman; und vor allem Kenneth Carpenter, einem Bibliothekar und Gelehrten von immenser, großzügiger Weisheit, der mich in den ersten zwei Jahren meiner Bibliotheksarbeit betreute und dessen Ratschläge noch immer mein Berufsleben erhellend begleiten.

Mein größtes Dankeschön geht natürlich an meine Familie – meine eigene und die angeheiratete –, deren Liebe und Unterstützung immer wieder eine Offenbarung waren. Und nicht zuletzt bedanke ich mich ganz besonders bei meiner Frau Rebekah Schlesinger, die zuließ, dass ich sie mit meinen unzähligen Entwürfen behelligte und in den Schlaf murmelte, und die sich, während ich diese Sätze schreibe, draußen mit Wasserpistolen traktieren lässt, Schüsse abfeuert und mir wieder einmal Rückendeckung gibt für mein Schreiben.

Quellenangaben

Ich habe versucht, die meisten der von mir verwendeten Quellen bereits im laufenden Text zu nennen. Im Folgenden gebe ich nun noch bibliografische Hinweise zu ausgewählten Büchern und Verfassern, vor allem zu jenen, die nicht zum allgemein bekannten Lesestoff gehören. Ich hoffe, dass ich so einen Eindruck von meiner Spurensuche vermitteln kann und dass deutlich wird, wie wichtig andere Autoren als Führer auf meinem Weg waren.

Bibliotheken lesen

In seinem Roman *Of Time and the River* (New York: Scribner's, 1935) (*Von Zeit und Strom. Eine Legende vom Hunger des Menschen in der Jugend.* Hamburg: Rowohlt, 1989) beschreibt THOMAS WOLFE in einer in der Bibliothek angesiedelten Episode, was viele Studenten, Lehrer und Bibliotheksmitarbeiter bei ihren Streifzügen durch die Widener-Regale erlebt haben. Über das Leben von Giuseppe Arcimboldo lernte ich viel in WERNER KRIEGESKORTE: *Giuseppe Arcimboldo* (Köln: Taschen, 1993). Statistiken über Buchpublikationen in der ganzen Welt entnahm ich VLADIMIR F. WERTSMAN: *The Librarians Companion,* 2. Aufl. (New York: Greenwood Press, 1996) und dem Statistischen Jahrbuch der UNESCO (erscheint jährlich). Die Passage von SENECA stammt aus *Epistulae morales ad Lucilium* (*Briefe an Lucilius über Ethik.* 14 Bücher in 12 Bänden. Lateinisch/Deutsch, Stuttgart: Reclam 1987 ff.). Der Essay von EDMUND LESTER PEARSON, in dem diskutiert wird, welche Herausforderungen der Zettelkatalog mit sich bringt, fand ich in *The Library and the*

Librarian (Woodstock, Vt.: Elm Tree Press, 1910), einer Zusammenstellung der Kolumnen des Autors für den *Boston Evening Transcript* und andere Zeitungen. Pearson schrieb auch *The Old Librarian's Almanack* (Woodstock, Vt.: Elm Tree Press, 1909), einen der unterhaltsamsten literarischen Streiche des 20. Jahrhunderts. Pearsons völlig frei erfundener Bibliothekar Jared Bean wurde von einer Reihe von Kritikern, Kolumnisten und Bibliothekaren beipflichtend zitiert. Im *Atlas des europäischen Romans. Wo die Literatur spielte* (Köln: Dumont, 1999) skizziert FRANCO MORETTI, wie trotz des allgemein verbreiteten Vorurteils von literarischer Lektüre als Hauptausdrucksmittel der geistigen Bildung im Lauf der Geschichte eine neue Sichtweise auf die Lesegebräuche entstand. STÉPHANE MALLARMÉS gnomische Bibliokosmogonie wird erwähnt in »As to the Book: The Book, a Spiritual Instrument«, auf das ich in *The Poems: A Bilingual Edition* (New York: Penguin, 1977) stieß, übersetzt und herausgegeben von Keith Bosley (Mallarmé, Stéphane. *Sämtliche Dichtungen*. München/Wien: Carl Hanser Verlag, 1982); Mallarmés großes Werk *Un coup de dés jamais n'abolira le hasard (Ein Würfelwurf hebt niemals den Zufall auf)* ist geprägt von der tiefen Ambivalenz des Dichters hinsichtlich der Natur und Bedeutung des Buches. HENRY DAVID THOREAU dagegen drückt seinen Zwiespalt aus in *A Week on the Concord and Merrimack Rivers* (1849). Natürlich war auch die Einstellung von JORGE LUIS BORGES gegenüber Bibliotheken auf die ihm eigene, reiche Weise ambivalent; seine Geschichte »Die Bibliothek von Babel« ist hier zitiert nach der Übersetzung von Karl August Horst (in: *Gesammelte Werke. Erzählungen 1*. München/Wien: Carl Hanser Verlag, 1981). Das »Gedicht von den Gaben« findet sich in dem Buch *Borges und ich* (ebd.: München 1982).

Alexandria brennt

ALFRED J. BUTLER: *The Arab Conquest of Egypt* (Oxford: Clarendon Press, 1902) ist der klassische Bericht eines westlichen Orientalisten über den Aufstieg des Kalifats; MOSTAFA EL-ABBADI: *The Life and Fate of the*

Ancient Library of Alexandria (Paris: UNESCO, 1992) bietet nicht nur eine Übersicht über die Geschichten, die über den Untergang der berühmten Bibliothek erzählt wurden, sondern auch eine neue Sichtweise auf die nach-klassische Geschichte des Nahen Ostens. Mein Wissen über das Leben in den Bibliotheken von Alexandria erweiterte ich auch mit Hilfe verschiedener anderer Werke, darunter: *The Library of Alexandria: Centre of Learning in the Ancient World* (London: Tauris, 2000), herausgegeben von ROY MACLEOD; hier beziehe ich mich vor allem auf die Essays vom Herausgeber (»Alexandria in History and Myth«), von D.T. POTTS (»Before Alexandria: Libraries in the Ancient near East«), ROBERT BARNS (»Cloistered Bookworms in the Chicken Coop of the Muses: The Ancient Library of Alexandria«) und SAMUEL N.C. LIEU (»Scholars and Students in the Roman East«). LUCIANO CANFORA beschwört den Glanz und die Mysterien des alten Alexandria herauf in seinem Buch *Die verschwundene Bibliothek. Das Wissen der Welt und der Brand von Alexandria* (Hamburg: Rotbuchverlag, 1998). RUDOLF BLUM: *Kallimachos und die Literaturverzeichnung bei den Griechen. Untersuchung zur Geschichte der Bibliographie* (in: *Archiv für die Geschichte des Buchwesens* 18, 1977) ist ein lebhafter, kluger Exkurs über die Bedeutung von Büchern in der alten Welt und des Dichters Kallimachos für die Geschichte der Bibliotheken und des Buches.

In *The Stele Inscriptions of Chin Shih-huang: Text and Ritual in Early Chinese Imperial Representation* (New Haven: American Oriental Society, 2000) stellt MARTIN KERN schöne Übersetzungen und nuancierte Interpretationen der Stein-Inschriften des »Ersten Erhabenen Göttlichen« Kaisers vor und diskutiert ihren Zusammenhang mit der Geschichte der Bücherzerstörung der Qin; sein Werk machte mich auch mit dem sehr nützlichen Begriff »Biblioklasmus« bekannt, der offensichtlich von ihm geprägt wurde. GLEN DUDBRIDGE untersucht die Geschichte der Büchervernichtung während der Qin-Herrschaft in seinen Panizzi Lectures 1999 in der British Library, die in dem Band *Lost Books of Medieval China* (London: British Library, 2000) gesammelt wurden. BURTON WATSONs Übersetzungen chinesischer Geschichten gelten als Klassiker, und seine Ausgabe von Sima Qians Annalen, *Records of the Grand Historian* (New York: Columbia University Press; Hong Kong: Chinesische

Universität Hong Kong, 1993) bildet davon keine Ausnahme. GRANT HARDY beschreibt die Gepflogenheiten und die Bedeutung des Lesens im frühen China sowie Leben und Werk des Sima Qian in seinem Buch *Worlds of Bronze and Bamboo: Sima Qian's Conquest of History* (New York: Columbia University Press, 1999). *The First Emperor of China* (White Plains, N. Y.: International Arts und Sciences Press, 1975), eine Sammlung von Essays von Gelehrten der Volksrepublik, die von LI YU-NING herausgegeben wurde, berichtet über die Instrumentalisierung der Geschichte der Qin-Büchervernichtung für politische Zwecke. TSUEN-HSUIN TSIEN: *Written on Bamboo and Silk: The Beginnings of Chinese Books and Inscriptions* (Chicago: University of Chicago Press, 1962) ist eine leicht lesbare Untersuchung über Geschichte und Bedeutung des Lesens und der Bücher in China; Tsuen beschreibt die Stein-Bibliothek des Fang-shan und die Bedeutung der Stein-Inschriften für die Verbreitung der buddhistischen Literatur; darüber hinaus gibt er Auskunft über die Formen und die Bedeutung des Buches im Lauf der Geschichte Chinas. In DAVID DIRINGER: *The Book before Printing: Ancient, Medieval, and Oriental* (New York: Dover, 1982) findet sich eine fundierte Darstellung der vielen verschiedenen Formen, die Bücher im Lauf ihrer Entwicklung angenommen haben.

Die Geschichte der Zerstörung der Azteken-Kultur wird in dem grundlegenden Werk von MIGUEL LEÓN-PORTILLA: *Rückkehr der Götter. Die Aufzeichnungen der Azteken über den Untergang ihres Reiches* (Zürich: Unionsverlag, 1997) erzählt. León-Portilla veröffentlichte und bearbeitete Erzählungen von frühen Nahuatl-Schreibern über die Eroberung Mexikos. Mehr über die Formen und Bedeutung des geschriebenen Nahuatl lernte ich bei der Lektüre von JOHN BIERHORST: *Die Mythologie der Indianer Nordamerikas.* (München: Hugendubel, 1997), GORDON BROTHERSON: *Painted Books from Mexiko* (London: British Museum Press, 1995) sowie von JOYSE MARCUS: *Mesoamerican Writing Sytems: Propaganda, Myth, and History in Four Ancient Civilizations* (Princeton: Princeton University Press, 1992).

Der hervorragende Kenner der Antike LIONEL CASSON gibt in seinem Buch *Libraries in the Ancient World* (New Haven: Yale University Press, 2001) (*Bibliotheken in der Antike*. Düsseldorf: Artemis und Winkler,

2002) eine umfassende Beschreibung der Bibliotheken der Antike. Seine zahlreichen, klugen klassischen Zitate bildeten einen wertvollen Leitfaden für mein weiteres Studium. Die Bibliotheken Roms sind meiner Ansicht nach am besten von ELIZABETH RAWSON beleuchtet worden, die in ihrer Studie *Intellectual Life in the Late Roman Republic* (Baltimore: John Hopkins University Press, 1985) ein anschauliches Bild vom Leben und der Arbeitsweise der römischen Intellektuellen zeichnet. Eine andere Sichtweise auf die Rolle des Buches in der alten Welt fand ich in H. L. PINNER: *The World of Books in Classical Antiquity* (Leiden: A. W. Sijthoff, 1948). Die Geschichte von Herculaneum und seiner Zerstörung beim Ausbruch des Vesuvs wird erzählt in AMEDEO MAIURI: *Herculaneum and the Villa of the Papyri* (Novara: Istituto Geografico de Agostini, 1974); die Arbeit von Forschern der Brigham Young University und der Italienischen Nationalbibliothek in Neapel ist auf der BYU-Website (http://www.-byu.edu/news/releases/archive01/Mar/herculaneum/photos.html) dokumentiert.

Das Haus der Weisheit

Die mögliche Herkunft des Wortes »book« sowie interessante Tatsachen über den Gebrauch der Wachstafeln entnahm ich dem Artikel »The Vocabulary of Wax Tablets«, *Harvard Library Bulletin*, new series, Bd. 1, Nr. 3 (Herbst 1990) von R. H. und M. A. ROUSE. Die Einbände der Bücher in der Nag-Hammadi-Bibliothek werden in *The Archaelogy of Medieval Bookbinding* von J. A. SZIRMAI (Burlington, Vt.: Ashgate, 2000) besprochen. Über die Geschichte der syrischen Bibliothek von Moses von Nisibis, das Leben des Cassiodorus und die Bibliotheken des mittelalterlichen Islam belehrten mich Artikel von S. K. PODOVER und ISABELLA STONE in JAMES WESTFALL THOMPSON: *The Medieval Library* (Chicago: University of Chicago Press, 1939). LISA JARDINE diskutiert die Rolle der Bücher im Leben von berühmten Männern der Renaissance in ihrem Buch *From Humanism to the Humanities: Education and the Liberal Arts in Fifteenth- and Sixteenth-Century Europe* (Cambridge:

Harvard University Press, 1986), das sie gemeinsam mit ANTHONY GRAFTON herausgab. Viel über Cosimo de Medici, Niccolò Niccoli und die Bibliothek von San Marco erfuhr ich beim Lesen von *The Public Library of Renaissance Florence* von BERTHOLD L. ULLMAN und PHILIP A. STADTER (Padua: Antenore, 1972). Die Lebensbeschreibungen des Florentiner Buchhändlers Vespasiano finden sich in VESPASIANO DA BISTICCI: *Große Männer und Frauen der Renaissance. 38 biographische Porträts.* München: C. H. Beck Verlag, 1995). Über Vespasiano hatte mir zum ersten Mal die Tante meiner Frau, Flora Greenan berichtet; ich bin ihr sehr dankbar für ihre Anregungen. Informationen über die Bestände mittelalterlicher Bibliotheken trug ich zusammen aus JAMES STUARD BEDDIE: *Libraries in the Twelfth Century, Their Catalogues and Contents* (Cambridge: Houghton Mifflin, 1929). RICHARD und MARY ROUSE, die weiter oben erwähnt werden, stellen ihre Forschungsergebnisse über die Bestände und die Benutzung der Bibliothek der Sorbonne in ihrem Buch *Authentic Witness: Approaches to medieval Texts and Manuscripts* (Notre Dame: University of Notre Dame Press, 1991) vor. L. D. REYNOLDS und N. G. WILSON: *Scribes and Scholars: A Guide to the Transmission of Greek and Latin Literature*, 3. Aufl. (Oxford: Clarendon Press, 1991) vermittelte mir weitere Perspektiven auf die Bedeutsamkeit der Bibliotheken für die Entwicklung des Humanismus. Ich beziehe mich auf die Geschichte der Vatikanischen Bibliothek, wie sie in *Rome Reborn: The Vatican Library and Renaissance Culture,* herausgegeben von ANTONY GRAFTON (Washington, D.C.: Library of Congress, 1993) erzählt wird, hier vor allem auf die Abschnitte von ANTONY GRAFTON, JAMES HANKINS und LEONARD E. BOYLE. Ich profitierte auch von Vespasianos Erinnerungen und meinen eigenen Gesprächen mit Massimo Ceresa und anderen Bibliothekaren im Vatikan. In der Vatikanischen Bibliothek konsultierte ich die folgenden Quellen hinsichtlich der Kataloge und des Ausleihsystems der frühen Bibliothek: Vat.lat. 3966 (frühe Ausleihvermerke), Vat.lat. 3955 (der erste Katalog), Vat.lat. 3967, und Vat.lat. 3954 (spätere Kataloge). Ich las MONTAIGNEs Betrachtungen über die Bibliothek in seinem *Tagebuch der Reise nach Italien über die Schweiz und Deutschland von 1580–1581* (Frankfurt am Main: Eichborn Verlag, 2002).

Die Bücherschlacht

Die Geschichte von Harvards frühen gedruckten Katalogen und der Bibliothek, die sie erfassen, ist dargestellt in *The Printed Catalogues of the Harvard College Library 1723–1790*, herausgegeben von HUGH AMORY und W. H. BOND (Boston: Colonial Society of Massachusetts, 1996). ILSE VICKERS: *Defoe and the New Sciences* (Cambridge: Cambridge University Press, 1996) legt die Bedeutung von Francis Bacon für das englische Denken sowie die Rolle der Dissenter-Akademien im Bildungswesen Englands dar. W. H. BOND: *Thomas Hollis of Lincoln's Inn: A Whig and His Books* von (Cambridge: Cambridge University Press, 1990) erzählt das Leben dieses Harvard-Wohltäters, der der Bibliothek und dem College wichtige Impulse der Entwicklung in Richtung Moderne gab. Meine Sicht auf das frühe Leben des Harvard College geht zurück auf die Berichte von BERNARD BAILYN und OSCAR HANDLIN, die im Band *Glimpes of the Harvard Past* enthalten sind, herausgegeben von BERNARD BAILYN (Cambridge: Harvard University Press, 1986). Swifts »Ausführlicher und wahrhaftiger Bericht« wird zitiert in der Übersetzung von GOTTFRIED GRAUSTEIN und OTTO WILCK (*Ausgewählte Werke*, Band 1. Berlin und Weimar: Aufbau Verlag, 1967). Die Geschichte von der Schlacht der Bücher wird am anschaulichsten in dem Buch *Battle of the Books: History and Literature in the Augustan Age* von dem Historiker JOSEPH M. LEVINE (Ithaca: Cornell University Press, 1991) erzählt. Weitere Informationen zum Leben und Werk von Bentley, Temple und Wotton entnahm ich verschiedenen Ausgaben veröffentlichter Werke und Sammlungen von Briefen und gedruckten Dokumenten, die ich in der British Library einsah, vor allem *The Correspondence of Richard Bentley, D.D., Master of Trinity College, Cambridge*, herausgegeben von C. WORDSWORTH (London: J. Murray, 1842) und *A Dissertation upon the Epistles of Phalaris, Themistocles, Socrates, Euripides, and Others and the Fables of Aesop;* WOTTON: *Reflections upon the Ancient and Modern learning* sowie TEMPLE: *An Essay upon the Ancient and Modern Learning*. In den zwei Bänden seiner autobiografischen Bekenntnisse erzählt JOHN DUNTON selbst äußerst phantasievoll aus seinem Leben; gründlicher untersucht wird es in *The Oracle of the Coffee House von* GILBERT D. (San

Marino, Calif.: Huntington Library, 1972). Grundlegend für mein Verständnis des Londoner Lebens am Ende des 17. Jahrhunderts waren die *Tagebücher von Samuel Pepys* in der monumentalen Gesamtausgabe, die von Robert Latham und William Matthews besorgt wurde (Berkeley: University of California Press, 2000). Über die Geschichte der Royal Library belehrte mich ELAINE M. PAINTIN: *The King's Library* (London: British Library, 1989). Die Bekanntschaft mit Jonathan Swifts Bibliothek machte ich nicht nur durch das Buch *Dean Swift's Library, with a Facsimile of the Original Sale Catalogue and Some Account of Two Manuscript Lists of His Books (Folcroft, Pa.: Folcroft Press, 1969)* von HAROLD WILLIAMS, das im Text erwähnt wird, sondern auch durch WILLIAM LE FANU: *Catalogue of Books belonging to Dr Jonathan Swift, Dean of St Patrick's, Dublin, Aug. 19, 1715* (Cambridge: University Library, 1988). Angekündigt ist der erste Teil einer bibliografischen Studie in vier Bänden mit dem Titel *The Library and Reading of Jonathan Swift* von HEINZ J. VIENKEN und DIRK F. PASSMANN, die detaillierten Aufschluss über Swifts Lektüre verspricht, und zwar nicht nur von Büchern seiner eigenen Bibliothek, sondern auch denjenigen, die er an anderer Stelle konsultierte. Auf WASHINGTON IRVINGs Geschichte über das dreiste alte, begrabene Buch in seinem *Sketch Book* (1800) (*Das Skizzenbuch*. München: Winkler, 1976) wurde ich von meinem Freund und Kollegen Peter X. Accardo von der Houghton Library hingewiesen, der mir sein Exemplar zum Lesen auslieh.

Bücher für alle

Die Geschichte von Enoch Soames hörte ich zum ersten Mal von meinem Freund James Parker (auf dass die Katalogeinträge zu seiner Person sich weiter vermehren mögen!). Die maßgebliche Darstellung der British Library, auf die ich mich eingehend stütze, ist P. R. HARRIS: *A History of the British Museum Library, 1753–1973* (London: British Library, 1998). In der Houghton Library konsultierte ich ein Exemplar der ersten Ausgabe von JACOB ABBOTT: *The Harper Establishment*; Oak Knoll Books veröffentlicht jetzt eine leicht erhältliche Neuauflage dieses wundervollen Buches. WALTER BENJAMINs monumentales und unvollendetes *Passagen-Werk* liegt in der Ausgabe seiner *Gesammelten Schriften* vor (Frankfurt am Main: Suhrkamp, 1991). Für die Geschichte von Panizzi schöpfte ich aus zwei Quellen: EDWARD MILLER: *Prince of librarians: The Life and Times of Antonio Panizzi of the British Museum* (London: British Library, 1988) und Panizzis eigene Darstellung *Passages in My Official Life* (gedruckt bei C. F. Hodgson [London], 1871). Zwei Bücher, die die Geschichte des Katalogs des Britischen Museums von der Ära Panizzi bis zur Gegenwart beschreiben, sind BARBARA MCCRIMMON: *Power, Politics, and Print: The Publication of the British Museum Catalogue, 1881–1900* (Hamden, Conn.: Linnet Books, 1981) und A. H. CHAPLIN: *GK: 150 Years of the General Catalogue of Printed Books in the British Museum* (Aldershot, U. K.: Scolar Press, 1987). In *A New History of the English Public Library: Social and Intellectual Contexts, 1850–1914* (London: Leicester University Press, 1996) gelingt ALISTAIR BLACK eine eindrucksvolle Darstellung der britischen Bewegung für die öffentlichen Bibliotheken in turbulenten Zeiten. Informationen über Melville Dewey bezog ich hauptsächlich aus den folgenden Quellen: WAYNE WIEGAND: *Irrepressible Reformer: A Biography of Melvil Dewey* (Chicago: American Library Association, 1996); *Melvil Dewey: The Man and the Classification*, herausgegeben von GORDON STEVENSON und JUDITH KRAMER-GREENE (Albany: Forest Press, 1983) sowie FREMONT RIDER: *Melvil Dewey* (Chicago: American Library Association, 1944). Ein Teil der Korrespondenz des Harvard-Bibliothekars William Coswell ist in den Harvard-Archiven gesammelt; von Coswells Zettelkatalog erfuhr ich zum ersten Mal durch KENNETH E. CARPENTER, der auch Emersons Bericht über die Bibliothek des Harvard Colleges im *Harvard Library Bulletin,* Band 1, Nr. 1 (Frühjahr 1990) herausgab und publizierte. Die Essays von Adams, Poole, Smith und Green sind im ersten Band des *American Library Journal* (1876) zu finden; »Continuity« erschien in *Harper's Weekly*, Ausgabe vom 30. August 1890.

Wissen in Flammen

Auf den Bericht der belgischen Kommission über die Aufklärung von Kriegsverbrechen stieß ich in einem Band mit Pamphleten (Q 47) in der Widener-Bibliothek. VALENTIN DENIS: *Catholic University of Louvain, 1425–1958*, übersetzt von Bartholomew Egan (Louvain: n.p., 1958), umreißt die Geschichte der Universität und ihrer Bibliothek. Das Interesse Amerikas am Wiederaufbau der Bibliothek nach dem Ersten Weltkrieg wird in THEODORE KOCH: *The University of Louvain and Its Library* (London: J. M. Dent, 1917) beschrieben, wo auch die Geschichte des Professors und des von ihm vergrabenen Buches auftaucht; den Bericht über den Feldzug der Deutschen durch Löwen rekonstruierte ich aus Reportagen in der *New York Times* vom August und September 1914. Die Geschichte der Nazi-Angriffe auf Kulturgüter ist hervorragend dargestellt in *Nazism, 1919–1945: A Documentary Reader*, herausgegeben von J. NOAKES und G. PRIDHAM (Exeter: University of Exeter, 1983). Hinsichtlich Goebbels Verwicklung in die Bücherverbrennungen von 1933 und die Entwicklung der Nazi-Zensur stütze ich mich auf Band 2: *State, Economy, and Society, 1933–1939*. Die Feuersprüche finden sich unter www.buecherverbrennung.de/_Feuerspruche_/Literaturliste/literaturliste.html. MARGARET F. STIEG: *Public Libraries in Nazi Germany* (Tuscaloosa: University of Alabama Press, 1992) war für mich die Quelle darüber, wie die Bibliothekswelt auf den Aufstieg des Dritten Reiches reagierte. Die University of Alabama Press gab mir freundlicherweise die Erlaubnis, längere Passagen des Buches zu zitieren. Das Schicksal von Büchern in der Shoah wird in dem unvergesslichen Buch *The Holocaust and the Book: Destruction und Preservation* untersucht, das von JONATHAN ROSE (Amherst: University of Massachusetts Press, 2001) herausgegeben wurde; ich danke der University of Massachusetts Press für die Erlaubnis, Material aus Zacharias M. Bakers Übersetzung des Tagebuchs von HERMAN KRUK zu benutzen, das in diesem Band veröffentlicht wurde; ebenso wichtig für mich in diesem Buch waren folgende Beiträge: DINA ABRAMOWICZ: »The Library in the Vilna Ghetto«; LEONIDAS E. HILL: »The Nazi Attack on ›Un-German‹ Literature, 1933–1945«; STANISLAO G. PUGLIESE: »Bloodless Torture: The books of the Roman Ghetto under the Nazi Occupation« sowie ANDRÁS RIEDLMAYER: »*Convivencia* under Fire: Genocide and Book Burning in Bosnia«. András Riedlmayer ermöglichte mir auch den Zugang zu seinen eigenen Notizen und zu Archivmaterial über die Zerstörung der Bosnischen National- und Universitäts-Bibliothek; ich bin ihm zutiefst dankbar für seine freundliche Anleitung. Seine Anmerkungen über die Bedeutsamkeit des kulturellen Erbes bei ethnischen Konflikten finden sich in seinem Artikel »From the Ashes: The Past and Future from Bosnias Cultural Heritage« in *Islam and Bosnia: Conflict Resolution and Foreign Policy in Multi-ethnic States,* herausgegeben von MAYA SHATZMILLER (Montreal: McGill-Queens University Press, 2002), S. 98–135. Mein Bericht über den Angriff auf die Bibliothek gründet sich auf von András gesammelte Augenzeugenberichte, die zu der Zeit, als das Buch erschien, in die Akten des Kriegsverbrecher-Tribunals in Den Haag aufgenommen wurden. Viele von András' Zeugen treten auch in dem Dokumentarfilm *Burning Books* (2002; Regie Knut Jorfald) auf. JEFFREY SPURR, ein muslimischer Bibliothekar an der Harvard-Bibliothek, ist einer der Koordinatoren des Hilfsprojektes für die bosnischen Bibliotheken. Ihm gilt mein Dank für die Erlaubnis, seine Worte anlässlich des zehnten Jahrestages der Zerstörung der Vijećnica zu zitieren. Von den vielen Büchern über die Balkankriege des späten zwanzigsten Jahrhunderts war mir ein Buch für das Verständnis der Rolle der kulturellen Zerstörung in Bosnien besonders hilfreich: MICHAEL A. SELL: *The Bridge Betrayed: Religion and Genocide in Bosnia* (Berkeley: University of California Press, 1996). TSERING SHAKYA: *The Dragon in the Land of Snows: A History of Modern Tibet since 1947* (New York: Columbia University Press, 1999) ist eine bewegende Geschichte Tibets seit der chinesischen Invasion. Die Lage der tibetischen Buchkunst wird auf der Website der Conservancy for Tibetan Art and Culture diskutiert unter http://www.tibetanculture. org/culture_traditions/people/language.htm. Durch Zufall hatte ich auch die Gelegenheit, eine Sammlung moderner tibetischer Bücher zu konsultieren, die von der Widener Library neu erworben worden war. Vom Chiltan-Gebirge in der Nähe von Quetta in Pakistan erfuhr ich zum ersten Mal aus KARLA BRUNERS Artikel »Mohammed's Mountain, a Place to Die For« im *Sydney Morning Herald* (26. November 2001). LATIF PEDRAM erzählt die

Geschichte der Niederbrennung des Hakim Nasser Khosrow Balkhi Kulturzentrums und anderer Bibliotheken durch die Taliban in seinem Artikel »Afghanistan: The Library Is Burning« auf der Website von Autodafé, einer internationalen Organisation, die unterdrückte Schriftsteller und Künstler unterstützt (www.autodafe.org/autodafe_01/art_03.htm). ELIZA GLEASONs Studie *The Southern Negro and the Public Library* (Chicago: University of Chicago Press, 1941) lieferte entscheidende Daten zum Bibliothekswesen in der Zeit von Jim Crow. ELIZABETH MCHENRY beschreibt ausführlich die Kultur der afroamerikanischen Literatur in der Vorkriegszeit: Ich las ihren Artikel »›Dreaded Eloquence‹: The Origins and Rise of African-American Literary Societies and Libraries«, *Harvard Library Bulletin*, Band 6, Nr. 2 (Frühjahr 1996).

Verloren in den Regalen

David Wachtel, Forschungsmitarbeiter auf dem Gebiet Spezialsammlungen am Jüdischen Theologischen Seminar in New York, machte mich bei einem Rundgang durch die Bibliothek als Erster auf die beeindruckende Geschichte der Genisa von Kairo aufmerksam. Zusätzlich zu SOLOMON SCHECHTERs Essay (gesammelt in *Studies in Judaism*: *A Selection* (Cleveland: World, 1958) stützte ich mich auf PAUL KAHLEs Beschreibung der Genisa-Dokumente in seinem Buch *The Cairo Geniza*, 2. Aufl. (Oxford: Blackwell, 1959) (*Die Kairoer Genisa. Untersuchungen zur Geschichte des hebräischen Bibeltextes und seiner Übersetzungen*; 1962). SHELOMO DOV GOITEIN: *A Mediterranean Society: The Jewish Communities of the Arab World as Portrayed in the Documents of the Cairo Geniza* (Los Angeles: Near Eastern Center, University of California, 6 Bände, 1967–93) ist das verständlichste und maßgeblichste Werk zu diesem Thema. Ich las MARY ANTIN: *The Promised Land*, 2. Aufl. (Princeton: Princeton University Press, 1969, zuerst erschienen 1912; dt. *Vom Getto ins Land der Verheißung*. Stuttgart: Robert Lutz Verlag) und ALFRED KAZINs Erinnerungen *New York Jew* (New York: Alfred A. Knopf, 1978). Bezüglich der Systematik der Library of Congress informierte ich mich

255

auf der Website der Library of Congress (www.loc.gov/catdir). Die Saga von Sanford Berman wird wunderbar erzählt in den Dokumenten, die RORY LITWIN gesammelt und auf seiner fantastischen Library-Juice-Website ins Netz gestellt hat (www.libraryjuice.org); die beste Darstellung von Bermans Geschichte sowie seine eigenen Schriften finden sich in dem Buch *Everything You Always Wanted to Know about Sandy Berman But Were Afraid to Ask,* herausgegeben von CHRIS DIDGE und JAN DE SIREY (Jefferson, N. C.: McFarland, 1995). Sie finden dieses Buch ebenso wie viele andere, die hier erwähnt sind, in der Bibliografie-Abteilung der Bibliotheken (jedoch nur in recht umfangreichen Bibliotheken, fürchte ich). In Bibliotheken, die sich an die Systematik der Library of Congress halten, werden sie unter Z stehen; in Dewey-Bibliotheken werden Sie sie unter den Signaturen 010 (Bibliografien) und 020 (Bibliothekswissenschaft) finden. Doch es gibt noch genügend andere Systematiken: In der Widener-Bibliothek stehen die Zs Seite an Seite mit den Bibliografie-Signaturen der alten Widener-Systematik, nämlich den Bs. Diese beiden Gruppen von Büchern über Bücher, die zwei Etagen unter dem Hof der Harvard-Universität, nämlich auf dem gruftähnlichen C-Niveau der Widener-Bibliothek untergebracht sind, bilden das geheime Arkadien für viele Harvard-Bibliothekare; ihr idyllisches Reich war in den vergangenen Jahren mein Jagdrevier und wurde zur wahren, ursprünglichen Quelle für dieses Buch.

Bildnachweise

Lesen Sie weiter bei Artemis & Winkler

»Ein wunderbares Buch über ein wunderbares Thema.
Casson weiß, was interessant ist und wie man
fesselnd erzählt.«
G.W. Bowerstock, Princeton

Lionel Casson
Bibliotheken in der Antike
Aus dem Amerikanischen von Angelika Beck
220 Seiten. Gebunden. Abbildungen. Karten
ISBN 3-538-07134-9

Winkler Weltliteratur Dünndruckausgaben
Schmuckstücke für jede Privatbibliothek

Ein Schlüsselwerk der
amerikanischen Literatur

Mark Twain
Die Abenteuer
des Huckleberry Finn
Roman. Vollständige Ausgabe
Aus dem Amerikanischen von
Ekkehard Schöller
Mit einem Nachwort von Hanjo
Kesting und einer Zeittafel
352 Seiten. Gebunden
ISBN 3-538-05431-2 Leinen

Sämtliche Faustdichtungen
in einem Band

Johann Wolfgang von Goethe
Faust. Sämtliche Dichtungen
Herausgegeben und mit einem
Nachwort von Dieter Borchmeyer,
Anmerkungen und Zeittafel von
Peter Huber
822 Seiten. Gebunden
ISBN 3-538-05430-4 Leinen
ISBN 3-538-05930-6 Leder

Neuübersetzung

Anton
Tschechow
In der Sommerfrische
Erzählungen 1880–1887

WWL
Winkler Weltliteratur
Dünndruckausgabe

Anton
Tschechow
Die Fürstin
Erzählungen 1887 1891

WWL
Winkler Weltliteratur
Dünndruckausgabe

In einer klassisch-repräsentativen Auswahl erscheinen
insgesamt vier Bände mit über 100 Erzählungen, deren
Lebendigkeit und Frische es neu zu entdecken gilt.

Anton Tschechow
In der Sommerfrische.
Erzählungen 1880–1887
504 Seiten. Gebunden
ISBN 3-538-05428-2 Leinen
ISBN 3-538-05928-4 Leder

Beide Bände aus dem Russischen
neu übersetzt von V. Bischitzky,
K. Borowsky, B. Conrad, U. Lange,
B. Schaefer, D. Trottenberg und
M. Wiebe. Mit einem Nachwort
von G. Bauer, Glossar und Zeittafel

Anton Tschechow
Die Fürstin. Erzählungen
1887–1891
488 Seiten. Gebunden
ISBN 3-538-05429-0 Leinen
ISBN 3-538-05929-2 Leder

In Vorbereitung:
Ariadna. Erzählungen 1892–1895
Die Dame mit dem Hündchen.
Erzählungen 1895–1903
Dramen in zwei Bänden

Artemis
&Winkler